고객 중심으로 전_____ 로 실천하라

실천하는 서비스 디자인 씽킹

아이디어부터 프로젝트팀 운영까지
서비스 디자인 씽킹 실무 방법론

배성환 지음

GOLDEN RABBIT

골든래빗은 가치가 성장하는 도서를 함께 만드실 저자님을 찾고 있습니다.

내가 할 수 있을까 망설이는 대신, 용기 내어 골든래빗의 문을 두드려보세요.

apply@goldenrabbit.co.kr

우리는

가치가 성장하는

시간을

만듭니다.

"전작인 《처음부터 다시 배우는 서비스 디자인 씽킹》에서 한 걸음 더 나아가 성공적인 서비스 경험을 만들기 위해 실무자가 갖춰야 할 역량을 길러주는 책이다. 서비스 디자인 씽킹의 유용함은 알고 있지만 현장에서 실천하는 방법을 고민 중인 실무자가 기대한 바를 충족시켜줄 것이다. 다양한 비즈니스 상황에서 의미 있는 차이를 만드는 요령을 엿보기를 기대한다."

김동환
연세대학교 커뮤니케이션대학원 교수

"이 책은 고객에게 몰입해 핵심 문제를 정의하고 차별점을 발굴하는 프로세스를 다룬다. 또한 고객 관점을 기반으로 프로덕트를 설계할 수 있는 프로세스와 다양한 관찰 조사 방법도 소개한다. 특히 서비스 디자인 씽킹 프로세스 단계별로 활용할 수 있는 템플릿과 예시 자료들이 실행에 큰 도움이 될 것이다. 고객 중심으로 서비스 차별화 전략을 발굴하려는 분께 추천한다."

한지혜
카카오페이 허브클랜 프로덕트 매니저

"서비스 디자인 씽킹의 필요성은 느끼지만, 빠르게 돌아가는 실무에서 어떻게 적용해야 하는지 고민이라면 이 책을 읽어보기 바란다. 이 책은 어디에 중점을 두고 프로세스를 진행하면 좋을지 안내한다. 비즈니스적 관점까지 제시해주어 실무자의 가려운 곳을 전반적으로 긁어준다."

김민지
엔씨소프트 UXD 팀장

"현업 디자이너에게는 다양한 상황에 빠르게 적용시킬 수 있는 팁을 전달하고, 서비스·경험디자인 자격증을 준비하는 수험생에게는 지식을 높일 기회를 제공하는 책이다. 이 책을 읽으면 신의 한 수로 새로운 맛이 추가된 듯 지식이 더 다채로워지는 느낌이 든다. 새로운 사이드 프로젝트에도 적용해보고 싶다."

이윤규
서비스디자이너

"이 책은 서비스 디자인에 필요한 개념을 실무 흐름에 따라 자세히 설명해준다. 특히 각 개념이 어디에서 등장하고 어떻게 적용되는지 구체적으로 알려주는 것이 큰 장점이다. 실무 경험이 다소 부족한 서비스·경험디자인기사 수험생이 미흡하게 알고 있는 용어와 개념을 현장과 사례 중심으로 이해하는 데 유익한 참고서가 되어줄 것이다."

서혜민
티릴리 UX/UI디자이너, 서비스·경험디자인기사

비즈니스 현장에서 서비스 디자인 씽킹 프로세스를 적용하여 프로젝트를 진행하고 있거나 또는 방법론 도입을 검토 중인 '현장 실무 담당자'께

이 책은 독자가 현장에서 프로세스를 운영하며 접하게 될 다양한 상황을 헤쳐나갈 수 있는 서비스 디자인 씽킹의 응용 방법을 알려준다. 종전 서적들은 표준 방법을 그대로 따라가는 실천 방법을 다룬다. 그런데 현실에서 표준 방법은 몸에 안 맞는 예쁜 옷과 같을 때가 많다. 따라서 방법론을 도입하고 활용하는 방법을 여러 관점에서 생각해보아야 한다. 그래서 이 책은 격변하는 다양한 실무 현장에 유용한 정보와 사례를 제공한다. 책을 읽으며 활동 과정에서 마주칠 여러 상황을 떠올려본다면, 현장에서 마주칠 어려움을 해결할 실마리를 얻을 수 있을 것이다.

현업의 상황을 가늠하고 싶은 '학생'께

이 책의 또 다른 목적은 실무 경험이 부족한 학생이 다양한 현장 상황을 파악하는 데 도움을 주는 것이다. 학교에서의 배움은 교실 및 교육과정이라는 현실적 틀에서 제한적으로 이루어진다. 그러다 보니 대학교 학부 과정에서는 서비스·경험 디자인을 학습할 기회가 상대적으로 적은 편이고, 대학원 과정에서는 전형적인 방법론과 널리 알려진 사례 위주로 배우고 활동할 수밖에 없다. 그로 인해 학교와 현장 간의 간극이 존재한다.

간극을 조금이나마 좁힐 수 있기를 바라며 실무 관점의 보완재 역할이 되는 방향과 방법을 본문에 반영했다.

서비스·경험 디자인 기사를 준비하는 '국가기술자격 시험 응시자'께

서비스 디자인 씽킹에 대한 정부 및 기관의 관심과 제도적 변화를 내용에 반영했다. 2020년 '서비스·경험 디자인 기사' 국가기술자격검정이 시행됐다. 이 책이 수험서는 아니므로 응시 설명 및 문제 해결 대응 방법을 직접 다루지는 않는다. 다만 기관에서 선정한 핵심 개념과 구분은 관련 산업 분야의 종사자에게는 가장 기본이 되는 내용으로 이 책에서도 당연히 또 자연스럽게 다룰 수밖에 없다. 자격 검정 응시자와 인터뷰를 진행한 결과, 학습 내용과 현장 활동이 어떻게 연결되는지 확인해 관련 이해도를 높이고 싶은 니즈가 있음을 확인했다.

이 책은 이런 상황을 반영하여 독자에게 현실적 도움이 되도록 필요한 노력을 기울였다. 검정 관점에서 놓쳐서는 안 되는 콘텐츠를 반드시 확인할 수 있게 연두색으로 강조해 표시했다. 특히 프로세스 실천 방법을 구체적으로 다룬 2부에는 학습에 필요한 주요 개념과 실무 사례를 전반에 걸쳐 반영했으므로, 수험 과정과 현장 활동을 연결하며 흐름을 가늠하는 참고 자료로 활용할 수 있을 것이다.

이 책은 이론과 방법론 간의 거리를 좁히고 서비스 디자인 씽킹을 빠르게 현장에 적용할 수 있게 구성했다.

책에서 다루는 예시와 사례는 실제 프로젝트를 공개 가능한 범위에서 다루었다. 그리고 일부 내용은 학습에 필요한 설명을 추가하거나 활동의 의미를 해치지 않는 선에서 재구성했다. 이 책은 크게 세 부분으로 나뉜다.

- 1부 '현장 중심의 서비스 디자인 씽킹으로 전환하라'는 학습과 실행의 기초 내용이다. 1장에서는 현장 중심의 서비스 디자인 씽킹 기초를, 2장에서는 프로세스에 변화의 관점을 반영하는 실행 방법을 알아본다.

- 2부 '현장 상황에 맞춰 프로세스를 적용하라'에서는 방법론을 구체적으로 다룬다. 3장과 4장에서는 실무 관점에서 시간과 자원을 고려한 쉽고 빠른 프로세스를, 5장에서는 기본에 충실한 6단계로 구성된 전체 프로세스를 소개한다.

- 3부 '경험 구현과 팀워크를 놓치지 마라'는 방법론을 운용하며 접하게 되는 실무 활동에 대한 조언이다. 6장에서는 경험 구현 활동, 7장에서는 리더십과 팀워크에 대한 내용을 다룬다.

자주 접하게 되는 3가지 상황별 활용 방법을 아래에 적어두었다. 독자의 목표와 상황에 따라 응용하기 바란다.

① 서비스 디자인 씽킹을 실무에 빠르게 응용하고 싶다면

빠른 진행이 요구되는 현장에서 꼭 필요한 활동 중심으로 이 책을 활용하고자 한다면 2부를 먼저 확인하자. 3장과 4장에서 크게 3단계로 나누어 신속하게 방법론을 진행하는 활동 방법 및 프로젝트 사례를 살펴보자. 꼭 필요한 이론을 빠짐없이 설명했으므로 활동과 학습을 병행할 수 있을 것이다. 그리고 5장을 살펴보며 필요한 부분을 보완하자. 2부를 먼저 읽은 뒤, 현장 관점을 보충하고 싶다면 3부를, 이론적 배경을 더하고 싶다면 1부를 확인한다.

② 서비스 디자인 씽킹 이론과 방법론을 연결해 충실히 익히고 싶다면

1부, 2부, 3부 내용을 차근히 확인하자. 1부에서 현장 적응에 필요한 기초를 다지고, 2부에서 실천 프로세스를 살펴보고, 3부에서 실무 활동 중 만나게 되는 점검 포인트를 확인하자. 각자의 업무 환경과 조건에서 디자인 씽킹을 어떻게 활용 가능할지 고민한다면 새로운 응용 방법을 찾을 수 있을 것이다. 더 충실히 이론을 학습하고 싶다면 《처음부터 다시 배

우는 서비스 디자인 씽킹》을 함께 살펴보기 바란다.

③ 관련 시험을 앞두고 있다면

이 책이 수험서는 아니지만 학습과 실무의 간극을 좁힌다는 측면에서 다음과 같이 활용할 수 있다. 연두색으로 표시한 용어 위주로 확인하여 시험에 필요한 기초부터 점검하자. 그리고 3장과 5장에서 프로세스의 전체 흐름과 구체적 활동 방법을 이해하자. 참고로 한국디자인진흥원 홈페이지에는 시험 준비에 도움이 되는 필기 및 실기 시험 예시 문제가 공개되어 있다.

"지식근로자들이 전자오두막에서 일하게 된다. 퍼스널컴퓨터와 영상장치, 통신장비 등을 이용해 새 유형의 네트워크를 만들 수 있다."

《제3의 물결》, 앨빈 토플러, 1982

인류는 이미 20년 전부터 지식근로자가 전자오두막에 살 기술을 보편적으로 지녔지만, 그렇게 살지 않았다. 2019년 발생한 코로나19로 인해 모든 곳에서 빠르고 강력한 변화가 진행됐다. 전 세계 모든 분야에서 수십 년 치 변화가 단번에 일어났다. 코로나19 팬데믹은 기업은 물론 80억 인류 모두에게 급격한 변화를 정착시킨 유일한 사건이 될지도 모르겠다. 덕분에 앨빈 토플러는 진정한 예언가가 됐다.

이런 대격변을 관통한 기업은 비즈니스에 어떤 변화를 주었을까? 앞으로 어떤 변화를 주어야 할까? 비즈니스를 지탱하는 서비스와 제품을 기획하고 만들고 운용하는 주요 접근 방법이자 핵심 도구로서 서비스 디자인 씽킹은 여전히 유효할까?

비즈니스 변화와 혁신의 중심에 사람을 두자

코로나19 사태는 시장 경쟁과 기술 변화가 예측 가능한 범위에서만 이루어지지 않는다는 단적인 예일뿐이다. 어떠한 환경에서든 비즈니스 상황을 분석하고 실행하는 뚜렷한 혁신 기준을 마련하여 의사결정 과정에서 중심을 잡아야 한다. 그렇다면 변화의 기준과 방법을 어떻게 찾고 마련할 수 있을까?

정답은 이미 대부분이 알고 있다. '사람'을 '중심'에 두고 '제대로 실천'하면 된다. 디자인 씽킹, 인간 중심 디자인, 서비스 디자인 같은 '사람 중심의 혁신 방법론'이 꾸준히 언급되는 이유기도 하다. 물론 사람 중심의 접근을 기존 경험에 가두지 않으려는 의식적인 노력이 필요한데, 여러 비즈니스 경험을 다각도에서 바라보려는 노력은 혁신을 만들 해결 방안을 찾는 데 도움이 된다.

'현장'과 '실천'을 고려한 사람 중심의 프로세스를 설계하라

《처음부터 다시 배우는 서비스 디자인 씽킹》에서 차별화된 서비스 경험과 비즈니스 혁신을 만드는 '사람 중심의 혁신 방법론'을 이미 소개한 바 있다. 서비스 디자인 씽킹의 기초를 다지는 프로세스 전반에 집중한 전작은 사람 중심의 방법론을 이해하는 데 좋은 밑거름이 될 것이다.

이 책에서는 '현장'과 '실천'을 염두에 두고 빠르게 변하는 환경에 대응할 수 있는 유연한 응용 방법을 찾아서 프로젝트의 성공 확률을 높이는 데 집중한다.

비즈니스는 빠르고 광범위하게 변화하는 환경에 놓여 있으므로 재빨리 대응할 수 있는 역량을 확보해야 한다. 기존 방법을 답습해서는 점점 해결 방법과 멀어질 뿐이다. 예측하기 힘든 상황이 몰아치는 현장에서 교과서적인 실천은 최고의 선택도, 효과적인 선택도 아니다. 심지어 새로운 제약 사항을 만들어 출구 찾기를 방해하는 장애물을 늘리기 십상이다.

그렇다면 우리에게 무엇이 필요할까? 서비스 디자인을 진행하면서 만나게 될 어려움을 가늠해 제거하고, 가용 자원을 고려한 활동 방향을 빠르게 찾아서 적용해야 한다. 상황에 맞게 유연하게 움직이는 현명함과 새로운 방안에 대한 포용력을 갖추어야 한다. 비즈니스 성공 확률을 분명히 높이고 싶다면 단순히 방법론을 도입하는 데 그쳐서는 안 되며, 반드시 '현장'과 '실천'이라는 관점에서 프로세스를 짚어보아야 한다.

현장 : 안정을 택하는 DNA를 이겨내라

업무 현장에는 오랫동안 반복하며 유지해온 익숙한 방법론이 있기 마련이다. 이런 방법론은 업무를 다루는 모두에게 당연하게 느껴지거나 때로는 지겹다는 생각마저 들게 한다. 이런 상황에서 새로운 방법론은 호기심의 대상이 된다. 새로운 방법론은 호기심을 발판 삼아 처음에는 순조롭게 도입되는 듯하지만 대개는 초기 도입 단계가 지나면 현실이라는 저항에 부딪힌다. 낯설고 어색한 활동에 불만이 생겨나며, 성과에 대한 불안감도 커져 익숙한 방법을 다시 찾게 된다. 이런 전개는 산업의 종류를 가리지 않는다.

사람은 본능적으로 변화를 두려워한다. '내가 이 일을 얼마나 해왔는데', '기존의 방법이라면 눈 감고도 할 수 있어.' 익숙함에 기댄 자신감과 자만은 변화 없는 업무 현장을 원하고, 또 만든다. 하지만 익숙함이야말로 새로운 아이디어나 혁신과는 거리가 먼 존재다. 익숙함에 기대다 보면 그나마 기존 범주에서 선택한 작은 개선조차도 당장 더 안정적으로 보이는 선택으로 이어지기 부지기수다. 현장에서 안주하는 DNA를 이겨내지 않으면 변화에 대응하는 혁신은 없다.

실천 : 사람 중심이 최선이다

처음부터 고객과 사용자를 염두에 두고 차근히 사람 중심으로 프로세스를 밟아갈 때 기대와 가장 가까운 결과를 얻을 수 있다는 건 분명하지만 현실이 이를 뒷받침하지 못하는 경우가 많다. 만약 프로젝트가 이미 진행 중이거나 변화의 여지가 별로 없어 보이는 상황이라면 현재 상황에서 사람 중심의 접근을 어떻게 반영할지 고민하고 활동에 반영할 필요가 있다.

기업은 당장의 목표를 달성해야 한다는 압박에 갇히기 마련이다. 지표에 함몰되어 조직 활동을 서두르는 데 집중하며 '빨리빨리'를 외친다. 문제는 이렇게 진행한 결과물 대부분이 시장에서 외면을 받게 된다는 데 있다. 대개는 시장의 외면을 직접 확인한 후에야 비로소 '고객이 가장 중요하며 그들의 시선을 반영해야 한다'는 기본 중의 기본 앞에 마주서게 된다. 이때 서비스와 제품을 심폐소생할 수 있는 최선의 방법은 사람 중심의 관점을 최대한 반영하여 변화를 꾀하고 실천하는 길뿐이다.

다양한 프로세스 활동을 이해하고 수용할 수 있는 역량을 갖춰라

상황과 환경에 맞추어 방법론을 적절히 실천할 때 더 완전한 혁신을 이끌어낼 수 있다. 특히 서비스 디자인 씽킹을 비롯한 혁신 방법론에서 강조하는 '빠르게 실천하고, 결과를 확인한 후, 다시 반영해가는' 반복 활동을 적극적으로 수행해야 한다.

현실을 다시 되돌아보자. 매뉴얼대로만 방법론을 수행하거나, 과하게 현실과 타협해 성공과 멀어지는 경우가 흔하다. 사람, 시간, 자원 등의 제약 사항을 제대로 반영하지 못한 채 미숙하게 운영하거나, 환경에 따라 활동의 가중치나 우선순위를 바꿔야 할 때 적절히 대응하지 못한다. 또 통제 가능하거나 자발적인 변화뿐 아니라 전혀 예측하지 못했던 커다란 변화를 마주하게 될 때도 있다.

교과서를 그대로 따르는 긴 호흡의 실천이 어렵다면 변화를 짧은 호흡으로 파악하고 변형하여 실천해야 한다. 업무 담당자는 현장에 주어진 변화를 반영하여 상황에 적합한 활동을 실천해야 한다. 통제 가능한 환경은 물론 예측할 수 없는 상황에도 대응하도록 역량을 꾸준히 높여야 한다. 디자인 씽킹 프로세스 역시 마찬가지다.

사업 환경과 조건이 각자 다르므로 한 권의 책에 모든 비즈니스 상황과 사례를 다룰 수는 없다. 그러나 미리 점철해야 할 사항을 제시하고, 놓치지 않게 이끌 수는 있을 것이다. 결국 적절한 실천 방향을 선택하고 만들어가려면 다양한 활동 방법과 사례를 지속적으로 학습하는 것이 중요하다. 이 책에 바로 그런 내용을 담았다.

이 책을 준비하며 많은 분의 도움을 받았고 감사를 전한다. 늘 고마운 어머니, 은정, 재현, 재정, 민경, 정욱, 은솔, 은우를 비롯하여 늘 챙겨주는 박창영 누나, 반가운 서장원 부장님, 응원해주는 곽인호, 김동환, 송용근, 이민혁, 그 외 학교와 직장과 사회에서 만나 도움을 주신 모든 동료 및 선후배에게 감사와 응원을 보낸다.

이 책에 실무 사례를 반영할 수 있게 도움을 준 신황규 님, 마림바팀께 감사드린다. 기사 자격을 위한 학습 경험을 바탕으로 책 내용 전반을 꼼꼼하게 베타 리딩한 이윤규 님과 서혜민 님의 도움으로 다양한 관점이 반영될 수 있었다. 김경환 디자이너(instagram.com/superkimbob)와 골든래빗 최현우 프로께도 신뢰와 감사를 표한다.

부디 이 책이 현장에 놓인 나침반이자 답답한 상황에 부딪힐 때면 가장 먼저 생각나는 친한 동료의 조언처럼 활용되기를 바란다.

목차

PART 1

현장 중심의
서비스 디자인 씽킹으로
전환하라

현장에서 다루는 서비스 디자인 씽킹

사람 중심의 변화를 만드는 밑그림

혁신 기업 IDEO(아이데오)가 ABC 방송의 TV 프로그램 〈나이트라인〉에서 "친근하면서도 오래된 쇼핑센터의 카트를 새롭게 디자인해주세요"라는 과제를 받고 베일에 싸여 있던 디자인 씽킹 기반의 혁신 과정을 직접 보여준 때가 1999년이다. 당시 IDEO는 사람 중심의 혁신 방법론을 활용해 5일 만에 새로운 쇼핑 카트를 성공적으로 만들었다. 이후 짧지 않은 시간이 흘렀지만 사람 중심의 혁신 방법론은 여전히 새로운 변화에 대응하는 최선의 방법 중 하나로 강조되고 있다.

사람 중심의 혁신 방법은 그동안 IBM, SAP, 펩시코 등 유명 글로벌 기업을 포함하여 국내외 다양한 산업 영역에 반영되어 꾸준히 확산되어왔다. 가트너가 다양한 시장 분석 결과를 바탕으로 2020년 전략 기술 트렌드Gartner Top 10 Strategic Technology Trends for 2020를 제시하면서 크게 두 가지 주제로 변화를 집약했는데, 그중 하나가 '사람 중심People-centric'이다. 이는 사람 중심의 관점이 여전히 비즈니스에 중요하다는 사실을 보여준다. 이 방법을 스탠퍼드대학교 디스쿨d.school에서는 학문적으로 발전시켰다.

사람 중심의 혁신 방법론이 산업과 학문 모두에서 변함 없는 관심 속에 지속적으로 다뤄지는 이유는 무엇일까? 불과 얼마 전만 해도 시장의 성공 사례를 기술과 자원 중심으로 살펴보고 그대로 따라하기만 해도 일정 수준 이상의 비즈니스 성과가 보장됐다. 그러다 보니 사업에 대한 의사결정 및 실행 과정에서 이미 시장 내 성취를 이룬 사례가 있는지 살펴보고 이를 쫓을 수 있는 방안을 수립하는 일에 우선순위가 있는 경우가 흔했다. 그러나 비즈니스 환경의 변화 속도가 빨라지고 산업 간 경계가 약해지면서 기존의 성공 사례를 따라하는 소극적 접근으로는 더 이상 성공하기 쉽지 않게 됐다. 이뿐만 아니라 기술 및 인력 등 주요 자원의 차별화 요소는 꾸준히 줄어들고, 온오프라인 경계는 점점 희미해지고 있으며, 서로 다른 서비스 간 융합도 활발해지면서 시장 내 경쟁은 더욱 치열해지고 있다.

여기에 예상하지 못한 코로나19 팬데믹으로 전 세계가 몇 십년의 시간을 순간 이동한 것처럼 시장에 대응해야 하는 상황이 발생했다. 이 변화를 두고 〈월스트리트저널〉은 "COVID가 타임머신처럼 행동했다"고 표현하고, 〈워싱턴 포스트〉는 "코로나 바이러스가 많은 측면에서 변화의 속도를 높였다"고 설명했다. 기존과 다른 변화의 폭과 속도는 비즈니스 환경에 큰 혼란을 가져왔고, 사람들은 산업 활동의 기준을 무엇으로 삼아야 할지 새로운 고민을 하게 됐다.

이처럼 예측하지 못한 상황에서 사람 중심의 혁신 방법론이 다시금 주목받는 현상은 어찌 보면 자연스럽고 당연하다. 디자인 씽킹 방법론,

서비스 디자인 프로세스, 사용자 경험 전략 같은 사람 중심 방법론은 어떤 혼란한 상황에서도 고객 또는 사용자라는 뚜렷한 판단과 활동 기준을 흔들림 없이 제시하기 때문이다. 물론 어느 방법론도 성공이나 실패를 완벽히 예측할 수는 없으므로 사람 중심의 접근이 무조건 성공을 보장하지는 않는다. 그러나 사람 중심의 혁신 방법론은 사용자, 소비자 등 비즈니스에서 절대 빠지지 않는 '사람'이라는 불변의 기준을 제시함으로써 혼란한 상황에서도 분명한 해결 기준을 제시한다. 또 프로세스 진행에 필요한 활동과 방법을 안내해주고 실행에 초점을 맞출 수 있게 이끌어, 결과적으로 프로젝트의 성공 확률을 높인다.

사람 중심의 혁신 방법이 필요하다고 인식했다면, 이제 무엇을 해야 할까? 먼저 주요 방법론으로 서비스 디자인 씽킹과 프로세스를 학습하고 충분히 이해해야 한다. 그리고 서비스 디자인 씽킹 프로세스를 각자의 실무 활동에 반영하면 된다. 서비스 디자인 씽킹 프로세스는 비즈니스 현장에서 고객 또는 사용자 중심으로 관점을 정비하고 프로젝트를 실행할 때 선택 가능한 강력한 실천 방법이다.

그러나 이론과 현실은 대부분 일치하지 않고 다양한 변수가 꾸준히 등장하여 실천하기 까다롭다. 그뿐만 아니라 실행 환경도 다르고 현장 요건도 시시때때로 변화된다. 따라서 서비스 디자인 씽킹의 기본 내용을 충분히 살펴보았다면 현장에서 활용하는 데 필요한 접근 방법을 점검해야만 한다. 즉 서비스 디자인 씽킹을 다루며 견지해야 할 전체를 관통하는 '사람 중심의 시선'과 함께, 프로세스를 진행하면서 만나게 될 '현장의 행동 기준'이 무엇인지 확인하고, '무엇에 집중하고 실행할지'를 찾아내야 한다.

　서비스 디자인 씽킹이 혁신 방법론으로 의미를 가지려면 내용을 이해하는 수준으로는 부족하며 반드시 현장에서의 실천으로 연결되어야 한다. 그러나 여전히 고객과의 소통과 이해를 주저하거나 경험 중심 접근을 미루는 기업이 적지 않다. 전략컨설팅 기업 맥킨지앤컴퍼니 McKinsey&Company 가 2018년 발표한 주요 상장 기업을 대상으로 한 실태 조사 결과에 따르면 '대상 기업의 40% 이상이 개발 기간 중 고객과 소통하지 않았다'고 한다. 이와 함께 '사용자 경험을 최우선 과제로 두고 사용자 인사이트를 수집하고 학습하는 과정을 반복하는 기업이 결국 가장 우수한 디자인 역량을 갖출 수 있다'고 소개한다. 다시 한번 강조하지만 사람 중심의 혁신 방법에 충분히 공감했다면 반드시 적극적인 행동과 실천으로 연결하려는 노력이 필요하다.

　이번 장에서는 서비스 디자인 씽킹을 실천하는 데 기반이 되는 주요 내용을 살펴본다. 사람 중심의 변화를 이끄는 데 필요한 기초 내용을 확인해보며, 앞으로 우리가 견지해야 할 실행 방향을 알아본다.

　만약 그동안 서비스 디자인 씽킹을 충분히 학습했다면 복기하는 시간을 갖길 바란다. 관련 내용이 낯설다면 이 장의 내용을 익히며 기본기를 다지길 바란다. 다만 어느 쪽이든 현장과 실무 관점에서 내용을 살펴보아야 한다는 점을 기억해야 한다. 물론 이런 접근 자세는 이 장뿐만 아니라 이후 책에서 다루는 모든 내용에도 적용된다.

1.1 왜, 현장 중심의 서비스 디자인 씽킹이 필요한가?

"학교에서는 이렇게 배웠는데 왜 현실에서는 까다롭고 다르게 느껴질까요?" 또는 "책 내용 그대로 적용하면 될까요?"라는 질문을 심심치 않게 받는다. 학교에서도 배울 때는 부담이 없지만 시험을 치를 때는 어떤가? 배운 내용과 유형 그대로 출제되지 않거나, 변칙적인 문제가 출제되어 애먹은 기억이 다들 있지 않은가?

하물며 혁신을 지향하는 산업 현장의 까다로운 문제가 단조로운 패턴에 맞춰 쉽게 풀릴 리 없다. 현장은 변화무쌍하기 때문이다. 해결해야 할 문제도 주어진 상황도 제각각 다르며 복잡하다. 계획할 당시와는 바뀐 환경 때문에 프로세스를 예정대로 진행하기가 어렵거나 다른 해결책을 찾아야 할 때도 있다.

어떤 일이든 실행 결과를 만들고 이를 평가받아야 한다면 단순히 이해를 목적으로 학습할 때와는 다른 접근 방식과 태도로 임해야 한다. 따라서 그동안 서비스 디자인 씽킹의 기본 내용을 학습 관점에서 이해해왔다면 지금부터는 현장 중심의 실행력을 키우는 데 집중해야 한다. 이론 중심의 기본을 충실히 학습했다면 현장 적용에 필요한 응용과 실천에 도전할 차례다. 응용과 실천이 강조된 서비스 디자인 씽킹이 왜 필요한지 지금부터 확인해보자.

근본적인 해결책은 사람 중심의 관점으로 현장에 접근할 때 얻어진다

서비스 디자인 씽킹 프로세스는 사람을 문제 해결의 중심에 두고 서비스가 가진 문제를 파악하여 문제의 원인을 찾고 해결해나가는 과정이다. 이때 고객과 사용자 중심으로 생각하는 것이 무엇보다 중요하다. 제품 중심으로 생각하다 보면 근본적인 원인을 찾기보다는 가장 두드러져 보이는 표면적인 문제에만 집중하기 쉽다. 표면적인 문제가 크게 보여 전체 맥락을 파악하지 못하게 되는 것이다. 게다가 제약된 시간과 자원을 핑계삼아 근시안적인 접근도 나쁘지 않다고 애써 위로하며 대충 넘어가기 쉽다. 이렇게 되면 당장 급한 문제는 처리된 듯 보일지라도 찾아낸 해결책이 핵심을 비켜나간 것이므로 머지 않아 비슷한 문제를 다시 만나게 된다. 혹시 현장에서 반복되어 일어나는 문제가 있는가? 그렇다면 그동안 믿어왔던 완벽한 해결책이 사실은 핵심을 벗어난 표면적인 해결책에 불과한 것이다.

비즈니스와 서비스가 꾸준히 성장하고 변화하길 원한다면, 눈앞에 직면한 어려움을 당장 수습하는 활동에 만족해서는 안 된다. 당연하다고 생각하는 부분에서 변화의 여지를 파악하고 새로운 핵심 해결 방안을 찾아야 서비스에 지속적인 경쟁력을 부여할 수 있다. 이때 서비스 제공자 관점을 던져버려야 한다. 사람 중심 관점, 즉 고객과 사용자 관점으로 변화를 파악하고 문제에 접근해야 한다.

그렇다면 사람 중심의 관점과 접근은 비즈니스 현장에서 얼마나 중요할까? Y-콤비네이터 설립자 폴 그레이엄Paul Graham의 의견을 살펴보자. 그는 '스타트업에 꼭 전하고 싶은 13가지 조언Startups in 13 Sentences'을 소개하면서 13가지 중 하나만 선택해야 한다면 "사용자를 이해하라Understand your users"일 것이라고 말했다. 폴 그레이엄은 "사용자를 이해하는 것이 13가지 원칙의 절반을 차지하는 핵심"이라고 강조하면서, "사용자 한 명의 삶이 개선되는 정도와 사용자 숫자에 의해 기업의 부가 결정된다"고 설명한다. 즉 사람들의 충족되지 못한 니즈를 해결할 깜짝 놀랄 만큼 좋은 서비스를 제공하여 그들의 삶을 향상시킬 때 비로소 비즈니스는 성공하고 기업의 부를 창출할 수 있다는 의미다.*

사람 중심의 접근은 변화와 혁신이 필요한 비즈니스 문제를 찾아낼 때는 물론이고 이를 해결하는 방법을 구현할 때도 중요하다. 린 스타트업을 비롯한 여러 방법론에서 고객이 가진 문제에 집중하여 해결책을 찾고 실행하는 과정을 반복하라고 강조한다. 즉 시장에 나가 고객이 가지고 있는 문제를 찾고, 문제를 해결할 최소 기능 제품을 서둘러 개발하고, 다시 고객에게 해결책을 확인하고 개발하여 시장에 제품을 소개하는 과정을 반복해야 한다.

그러나 실무에서 마주하는 현실이 사뭇 다를 때도 많다. 실행의 중요성을 강조하지만 사무실 안에서 계획하는 데 많은 시간을 소비하느라 정작 현장에서 활동할 때는 여유가 없다. 아예 실행 단계까지 나가지 못한 채 적용 가능한 프로세스를 살펴봤다는 데 의미를 두기도 한다. 모든 실무 활동에는 각각 필요와 의미가 있겠지만 그로 인해 실행에 필요한 자원이 과하게 줄어들거나 현장 활동의 우선순위가 흔들려도 된다는 것은 아니다. 예상과 다른 이러한 상황을 마주하게 된다면 우리가 프로세스에 관심을 가지고 집중하는 이유를 다시 한번 생각해볼 필요가 있다. 프로젝트의 성공 확률을 높이고 싶다는 게 가장 중요한 이유일 것이다.

결국 프로세스를 어떻게 수행해야 높은 프로젝트 성공 가능성을 보

---

* http://paulgraham.com/13sentences.html

장할 수 있을지를 생각해야 할 텐데, 한 가지 방법은 분명하다. 예측 불가능한 여러 상황과 자주 맞닥뜨리는 비즈니스 환경에서 해답을 찾아가는 가장 중요한 방법은, 현장에서 고객의 반응과 니즈를 확인하여 빠르고 점진적으로 비즈니스를 개선해가는 길뿐이다. 즉 프로세스라는 지도를 두고 실행 경험을 바탕으로 시장 잠재력을 검증하여 고객이 필요로 하는 제품과 서비스를 제공해야 한다.

기업 활동은 환경 변화에 따라 복잡한 선택 과정을 거치며 의사결정에 따라 운영에 변화를 줄 수밖에 없다. 칼 슈람Carl Schramm 시러큐스대학교 교수는 "GE, IBM, 디즈니 등 전통적인 기업과 페이스북, 구글, 우버 등 상징적인 젊은 기업 중 어느 곳도 사전 계획에 따라 사업을 시작하지 않았다"고 설명한다. 그는 〈프레임워크에 대한 것이 아니다It's Not About The Framework〉에서 "본보기가 없는 상황에서 창업자가 선택할 수 있는 대안은 직접 부딪치며 배우는 것뿐"이라고 강조한다.

그렇다면 계획대로 비즈니스를 진행할 수 없는 상황에 놓였을 때 실행에 필요한 나침반으로 가장 먼저 떠올려야 할 것은 무엇일까? 바로 '고객'이다. 서비스 개발을 다루며 자주 언급되는 제품 시장 맞춤(적합성)Product Market Fit, PMF에도 같은 관점이 필요하다. 마크 안드레센Marc Andreessen이 강조하는 PMF는 고객이 제품으로부터 느끼는 가치를 확인하여 시장 니즈를 만족시킬 수 있는 제품을 출시해야 한다는 의미다. 결국 우리가 원하는 변화와 혁신의 출발점은 고객과 시장을 제대로 이해하는 것이라는 점을 반드시 기억하자.

변화는 당연하게 생각하던 환경과 상황을 천천히 또는 갑자기 바꾼다. 환경이 변하면 사람들이 중요하게 생각하는 가치와 행동도 변한다. 비즈니스 환경에서도 마찬가지다. 급격한 디지털 전환과 같은 환경 변화에 대응하려면 지금까지와는 다른 관점으로 비즈니스를 바라보아야 하며, 프로세스 실행을 처음부터 다시 점검해야 한다. 이런 접근은 서비스 디자인 씽킹 프로세스를 다룰 때도 마찬가지다.

지금부터 환경과 상황의 변화에 따라 장기적으로 어떤 관점을 가지고 실행할지 실무 관점에서 살펴보자. 이때 조사 활동 중심으로 생각해본다면 사람 중심의 프로세스가 직면한 변화의 방향을 좀 더 쉽게 이해할 수 있을 것이다.

서비스 디자인 씽킹 프로세스는 고객과 사용자를 직접 만날 것을 강조한다. 그리고 이를 실천하는 가장 명확한 방법은 대면 활동이다. 물론 전화, 메일 등을 활용한 비대면 활동도 지속적으로 제안되는 방법이다. 코로나19 이전에는 비대면 활동이 차선책으로 치부됐지만, 이제는 상황에 따라 비대면 방법을 대면 활동보다 먼저 고려하고 활용한다. 이런 변화를 어떻게 바라보아야 할지 '디지털 이용 환경의 발전'과 '지속적인 새로운 활동 방법 구축'으로 나누어 생각해보자.

첫 번째로 '디지털 이용 환경의 발전'을 살펴보자. 고객의 디지털 이용 환경이 과거와 비교할 수 없을 만큼 좋아졌다. 화상 회의나 원격 수업 등이 보편화되면서 고객도 디지털 활동에 빠르게 익숙해졌다. 과거 대면 방식으로 이루어지던 여러 활동이 디지털 기기와 서비스를 이용한 비대면 방식으로 자연스럽게 대체 가능하게 된 것이다. 디지털 전환에 가속도가 붙으면서 혁신 프로세스 활동에도 영향을 주고 있으며, 디지털 중심으로 변화한 고객 행동과 이용 환경이 디자인 프로세스에 반영되고 있다.

두 번째로 '지속적인 새로운 활동 방법 구축'을 살펴보자. 다양한 환경에서의 활동 방향을 더 적극적으로 살펴보아야 한다. 현실적 이유로 새로 도입한 방법이더라도 충분히 유용하고 결과도 만족스럽다면 주요 프로세스 진행 방법으로 계속 고려할 수 있다. 주어진 상황에 따른 대응은 물론 새로운 활동 방법의 지속적 구축이라는 관점에서 다양한 실무 방안을 꾸준히 검토하고 적용해야 한다. 예를 들어 그동안 시간과 비용이 대면/비대면을 선택하는 중요 요소였다면 이제는 안전과 지속 가능성에도 무게를 두어 의사결정을 해야 한다.

이외에도 다양한 상황과 환경 변화를 고려해 새로운 방법을 모색해야 한다. 기존에 활용하거나 또는 한 번도 고려해보지 않았던 다양한 접근을 어떻게 프로세스 준비와 실행에 반영할지 계속 탐색하는 활동이 중요하다.

앞으로 언제든 예상치 못한 사회 환경 변화가 생길 수 있다. 급격한 변화가 생겼을 때 한 가지 특정 방법론이나 제한된 활동만을 선택지로 고수해서는 적절히 대응할 수 없다. 따라서 변화에 능동적으로 대응하려면 다양한 시도를 통해 최선의 문제 해결 방법이 무엇인지 검토해보고 찾아가는 접근이 필요하다. 특히 변화한 비즈니스 환경에 대응 가능한 방법론을 살펴보고 있다면 이런 방향성을 놓쳐서는 안 된다. 비용이나 효율의 요소와 같이 과거부터 익숙한 기준은 물론이고, 환경의 변화를 반영한 지속 가능성과 안전 등 다양한 선택 요소를 함께 다루고 판단해야 한다. 물론 이런 접근은 어떤 특정 활동에만 제한적으로 해당되는 것은 아니며, 서비스 디자인 씽킹 프로세스 전반에 반영되어야 한다. 그에 맞추어 활동을 살펴보며 과거 어느 때보다 훨씬 더 다양한 가능성을 열어둘 필요가 있다.

서비스 디자인 씽킹을 더 효과적으로 실천하는 실마리는 현장에 있다

여전히 많은 기업과 기관은 확인 가능한 시장의 존재와 규모, 성공 사례 같은 고정된 과거에 기대어 끊임없이 변화하는 미래를 설계한다. 시장 내 성공 사례 중 각자의 목표나 매출 등 여러 측면에서 쫓아가고 싶은 특정 사례를 레퍼런스라 부르고 지표화하여 비즈니스 진행 시 중요한 활동 기준으로 다룬다.

그러나 레퍼런스를 그대로 따라가는 것이 동일한 성공을 보장하지는 않는다. 특히 숫자로 표현된 지표를 기준으로 비교와 관리 활동에만 집착하거나 장기적 관점에서 추진되는 가치나 비전 등을 살펴보지 않는다면 더욱 겉모습 따라하기에 그치기 쉽다. 따라서 각각의 비즈니스와 서비스가 해결하고 싶은 문제는 무엇이며 주어진 환경과 앞으로 기대하는 상황 등은 어떠한지 하나하나 확인해보며 같거나 다른 부분을 살펴보아야 한다. 그리고 그대로 받아들여도 좋은 부분과 변경해서 수용할 부분 등을 판단하고 각자의 활동에 어떻게 반영할지 탐구하는 과정이 필요하다.

차별화된 경험을 고객 및 사용자에게 제공할 목적으로 서비스 디자인 씽킹이라는 방법론을 학습하고 실행을 준비 중이라면 그 자체로 충분히 좋은 선택이다. 서비스 디자인 씽킹 프로세스가 제시하는 사람 중심의 활동으로 비즈니스 혁신과 차별화에 한걸음 더 가까워질 수 있다. 그런데 서비스 디자인 씽킹을 부지런히 학습하며 실행을 준비하는 과정에서 혼란을 겪는 모습도 종종 보게 된다. 모두가 처한 현장 상황과 환경이 다르므로 학습한 프로세스 활동 방법을 그대로 적용하기 어렵기 때문이다. 기존 프로세스 가이드를 변경해도 괜찮을지도 애매하고 스스로 선택한 방향이 옳은지 판단하기도 까다롭다. 이런 상황에 부딪히면 '과연 배운 그대로 프로세스를 수행할 수 있을까?', '만약 원한다면 제시된 활동을 바꾸어 수행해도 괜찮을까?' 같은 자문을 하게 된다.

레퍼런스로 선택한 성공 사례를 그대로 쫓아간다고 결과가 원하는 방향으로 나오지 않듯이, 비즈니스 속에 존재하는 서비스 디자인 씽킹 프로세스도 마찬가지다. 물론 비교적 올바른 길은 있으나 실무 현장에서 모두에게 딱 들어맞는 정답은 존재하기 어렵다. 결국 현장에서 이루어지는 프로세스 활동은 실행이 중요하며 현실감 있는 접근을 요구한다는 점을 잊어서는 안 된다. 그렇다면 현장 상황을 반영한 서비스 디자인 씽킹의 모습은 어떠해야 할까? 학습한 그대로 프로세스 활동을 진행하지 않는다면 어떤 요소를 염두에 두고 실행해야 할까?

무엇보다 순발력과 응용력을 바탕으로 활동 방향을 선택하는 것이 중요하다. 이를 가능하게 하려면 평소 깊이 있게 학습해서 통찰력을 갖춰야 한다. 다양한 접근 방법과 활동을 이해하고 있어야만 상황에 따라 적절한 실행 방안을 모색할 수 있다. 실행 방안은 서비스 디자인 씽킹 프로세스 전체이거나, 부분일 수도 있다. 이때 주어진 상황을 반영하여 신속하게 응용 방법을 찾아낼 수 있는 유연한 태도가 필요하다. 여기서 언급한 '유연함'이 활동 방법을 가벼이 살피고 대충 운영한다는 의미는 당연히 아니다. 특히 어떤 상황에서도 사람 중심의 관점과 접근 방향은 분명히 유지해야 한다.

그리고 상황에 맞춰 실행력을 높이고 어떻게 수행할지 적절히 판단해야 한다. 이때 서비스 디자인 씽킹이 강조하는 요소 중 코크리에이션Co-creation(공동 창작)을 놓치지 말자. 팀 협업 기반으로 활동 방향을 정하고 실행해야 한다는 의미다. 학습한 내용을 바탕으로 팀이 함께 생각하고 의견을 나누면 혼자서 고민할 때보다 문제 해결에 필요한 실마리를 훨씬 빨리 찾을 수 있을 뿐만 아니라 더 효율적으로 활동을 진행하는 실행 아이디어를 더 빠르게 모을 수 있다.

배운 그대로 현재 상황에 적용하고 구현할 수 있으면 좋겠지만, 배운 것과 똑같이 운영할 수 있는 환경을 실무에서 만날 기회는 행운이라 부를 수 있을 만큼 드물다. 그리고 얼마 전까지도 보편적이던 학습 내용이 지금은 맞지 않을 수도 있다. 현장에는 크고 작은 변수가 늘 존재한다. 따라서 뛰어난 방법론을 학습하는 것도 중요하지만 실행을 통해 실무에 적절한 선택을 하고 고객과 사용자 중심의 가치가 담긴 해결 방안을 선보일 수 있어야 한다.

전체 프로세스를 진행할 수 있다면 더 없이 좋을 것이다. 그러나 그렇게 진행할 수 있는 상황이 아니라면 선택 가능한 부분을 찾고 필요한 활동을 선별하여 진행하는 집중력과 실행력이 더 필요하다. '할 것이냐, 하지 않을 것이냐'를 고민하기보다는 '시도하고 실행에 옮기는 것'이 더 중요하다.

1.2 현장 중심의 서비스 디자인 씽킹에 필요한 기초는 무엇인가?

서비스 디자인 씽킹을 어느 정도 이해한 상태에서 이 책을 읽을 수도 있지만 그렇지 않을 수도 있다. 따라서 실무 관점에서 서비스 디자인 씽킹을 이해하는 데 필요한 기초를 간단히 살펴보자. 인간 중심의 서비스와 비즈니스를 구현하는 데 필요한 요소이면서 최근 비즈니스 변화를 이해하는 데 필요한 기본 개념과 정보를 알아본다. 이미 알고 있더라도 주요 내용을 정리해보고 과거와 달라진 부분을 확인해본다면 분명 도움이 될 것이다.

디자인, 디자인 씽킹, 서비스 디자인

현장에서 서비스 디자인 씽킹과 혁신 프로세스를 다룰 때 반복해서 마주치는 용어가 있다. 바로 '디자인, 디자인 씽킹, 서비스, 서비스 디자인'이다. 이들의 조합이 서비스 디자인 씽킹을 구성한다. 익숙한 용어지만 비즈니스 변화에 따라 내용이 바뀌는 만큼 꾸준히 관심을 가지며 확인해야 한다. 따라서 관련 내용을 짚어보며 서비스 디자인 씽킹을 더 분명히 알아보자.

● 디자인

디자인은 사용 목적에 따라 다양하게 해석된다. 디자인은 '지시하다' 또는 '표현하다'라는 뜻을 가진 라틴어에서 유래했으며, '주어진 목적을 조형적으로 실체화하는 것' 또는 '사물이나 시스템의 계획 또는 제안의 형식'을 의미한다. 디자인을 단지 그림을 예쁘게 그리는 활동으로 생각하거나, 시각적 표현으로 생각하는 경우는 과거에 비해서 줄었다. 그러나 여전히 디자인을 다루며 미학과 동일하게 느끼거나 보이는 즐거움을 쫓는 틀에서 벗어나지 못하는 경우가 적지 않은데, 디자인은 시각 결과물 위주로 한정하여 다룰 대상이 아니다.

디자이너 마이클 베이르트Michael Bierut는 "모든 것이 디자인은 아니지만, 디자인은 모든 것에 관한 것이다"라고 주장한다. 위키백과에서는 디자인을 "일원화된 디자인의 정의는 존재하지 않으며, 디자인이라는 용어는 각자 다른 분야에서 다양한 의미로 해석되고 응용된다. 실질적으로 만져지는 물건을 창조하는 행위나 그 행위의 결과도 디자인이라 할 수 있다"라고 설명한다.

산업 현장에서 디자인은 추가되면 좋은 보조 요소가 아니다. 비즈니스 속 디자인 활동은 특유의 창조적 노력이 사회라는 속성과 결합하여 사람들과 교감하고 소통할 수 있어야 하며, 이를 통해 디자인이 만든 새로운 가치 기반으로 비즈니스에 기여할 수 있어야 한다. 덴마크 디자인센터가 제시한 것처럼 이제 디자인은 기업에 전략적 관점을 제시하는 핵심 역량으로 활용되고 있다.

그동안 디자인을 크게 신경 쓰지 않거나 스타일링 수준에서 소극적 자세로 다루어온 기업이라면 디자인의 중요성을 서둘러 인식해야 한다. 그리고 비즈니스에 디자인 프로세스와 전략적 관점을 제공할 수 있는 역량을 갖추어야 한다. 이와 함께 디자인의 지향점이 생산자 중심이나 마케팅 중심이 아닌 사용자 중심으로 변화한다는 인식을 디자인 중심 경영 활동에 반영해야 한다. 도널드 노먼Donald A. Norman이 《디자인과 인간심리The

Psychology of Everyday Things》에서 언급한 좋은 디자인에 대한 접근법으로 시작된 사용자 중심 디자인User Centered Design은 형식적인 접근이 아닌 실제 사용자를 참여시킬 수 있는 방법론을 디자인 프로세스 전반에 적절히 도입하여, 보기에 좋은 디자인을 넘어 사용자 니즈에 집중한 더 나은 사용자 경험을 제공하는 활동을 의미한다.

● 디자인 씽킹

디자인 씽킹Design Thinking은 사람에 대한 이해와 공감을 바탕으로 상품, 서비스, 경험 등을 만드는 인간 중심의 접근 방법을 다룬다. 디자인 씽킹을 영어 단어의 조합을 해석하듯 '디자이너처럼 사고하여 문제를 해결하는 것'으로 간단히 정리할 수도 있지만, 이 정도에 그쳐서는 비즈니스 현장에 무엇이 필요하고 관련 활동에 어떤 의미가 있는지 다각도에서 파악하기 어렵다.

디자인 씽킹이 어려운 문제를 해결할 목적으로 디자인을 활용하려는 접근에서 출발했다는 점을 기억하자. 디자인 씽킹은 어느 순간 갑자기 나타난 개념이 아니며 시간에 따라 변화의 과정을 거쳐 왔다. 그 변화의 흐름을 살펴보면 디자인 씽킹에 대한 이해를 높이는 데 도움이 된다. 인터랙션 디자인 재단이 공개한 연대별 구분에 따르면 1960년대 디자인 사이언스Design Science로 시작, 1970년대 생각하는 방식Way of Thinking을 거쳐, 1980년대 디자이너적 연구 방법Designerly Ways으로, 그리고 오늘날에는 디자인 프로세스와 디자인 씽킹으로 발전했다.

디자인 씽킹을 바라보는 또 다른 시각으로 로저 마틴이 개인 연구 과정을 토대로 변화의 과정을 설명한 내용이 있다. 로저 마틴은 IDEO의 디자인 방법론이 제품이라는 전통적인 범위에서 벗어나 점차 기업 전략 측면까지 확장되고 있다는 점에 주목했고, 팀 브라운과 함께 그 개념을 설명하며 디자인 씽킹으로 표현했다고 언급했다. 이후 IDEO의 데이비드 켈리와 P&G를 위한 디자인 씽킹 프로세스를 개발해 성공적인 결과를 얻었고, 이는 데이비드 켈리가 스탠퍼드대학교에서 디스쿨을 시작하는 기반이 됐다고 소개한다.

디자인 씽킹을 대하는 관점은 목적에 따라 달라지겠지만, 어떤 관점으로 보든 동일하게 확인되는 주요한 점은 디자인 씽킹이 '혁신에 대한 전략적 접근과 새로운 시도에 대한 노력에 기반하여 오랜 기간 축적되어 만들어진 결과물'이라는 점이다. 따라서 디자인 씽킹을 단기간 유행하는 키워드로만 본다면 본질을 제대로 파악하기 어렵고 제대로 된 활동도 쉽지 않다.

디자인 씽킹이 반영된 비즈니스 활동이라면 익숙한 기존의 사고방식을 뛰어넘어 '혁신 측면의 직관적 사고'와 '검증과 체계화를 다루는 분석적 사고'라는 양면의 균형을 갖추는 것이 중요하다. 팀 브라운은 디자인 씽킹을 "제품의 영역에서 벗어나 독특하고 참신한 하나의 규율로 다듬어지고 확대된 것"으로 설명했고, 로저 마틴은 "분석적 숙련과 직관적 독창성이 상호작용을 하며 균형을 이루는 더 나은 사고 체계"라는 점을 지속적으로 강조했다. 그리고 세계적인 디자인 구루 존 마에다 John Maeda는 〈사우스바이사우스웨스트SXSW 2017〉에서 "디자인은 시장 적합성과 의미 있는 결과에 대한 것이며, 경험과 디자인이 비즈니스의 우선 요소가 되어야 한다"고 설명했다. 또한 주요 경영 대학은 시장의 요구에 따라 이미 디자인 씽킹을 교과 과정에 반영했으며 기업 또한 시장 대응에 필요한 디자인 역량을 내재화하고 있다고 소개한다.

지금까지 소개한 여러 내용을 반영하여 디자인 씽킹의 의미를 다음과 같이 정리할 수 있다.

- 디자인 씽킹은 인간 중심의 이해를 바탕으로 아이디어를 시각화하고 현실화해 새로운 비즈니스로 이어질 수 있게 한다. 이때 분석과 직관 사이에서 균형이 잡힌 가능성 중심의 사고가 필요하다. 때로는 학습과 체험 위주 워크숍에서 퍼실리테이션* 기법처럼 제한적인 형태로 다뤄지는 경우가 있다. 이런 접근으로 디자인 씽킹의 개념을 이해하고 관심을 높일 수 있겠지만, 이때도 디자인 씽킹에는 서비스와 비즈니스의 경쟁력을 높이기 위한 새로운 시도라는 측면이 반영됐음을 놓쳐서는 안 된다.

- 디자인 씽킹은 현장에서 마주치는 문제를 해결하는 중요한 실무 접근 방법이다. 같은 맥락에서 이 책은 디자인 씽킹을 실제 문제를 해결하는 방법론의 관점에서 주로 다룬다.

---

* 사람 사이에 소통과 협력이 활발하게 일어나 시너지가 생기도록 도와주는 행위

고전 디자인과 디자인 씽킹의 이해

존 마에다가 〈디자인 인 테크 리포트 2017〉에서 기존의 고전 디자인과 디자인 씽킹을 비교 정리한 내용을 확인해보자.

그의 설명에 따르면 최근 언급되는 디자인은 기존에 다루던 고전 디자인 Classic Design과 단순히 같은 접근을 의미하지는 않는다. 고전 디자인은 오랜 시간을 거쳐 산업 혁명으로 촉발됐으며, 완벽하고 정교한 것을 만드는 방법을 찾는 데 집중한다. 한편 디자인 씽킹은 공감에 기반한 고객 니즈와 관련한 혁신의 필요성에서 출발하며, 빠른 실행과 경험의 중요성을 강조한다. 고전 디자인과 디자인 씽킹을 비교하면 다음과 같다.

	고전 디자인	디자인 씽킹
강조	연습	전략
활동 재료	종이, 나무, 금속 등 물질적인 것	포스트잇, 화이트보드, 팀의 시간
지향하는 목표	완벽한 제품/사물의 출하	건설적인 발산 활동의 조성
평가 요소	동의, 채택, 수상	결과로 도출한 특정 제품/기능
주요 참여자	(고전적인) 디자이너	비즈니스 사상가 및 행동가
기초 도구/기술	손과 신체 법칙	마음과 조직과학

고전 디자인과 디자인 씽킹 비교*

---

* Design In Tech Report 2017, 존마에다, https://vimeo.com/208035080, https://designintech. report/2017/03/11/design-in-tech-report-2017

● 서비스

"서비스는 직접 또는 간접 구매되는 무형의 편익이며 유형적이거나 기술적 부분을 표현한다."
　　　　　　　　　　　　　　　　　　　　　　　　　　　　필립 코틀러

전통적으로 서비스를 부차적, 비생산적, 비물질적인 것으로 다루거나 무형성Intangibility, 불가분성Inseparability, 이질성Heterogeneity, 소멸성Perishability 중심의 특징에 기준을 두고 설명하는 경우를 자주 접할 수 있었다. 그러나 서비스가 경제 산업의 핵심을 담당하는 서비스 중심 시대에는 산업 전반에서 서비스가 차지하는 중요성을 반영해야 한다. 이제 서비스 지배 논리Service Dominant Logic에 따라 사업과 제품의 영역까지 전부 서비스로 간주하는 경우가 많아졌으며, 제조 기업이 서비스 기업화되거나 서비스 기업이 보조 서비스를 확대하는 등의 변화를 바탕으로 서비스 경제Service Economy를 설명하기도 한다.

이제 서비스는 산업 중심에서 고객과 서비스 제공자와의 상호작용을 포함하는 모습을 보인다. 이유재 서울대학교 교수는 저서 《서비스 마케팅》에서 현대의 서비스를 "고객과의 상호작용을 통해 고객의 문제를 해결해주는 일련의 활동"으로 정의한다. 따라서 최근 언급되는 서비스를 제대로 이해하려면 서비스를 전통적인 의미로만 해석해서는 안 된다. 대신 고객이 원하는 가치를 만들고 비즈니스를 차별화하는 데 집중하는 변화된 현재의 서비스 활동과 그에 대한 인식을 충분히 이해해야 한다.

● 서비스 디자인

서비스 디자인Service Design은 '서비스'와 '디자인'이 합쳐진 용어이며, 서비스가 지닌 무형성을 디자인이 가진 물리적이고 유형적인 특성을 통해 고객에게 구체적인 경험으로 제공한다. 1991년 쾰른 국제디자인학교의 미하엘 에얄호프Michael Erlhoff 교수가 서비스 디자인의 개념을 학계에 소개한 이후 서비스 디자인에 대한 다양한 정의가 제시되고 있다. 정의를 내린 주체에 따라 세부 내용에 차이는 있지만 서비스와 디자인이 공통으로 가지고 있는 '고객 기반의 가치 추구와 전달'이라는 측면은 서비스 디자인의 정의에 유사하게 반영된다. 서비스 디자인에 대한 대표적인 정의 몇 가지를 살펴보면 다음과 같다.

"서비스 디자인은 공급자와 수요자의 잠재된 욕구를 찾고 이를 만족시킬 수 있는 제품과 서비스를 개발하는 방법이다. 사용자의 경험을 토대로 새로운 가치 창출을 실현하는 다양한 방법론으로 산업과 사회 전 분야에서 활용되고 있다."

한국디자인진흥원

"서비스 디자인이란 고객이 서비스를 통해 경험하는 모든 유·무형의 요소(사람, 사물, 행동, 감성, 공간, 커뮤니케이션, 도식 등)와 모든 경로(프로세스, 시스템, 인터랙션, 감성 로드맵 등)에 대해 고객 중심의 맥락적인 리서치Contextual research 방법을 활용하여 이해관계자 간에 잠재된 요구를 포착하고, 창의적이고 다학제적·협력적인 디자인 방법을 통해 실체화Embodiment함으로써 고객 및 서비스 제공자에게 효과적이고 효율적이며 매력적인 서비스 경험을 향상시키는 방법 및 분야를 의미한다."

서비스 디자인협회

"서비스 디자인은 디자이너가 사용자와 관계된 서비스 제공자 모두에게 지속 가능한 해결안과 최적의 경험을 창출하는 활동으로, 서비스를 설계하고 전달하는 과정 전반에 디자인 방법을 적용하여 사용자의 경험을 향상시킨다."

산업통상자원부 서비스 · 경험 디자인 기사

흔히 서비스 디자인은 제니아 빌라데스Xenia Viladas가 《서비스 디자인하라》에서 언급한 것처럼 크게 두 측면에서 다루어진다. 하나는 완전히 상업적인 목적을 가지는 서비스 디자인 관점이고, 또 하나는 공공의 문제점을 다루고 지속력 있는 솔루션을 만드는 서비스 디자인 관점이다.

'서비스 디자인 씽킹'은 서비스 디자이너, 디자인 전략가, 서비스 마케터 등이 공유하고 있는 특정 접근 방식을 의미하며, 고객의 의미 있고 가치 있는 구체적인 경험에 집중한다. 다양한 분야의 방법과 도구를 사용해 서비스를 디자인할 때 수반되는 인간 중심의 사고방식으로 고객의 행동을 이해하고 그들의 경로를 파악하고 분석해 문제를 해결하게 된다.

우리나라에서는 산업디자인진흥법(약칭: 산업 디자인법) 제2조에서 서비스 디자인을 제품 디자인, 시각 디자인, 환경 디자인 등과 함께 산업 디자인으로 명시한다(산업디자인진흥법 제1조와 제2조).

산업디자인진흥법 제2조(정의)및 제10조의2(산업 디자인통계의 조사)에 근거한 디자인산업분류에서는 디자인 관련 산업을 8개 대분류, 42개 중분류, 154개 소분류로 구분하고 있으며, 대분류 항목에 서비스/경험 디자인이 있다. 서비스/경험 디자인은 다음 표와 같이 3개 중분류와 11개 소분류로 구분된다.

중분류	소분류	
서비스디자인	• 보건의료서비스디자인 • 교육서비스디자인 • 공공행정서비스디자인	• 여가/레저서비스디자인 • 커뮤니티서비스디자인
인터렉션디자인	• 휴먼인터렉션디자인 • 디지털간행물디자인 • 기타 인터랙티브미디어디자인	• 시스템/응용소프트웨어디자인 • 사용자인터페이스디자인
기타 서비스/경험디자인	서비스/경영디자인컨설팅	

서비스/경험 디자인 분류*

● **경험 디자인**

사용자 경험User eXperience, UX은 인간이 제품, 서비스, 시스템 등을 통해 얻는 총체적 경험으로, 도널드 노먼이 휴먼 인터페이스나 사용성의 범위가 너무 좁다고 생각해 포괄적인 영역을 다루고자 만든 용어다. 도널드 노먼이 제이콥 닐슨과 설립한 닐슨노먼그룹에서 정의한 사용자 경험은 다음과 같다.

"사용자 경험은 최종 사용자가 기업, 기업의 서비스, 기업의 제품과 상호작용하는 모든 측면을 포함한다. 모범적인 사용자 경험을 위한 첫 번째 요구 사항

---

* 이 표에서 용어 띄어쓰기는 디자인산업분류를 따름

은 사용자가 불평 혹은 부담이 없도록 정확한 니즈를 맞추는 데 있다. 그다음은 소유하거나 사용하는 데 즐거움을 주는 제품을 만들게 하는 단순함과 우아함이다. 진정한 사용자 경험은 단순히 사용자가 직접 원한다고 말한 것을 주거나 체크리스트의 기능 제공 이상을 의미한다. 기업이 높은 수준의 사용자 경험을 제공하려면 엔지니어링, 마케팅, 시각 디자인, 산업 디자인, 인터페이스 디자인을 포함하는 다양한 분야의 서비스를 매끄럽게 융합해야 한다."

사용자 경험 디자인User Experience Design, UX Design이란 사용자 입장에서 생각하고 접근하여 그들 스스로도 인지하지 못한 불편이나 바람을 끄집어내어 가장 이상적인 솔루션을 제공하여 사용자 경험을 더 가치 있게 만드는 총체적 과정을 의미한다.

사용자 경험과 함께 자주 다루는 내용으로 사용자 인터페이스User Interface, UI가 있다. 현장에서 사용자 경험과 사용자 인터페이스는 자주 혼용되며 전문가의 의견, IT 관련 전문 커뮤니티에서의 논쟁, 기업 블로그의 정의 등에서 여전히 의미와 범위에 대해 논의가 진행되고 있다. 그러나 둘 사이에 비교적 공통적인 내용이 있으므로 살펴보자. 대표적으로 국제표준기구(ISO 9241-210)가 UX와 UI에 대한 내용을 어떻게 설명하는지 확인해보면 도움이 될 것이다.

- 사용자 경험 UX : 사용자가 제품, 시스템, 서비스를 사용하거나 또는 사용을 예상하면서 도출한 사용자의 인식과 반응

- 사용자 인터페이스 UI : 사용자가 대화형 시스템으로 특정 작업을 수행 가능하도록 정보와 제어 수단을 제공하는 대화형 시스템의 구성요소

이처럼 사용자 경험은 총체적 경험이라는 목표에, 사용자 인터페이스는 상호작용의 접점이라는 요소 설계에 초점을 맞추고 있다.

경험의 중요성이 강조되고 다양한 서비스로 확대되면서 '사용자 경험'은 IT 중심의 기존 경계를 넘어 '인간 경험'을 위한 디자인으로 확장되고 있다. 김진우 연세대학교 교수는 저서 《경험 디자인》에서 "사람의 경험에 초점을 맞춰야 제품이나 서비스의 현재와 미래를 제대로 이해할 수 있다"고 설명하면서 '다양한 분야의 사람들이 진정한 경험을 할 수 있도록 제품이나 서비스를 제공하는 원리와 방법'으로 경험 디자인Design For Experience을 소개한다. 그리고 한국디자인진흥원은 산업 및 사회 변화에 따른 디자인 개념을 제시한 〈2019 디자인 분류체계 재정립 연구 보고서〉를 통해 서비스·경험 디자인Service · Experience Design을 "사용자 중심의 디자인 씽킹과 방법을 기반으로 제품 또는 서비스에 관여하는 이해관계자의 요구를 발굴하여 사용자 경험 만족을 위한 유무형의 서비스 모델을 만드는 산업 활동"으로 설명한다.

서비스 디자인 씽킹 프로세스

디자인 프로세스와 서비스 디자인 씽킹 프로세스에 대하여 간략히 살펴보자.

● **디자인 프로세스**

디자인 프로세스는 문제 해결 과정으로 직관과 분석의 균형을 강조하는 디자인 씽킹이 반영된 활동 방법이다. 디자인 사고를 현실에서 구현하는 기본 활동은 혁신을 위한 선택의 여지를 넓히는 확산 과정과, 다시 후보를 줄이며 결정하는 수렴 과정을 되풀이하는 것이다. 가장 익숙하고 자주 접하는 디자인 프로세스는 영국의 디자인 카운슬이 소개한 더블 다이아몬드 모델Double Diamond Model이다.

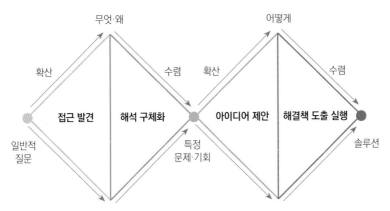

더블 다이아몬드 모델 더블 다이아몬드 모델의 진행 과정은 문제점을 찾고, 무엇을 해결할지 정하여, 아이디어를 찾고, 해결책을 만들어 전달하기로 생각할 수 있다. 더블 다이아몬드 모델은 확산과 수렴 단계로 구성된 다이아몬드 두 개가 연결된 형태다.

이 모델은 확산과 수렴 단계로 구성된 다이아몬드 두 개가 연결된 형태로, 발견과 정의 단계의 첫 번째 다이아몬드와 개발과 전달 단계의 두 번째 다이아몬드로 이루어진다. 디자인 프로세스의 진행 관점이 혁신에서 강조하는 창의성의 모습과 유사하다는 점은 생각해볼 만하다. '창의성'은 주로 전통적인 사고방식을 벗어나 새로운 관계를 창출하고 비일상적인 아이디어를 산출하는 능력을 말하며, 확산적 사고와 함께 수렴적 사고를 포함하는 총체적 관점에서 연구된다.* 즉, 디자인 프로세스는 확산과 수렴의 관점으로 새롭고 독창적인 것을 만들어낸다는 점에서 창의성의 관점과 유사하며 실제 현장에서도 그런 맥락으로 다루어지기도 한다.

● 서비스 디자인 씽킹 프로세스

디자인 프로세스는 분명한 목표와 단계별 활동을 가지고 있다. 이 책에서 다루는 서비스 디자인 씽킹 프로세스는 디자인 씽킹을 기반으로 인간 중심의 구조적 접근법을 구현하는 디자인 프로세스다.

서비스 디자인 씽킹 프로세스는 현장에 적용하는 6단계 방법론을 구체적으로 제안한다. 서비스 디자인 씽킹 프로세스는 현장 환경을 반영한 실질적인 가이드 제공 측면에 집중해 고객의 니즈를 찾는 사회과학적 접근과 콘셉트 개발 중심의 공감 기반의 구현으로 나누어 생각할 수 있다.

사회과학적 접근을 기반으로 하는 전반부는 '이해하기 : 프로젝트 시작하기' → '관찰하기 : 접근하고 발견하기' → '분석하기 : 발견점 해석하기' 단계로 진행된다. 그리고 공감 기반의 구현이 바탕이 되는 후반부는 '발상하기 : 해결책을 위한 아이디어 확보' → '제작하기 : 해결 방안 전달하기' → '성장하기 : 측정, 학습, 제시' 단계로 진행된다.

만약 학습과 이해 측면에서 서비스 디자인 씽킹 기반의 프로세스를 확인한다면 여러 제약에서 자유로운 만큼 모든 것을 원칙대로 다루는 하나의 형태로 전체 단계를 살펴보면 된다. 하지만 모든 사람의 환경과 상

---

* 《교육심리학용어사전》, 한국교육심리학회, 학지사, 2000년

황이 동일할 수 없다는 점을 반영해야 하며 그에 따라 서비스 디자인 씽킹 프로세스에 어떤 변화가 필요한지 확인해야 한다.

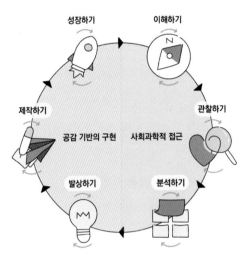

서비스 디자인 씽킹 프로세스 6단계 이해하고 관찰하고 분석하는 사회과학적 접근과, 발상하고 제작하고 성장하는 공감 기반의 구현으로 살펴볼 수 있다. 이런 활동은 선형으로 한 번에 진행되기보다는 꾸준히 반복되며 발전하는 모습이 되어야 한다.

1.3 현장 중심의 서비스 디자인 씽킹, 어떻게 실행해야 할까?

'현장 중심'이라는 표현은 실무 관점의 접근과 수행을 강조한다. 또한 현장에는 현실적 제약이 존재하며, 그 대응이 중요하다는 의미를 내포한다. 프로젝트를 수행하는 실무자라면 이미 정해져 있는 할 일의 대상과 범위, 짧은 시간에 진행되지 않는 의사결정 과정 등 누구나 공감하는 제약을 쉽게 떠올릴 텐데, 이는 새로운 변화를 주저하게 만드는 장애물이기도 하다.

현실의 제약에서 벗어날 수 없는 현업에서 일하다 보면, 혁신을 꿈꾸면서도 실제로는 이루어내지 못하는 경우가 허다하다. 혁신을 이루려면 큰 틀에서 변화를 생각해야 하는데, 개개인이 맡은 작은 업무나 그와 연계된 활동 범위 내에서만 변화를 꾀하게 되기가 쉽기 때문이다. 물론 현장에는 저마다의 어려움이 있다. 어쩌면 큰 틀에서의 변화를 한 번에 꾀하기보다는 가능한 범위 내에서 작은 변화의 성공 사례를 지속적으로 만들어 그 범위를 늘려가는 것이 현실적일 수 있다. 적극적으로 새로운 방법을 도입하기 어려운 상황이라면 어떻게 일할지와 같은 실행 요소에 좀 더 집중하여 변화의 노력을 기울여보자고 조언하고 싶다.

다만 이때 놓쳐서는 안 되는 부분이 있다. 적용 범위를 제한할 때라도 방법론을 선택하게 된 이유와 방향을 여러 관점에서 살펴보고 판단해야 한다. 이런 활동을 가볍게 여긴 채, 방법론을 기계적으로 수행하는 모습만 보여서는 안 된다. 그런 모습을 두고 주어진 상황에서 변화를 만들기 위해 최선의 노력을 기울인다고 말하기란 어렵다.

서비스 디자인 씽킹을 반영하고자 하는 현장에 나가서도 앞서 언급한 실무 현장의 암담한 모습을 적지 않게 만날 것이다. 그렇다고 좌절하지 말자. 서비스 디자인 씽킹 활동은 분명히 탁월한 실무 접근 방법이다. 현장에서 원하는 혁신을 이끌어낼 방법임이 분명하다. 그러나 아무리 좋은 방법이라도 기계적으로 적용해서는 만족스러운 결과를 끌어내기가 쉽지 않다. 서비스 디자인 씽킹 방법론을 적용하다가 문제에 봉착했는가? 이 방법론을 선택한 이유를 다시 한번 분명히하고 어떻게 실행할지에 관한 질문을 차근차근 이어가며 올바른 방향을 찾으려고 노력해보자.

지금부터 실행 측면에 집중하여 변화를 만드는 활동을 전개할 때 의식적으로 반영해볼 수 있는 몇 가지 방법을 확인해본다. 수동적으로 행동하지 않고 각자 상황에 더 적합한 활동 방향을 찾으려 적극적으로 노력한다면 향후 발생 가능한 실행 오류를 줄이는 데 도움이 될 것이다. 물론 완벽하고 충분한 해결책은 아니다. 주어진 환경, 목표, 자원 등이 각자 다르므로 현장 상황을 살펴가며 적절한 방향을 찾아야 한다.

공감에 집중해 더 가치 있는 경험을 찾아라

서비스 디자인 씽킹 프로세스는 현장에 나가 고객을 인터뷰하고 관찰하는 조사 과정을 수행하여 문제점을 찾고 해결하는 활동을 기본으로 강조한다. 그러나 제공자 입장에서 듣고 싶은 내용만 듣거나 이미 알고 있는 사실만 다루는 데 그칠 때도 많다. 특히 고객은 내용을 열심히 전달했는데 제공자나 전문가가 이해하지 못하거나 상식에 벗어난 이야기로 판단하여 귀기울여 듣지 않는 경우도 흔하다. 물론 고객의 착각에 그칠 때도 있지만 제공자 관점에 머물러 들여다보지 않았던 낯선 내용이 문제 해결의 주요 단서였다는 점을 시간이 흘러 깨닫는 경우도 흔하다.

누구나 이런 상황을 겪어보았을 것이다. 집에서 동작하지 않던 컴퓨터가 서비스 센터에서는 멀쩡히 작동하거나, 자신의 손에선 제대로 반응하지 않던 스마트 기기를 친구는 문제 없이 사용하는 경우 말이다. '바닐라 아이스크림을 싫어하는 자동차'* 이야기가 전달하는 메시지는 명확하

---

* 〈자동차의 바닐라 아이스크림 알레르기Car Allergic to Vanilla Ice Cream〉라는 제목의 에피소드는 GM에 접수된 불만 사항과 해결 과정으로 알려져 있다. 마치 고객이 바닐라 아이스크림을 먹는 행동을 하면 시동이 걸리지 않는 것 같았지만, 매장 내 체류 시간의 차이가 문제의 진짜 원인이었다.

다. 제공자의 익숙한 관점에서는 이해조차 되지 않는 문제도 고객 입장에 공감하고 집중한다면 문제를 해결할 수 있다는 것이다.

물론 고객이 제품을 제작 의도대로 사용하지 않아서 생기는 문제일 수 있다. 그렇다면 고객은 왜 제공자의 의도대로 제품을 사용하지 않았는지 살펴보아야 한다. 만약 고객이 당연하게 느끼던 불편을 집요하게 파고들어 누구나 문제 없이 사용할 수 있는 대안을 해결책으로 제시한다면 어떨까? 과연 고객은 불편을 다시 겪으며 무리해서라도 기존 제품을 사용할까? 해결책이 생겼으므로 더는 불편을 겪으려 하지 않을 것이다. 전문가에게는 당연하게 보여서 그동안 발생한 적 없는 사례라고 생각하며 무심히 넘기는 순간, 누군가는 그 불편한 틈을 파고들어 새로운 가치를 찾아 시장에 변화를 가져올 것이다. 따라서 익숙한 비즈니스 환경과 제품일지라도 고객과 공감하고 새로운 가치를 찾고자 끊임없이 노력해야만 한다.

오늘날의 제품들은 기술만 가지고는 차별화하기가 어렵다. 제공자 중심의 시선에서 벗어나지 못한다면 비즈니스 혁신 활동을 전체가 아닌 일부만 수행하는 것과 다름없다. 고객, 사용자 등 서비스와 제품을 이용하는 사람을 알고자 적극적으로 노력해야 한다. 특히 서비스나 제품을 고객이 반복해 구매하고 사용 경험을 공유해 입소문이 일어나기를 원한다면 고객과 사용자의 생각을 아는 것은 중요하다. 즉 현장에서 발견한 사실에서 고객의 의도를 다루는 접근이 필요하다. 서비스 디자인 씽킹의 실행에서 끊임없이 강조하듯이 '고객이 처한 환경이나 맥락이 어떠한지 면밀히 파악하는 활동'을 수행할 때 고객의 의도를 정확히 알 수 있다.

서비스 디자인 씽킹 프로세스의 단계별 활동은 단편적 사실을 확인하려는 것이 아니다. 공감이 반영된 사람 중심의 접근으로 문제를 다루고 고객이 처한 맥락을 반영하도록 구성되어 있음을 기억하자. '관찰하기' 과정에 반영된 민족지학적 연구 방법이 대표적이다.

거듭 강조하지만 서비스 디자인 씽킹 프로세스의 실천을 통해 고객 맥락에 대한 내용과 인사이트를 비즈니스에 반영하는 활동을 반드시 수행해야 한다. 그 결과 우리는 고객을 명확히 하고 공감하는데 더 집중하여 더 가치 있는 변화를 만들 수 있다.

> **Field Tip** 아이디어를 성공으로 이끄는 고객 관점 반영하기
>
> 소비자 관찰과 시장 경험을 바탕으로 푸드컬쳐랩은 한국의 대표 음식이며 매운 맛으로 유명한 김치를 소스를 사용해 손쉽게 만든다는 아이디어를 내놓았다. 해외 소비자가 손쉽게 이용할 수 있게 파우더 형태로 만들었고, 짠맛을 제거하는 대신 매운맛이 돋보이도록 재료를 혼합하여 강한 매운 맛을 원하는 다양한 요리에 활용할 수 있게 했다. 해외 소비자는 김치 시즈닝을 샐러드, 감자튀김, 피자 등에 양념으로 뿌려먹는 등 새롭고 다양한 활용 방법을 보였다. 김치 시즈닝은 한국 음식이라는 패러다임에 갇히지 않고 세계에서 어떻게 바라볼지 생각하여 문제를 다룰 때 가능한 시도다. 관점의 변경을 강조하는 이유다.
>
> 김치 시즈닝에서 '고객 관점이 반영된 새로운 아이디어'라는 부분과 함께 우리가 살펴보아야 할 또 다른 실행 요소가 있다. 바로 제품이 집중하는 고객을 명확하게 정했다는 점이다. 푸드컬쳐랩의 안태양 대표는 강연을 통해 김치 시즈닝 제품의 명확한 고객 모습, 즉 퍼소나**를 소개한 바 있는데

** Persona, 자세한 내용은 5장 분석하기 참조

'최소한 주방이 있는 집'에 사는 '비건 또는 건강'에 대한 관심을 가지고 음식에 '10달러 이상' 소비할 수 있는 '30대 이상의 여자'다.

김치 시즈닝은 한국이라는 지역 요소와 쉽게 연결되는 해외 거주 한인을 주요 고객으로 두지는 않았다. 김치 시즈닝의 타깃 고객은 집에서 요리를 하는 30~40대의 해외 중산층이며 그들이 손쉽게 활용할 수 있는 맛과 형태로 소스를 제공하고 사업 방향도 그들에 집중했다. 그리고 시험 판매를 통해 실제로 휴스턴이나 텍사스 등의 백인 여성이 주요 고객이라는 결과를 확인했다.

시장에 없는 새로운 아이디어를 실행하며 성공에 대한 불안 탓에 김치를 잘 아는 한인부터 아시아 음식에 관심 있는 해외 소비자까지 모두 잠재 고객으로 삼기 쉽다. 그러나 집중할 고객을 분명히 할 때 아이디어 가치는 더 높아질 수 있으며 사업의 성공도 더 가까워진다. 김치 시즈닝은 제품을 제공해야 할 고객이 누구인지를 명확히 한 결과, 시험 판매 이후 정식 출시에서도 초기 물량 모두를 빠르게 완판했다.

이 사례에서는 고객 중심의 관점과 활동을 비즈니스를 실행하며 지속적으로 반영했다는 점에 주목해야 한다. 특히 고객과의 공감이 눈에 띈다. 이는 비즈니스 활동이 사람 중심의 접근인지를 판단하게 해주는 중요한 기준이다. 사람과의 공감은 디자인 씽킹의 접근법이 기존 사업의 접근법과 극명한 차이를 보이는 요소다. 서비스 디자인 씽킹 프로세스를 제대로 수행하고 있는지 궁금하다면 과정과 결과가 사람에 대한 공감을 바탕으로 이루어졌는지 생각해보자.*

---

* https://startupwomen.co.kr, https://news.joins.com/article/23678681

사람들의 행동을 자연스럽게 이끌 수 있는 방법을 찾아라

손 씻기는 위생 환경을 개선하고 면역력을 높이는 데 꼭 필요한 활동이다. 그러나 아이들은 손 씻기를 싫어한다. 어른이 손 씻기가 중요하다고 강조해도 아이들에게 크게 와닿지는 않는다. '어떻게 하면' 손 씻기를 싫어하는 아이의 행동을 자연스럽게 '바꿀 수 있을까?' 비누 안에 장난감을 넣어두면 어떨까? 장난감에 대한 관심과 호기심으로 아이가 자연스럽게 손 씻기를 하게끔 유도할 수 있을 것이다. 백화점, 병원, 쇼핑몰 등에서 불빛과 소리를 내는 건반 모양으로 생긴 계단을 본 경험이 있을 것이다. '에스컬레이터나 엘리베이터 대신 이 계단으로 걸어가세요'라고 강제하지 않아도 계단을 밟았을 때 효과를 확인하고 싶은 호기심에 계단으로 자연스럽게 발걸음을 옮기게 된다.

그동안 기관이나 기업은 반강제적으로 사람의 행동을 유도하는 경우가 많았다. 그러나 사람이 가진 여러 요소, 특히 비합리성 때문에 실패하는 경우가 흔했다. 하지만 이제는 장난감 비누나 건반 계단처럼 선택의 자유를 침해하지 않는 범위에서 행동의 변화를 자연스럽게 유도하는 '넛지Nudge'가 주요하게 채용되고 있다.

넛지란 '주의를 환기시킨다'는 뜻으로, 행동경제학자 리처드 탈러Richard H. Thaler와 캐스 선스타인Cass R. Sunstein은 저서 《넛지》에서 '타인의 선택을 유도하는 부드러운 개입'으로 정의한다. 낯설게 느껴지던 넛지라는 용어는 리처드 탈러가 2017년에 노벨경제학상을 수상하며 대중에 널리 알려졌다. 이제는 경제 기사나 정책 설명에 널리 사용된다.

주로 좋은 의도로 활용되는 넛지와 달리 사용자에 손해를 주는 '다크 패턴'도 있다. 다크 패턴은 속임수에 가까운 설계로 사용자가 원하지 않는 결과를 은밀하게 유도하는 기법이다. 최저가라고 표시했지만 막상 구매하려 들면 비용이 추가되거나 앱의 무료 사용 기간 이후 해지 절차를 PC로만 가능하게 만드는 행위는 잘 알려진 다크 패턴이다.

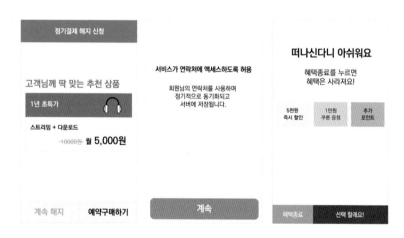

생활 속에서 흔히 접하는 다크 패턴   다크 패턴은 우리가 사용 중인 서비스에서 흔히 접할 수 있다. 사용자가 원하는 선택을 교묘하게 방해하거나 특정 행동을 강제한다. 여러 형태의 다크 패턴 유형이 존재하는데, 예시는 (왼쪽) 사용자 과업을 중단시키고 인터랙션 요소를 개입시켜 사용자의 행동을 서비스가 원하는 방향으로 유도하거나, (가운데) 취소를 선택할 수 없어 강제 수행해야 하거나, (오른쪽) 선택을 강요하는 유형에 속한다.

다크 패턴은 속임수임을 깨닫게 되어도 크지 않은 비용이라면 그냥 넘겨버리는 사람의 비합리성을 교묘하게 이용한 것이다. 넛지가 긍정적으로 활용되려면 사람의 자유의지를 존중하면서 바람직한 태도 변화를 만들 수 있어야 한다. 다크 패턴 같은 불확실한 내용이나 속임수가 아닌 올바른 정보와 근거 기반의 활동이 이루어져야 한다.

넛지와 다크 패턴은 의도나 활동에 차이가 있지만 간과해서는 안 될 사람의 성향을 동일하게 보여준다. 바로 사람들이 합리적으로 의사결정을 한다고 여기는 착각이다. 사람은 생각보다 자주 비합리적인 모습을 보인다. '사람의 비합리성을 어떻게 다루어야 고객의 행동을 자연스럽게 이끌어낼 수 있느냐'는 최근 비즈니스의 주요 화두다.

비합리적 선택을 하는 고객 특성을 비즈니스 전략에 어떻게 반영하고 구성할지 예시로 살펴보자.

'가격 정책'은 비합리적인 사람들의 특성을 반영하여 고객의 행동 변화를 유도하려는 기법을 적극적으로 활용하는 요소다. 고객 행동을 반영한 가격 정책 변화의 핵심은 가격 요소를 제외한 기업 활동에서 다른 변화를 크게 만들지 않으면서도 이익을 높이는 데 있다. 다른 활동에 비해서는 비교적 시장 내에서 기업이 시도하기 수월한 영역으로써 〈하버드비즈니스리뷰〉 같은 경영 전문지나 기관 발행의 연구 리포트 등에서 자주 소개된다.

일반적으로 시장에서는 제공자가 파악하기 쉬운 정보인 원가를 중심으로 가격을 결정한다. 원가에 일정 수준의 마진과 위험 부담비를 포함하여 가격을 정하는 방법이다. 이 방법은 기업이 가격에 대한 의사결정을 손쉽게 할 수 있어 자주 활용되지만, 그 과정에 고객 특성은 거의 반영되지 않는다.

반면 고객 중심 가치 결정 방법은 사람들이 생각하는 가치를 기준으로 가격을 결정한다. 고객 행동이 반영된 가격 정책 사례로 소프트웨어 판매 및 이용 방식의 변화가 있다. 과거에는 소프트웨어를 한 번 구입하면 영구적으로 사용할 수 있었다. 그러나 일시에 구매하는 비용이 크고 사용자에 따라 불필요하다고 느끼는 옵션이나 지원까지 일괄 제공되어 적절한 가격이 아니라고 느껴지는 경우도 많았다. 이뿐만 아니라 제공자 입장에서는 불법 복제가 가능하다는 큰 단점이 존재해 판매된 수보다 실제 사용하는 사람이 훨씬 더 많다는 문제가 있었다. 디지털 기술이 발전하고 사용자의 이용 환경이 변화하면서 현재는 소프트웨어를 클라우드 기반으로 제공할 수 있게 됐다. 이에 따라 기업은 사용자 니즈에 대응한 가격 정책을 마련하고 적절한 수익을 올릴 수 있게 됐다. 소프트웨어 정책연구소에서 발행한 〈패키지 소프트웨어 시장 활성화를 위한 고객 가치 기반 가격 전략〉에서는 고객 관점의 가격 전략 변화를 유인효과/타협효과의 활용, 옵션 프레이밍 가격의 적용, 묶음 제품의 가격 상승, 종량제 가격의 적용 등으로 나누어 설명한다. 비즈니스 활동을 논할 때마다 절대 빠지지 않는 주제가 가격 결정이다. 환경이 변하면서 이제 가격 결정에도 사람 중심의 접근이 꼭 필요해졌다.

가격 결정 외에도 비즈니스가 다루는 대부분 요소에 사람의 비합리성이 영향을 줄 수밖에 없다. 고객 행동을 제대로 파악하여 고객조차 모르거나 숨긴 사용 이유를 알아내고, 발견한 인사이트를 제품에 반영해야 한다. 따라서 서비스 디자인 씽킹 전체 프로세스를 사람 중심으로 접근해 진행한다면 비즈니스에 있어 최선의 선택이 될 것이다. 만약 모든 활동을 살펴보기 쉽지 않은 상황 혹은 실행 환경이라면, 프로세스 중 공감 기반의 조사 활동만이라도 각자의 활동에 반영해보자. 결국 이런 노력을 기반으로 서비스 제공자는 사람들에게 자연스럽고 유연하게 개입할 수 있으며 결국 고객의 행동 변화 또한 유도할 수 있다.

익숙한 접근 방법과 활동에 의식적 변화를 만들어라

분석적 사고는 현재 상황을 효율적이고 체계적으로 바라봄으로써 비교적 짧은 기간에 의사결정 과정과 활동을 개선하는 효과를 낸다. 의사결정 과정에 부담을 크게 느끼는 조직일수록 효율성을 매력적으로 느낀다. 예를 들어 과거 데이터를 바탕으로 의사결정을 하면 부담이 줄어든다. 그러나 과거 데이터에만 의존해 만들어낸 결과물은 아직 경험하지 못한 미래 상황과 얼마나 잘 맞을지 알 수 없다.

마케팅 조사 활동도 마찬가지다. 많은 기업이 회사 전략을 정하는 과정에서 마케팅 조사 결과를 의사 결정 기준으로 활용한다. 그러나 이 역시 과거의 결과로 미래의 일을 판단하는 것에 가깝고 조사 시점부터 전략 실행 시점 사이에 발생한 변화는 반영하기 어려워 미래 시장을 대비하는 데 한계가 있다. 아무리 과거 정보를 많이 얻더라도 마찬가지다. 게다가 오늘날의 비즈니스와 기술은 과거보다 빠르게 변한다. 미래를 예측하기는 점점 더 어려워지며 불안감은 더 커진다.

물론 대부분의 기업은 효율과 분석만큼 창의와 직관이 중요하다는 것을 알고 있다. 그러나 기업 규모가 커지고 실패를 다루는 기준이 불명확해질수록 활동의 무게중심은 점점 더 의사결정의 부담을 줄이는 효율성으로 향하게 된다. 비록 혁신을 통해 제품과 서비스를 성공시키고 시장에서 큰 성과를 거두더라도, 이후 효율 및 관리 중심으로 상황을 유지하는 데 활동 우선순위를 두면서 더 이상 변화를 선도하지 못한 채 사업이 무너져 버리는 경우도 흔하다. 휴대폰 시장에서 큰 성공을 거두었지만 스마트폰 시대가 시작되며 고객에 외면당해 존재감을 잃어버린 노키아의 사례를 기억하자.

물론 기존 활동, 특히 분석적 사고를 기반으로 하는 접근을 새로운 방법으로 완전히 대체하자는 말은 아니다. 그보다는 직관적 사고가 반영된 사람 중심의 접근을 꼭 필요한 비즈니스 활동으로 반드시 다루어야 한다는 의미다. 만약 새로운 방법을 적극적으로 도입하는 게 쉽지 않다면, 실천 가능한 활동을 프로세스에 일부 적용하기만 해도 된다. 이는 비즈니스의 변화를 만드는 중요한 출발점이 될 수 있다.

지금까지 정량화된 숫자로 뽑을 수 있는 정보에만 집중해왔다면 비즈니스 혁신의 실마리를 찾아낼 수 있게 변화를 주자. 실제로 비즈니스 활동 곳곳에서 이런 변화가 관찰된다. 맥킨지앤컴퍼니와 루나Lunar, 딜로이트Deloitte와 도블린Doblin 등 주요 경영 컨설팅 회사와 디자인 기업 간에 이루어진 인수합병 사례가 대표적이다. 실무 현장도 변화하고 있다. 마케팅 분야에서는 기존에 설문 등 정량 정보 기반의 활동으로 운영되는 경우가 대부분이었으나, 이제 에스노그라피*를 반영한 정성 활동도 주요 요소로 함께 다룬다.

디지털 기술을 적극 활용하여 비즈니스 전략에 변화를 시도하는 경우도 있다. SAP은 XO 전략을 바탕으로 경험을 향상시키는 데 집중할 것을 강조한다. 여기서 X는 경험eXperience 데이터를 의미한다. 경험 데이터는 '왜'라는 관점에서 고객 경험, 제품 경험, 브랜드 경험, 직원 경험 등을 다룬다. O는 '무엇'에 해당하는 운영Operational 데이터를 의미한다. 운영 데이터는 대부분 기업이 꾸준히 관리해온 영역이다. SAP의 XO 전략은 운영

---

* Ethnography, 민족지학이라고 부르는 사회연구학. 자세한 내용은 7장 참조

측면과 함께 고객 경험을 바탕으로 행동과 상황의 이유를 찾고 거기서 도출한 인사이트를 반영할 때 향상된 해결 방안을 제시할 수 있다는 것을 보여준다.

조직에 새로운 방법론을 도입할 때 실무 현장에서 특히 유의해야 할 점이 있다. 익숙한 상황을 바꾸려고 들면 부담을 느끼는 사람이 생길 수밖에 없다는 점이다. 실무자에게는 과거 사례와 정보 기반의 분석 활동을 중심으로 수행하는 기존의 비즈니스 전략 활동이 익숙하다. 그들에게는 정성적 접근의 도입과 활용이 낯설고 새로울 수밖에 없다. 물론 고객 중심의 접근이 중요하고 필요하다는 사실을 머리로 이해할 수는 있다. 그러나 막상 행동으로 실천하려면 현실적 요소와 부딪히면서 받아들이기 어려울지 모른다.

서비스 디자인 씽킹을 도입하는 입장에서는 처음부터 한 번에 변화를 만드는 방법을 더 원할 수도 있다. 그러나 점진적으로 또는 일부 경영 활동부터 변화를 반영하는 현실적인 방법도 신중하게 고려해야만 한다. 물론 기업 및 사업의 전략 측면의 접근이 아니라 실무 프로세스 일부분에 도입할 때도 사람 중심의 문제 해결 방법이 왜 필요한지를 조직 구성원 모두가 충분히 논의하는 과정을 거쳐야 한다. 실무 현장에 적용할 때는 활동 하나하나의 완성도를 높이는 데 특히 집중해야 한다. 간혹 활동에 대한 노력 없이 단순히 도입 자체에 무게를 두고 사람 중심의 접근 방법이 크게 유효하지 않다고 평가하는 경우가 있는데 이러한 성급한 접근 태도를 보이지 않도록 주의하자. 결국 기존 전략 활동과 충돌을 만들며 무리하게 접근하여 조기에 중단하기보다는 전체가 아닌 일부라도 진지하게 실천하며 혁신 방법론의 현실적 접점을 찾아나가는 활동이 더 중요할 수 있다.

◆◆◆

　　서비스 디자인 씽킹은 고객의 경험에 집중하여 고객을 이해하고 분석해 문제를 해결하는 사람 중심의 사고방식으로 다양한 분야의 방법과 도구를 사용한다. 서비스 디자인 씽킹이 소개된 후 짧지 않은 시간이 흘렀지만 아직도 비즈니스 변화와 서비스 차별화가 필요할 때면 빠지지 않고 꾸준히 등장한다. 사람을 중심에 둔 관점과 활동을 현장에 반영하고 결과로 이끌어내는 일은 여전히 진행형이라는 의미다. 다만 서비스 디자인 씽킹에 대한 이해도가 높아진 만큼 프로세스 운영을 비롯한 다양한 측면에서 변화가 필요하다.

　　1장에서는 현장 중심의 서비스 디자인 씽킹을 다루는 데 필요한 주요 개념과 실행 방향의 기초 내용을 다루었다. 만약 기본기를 더 다져야 한다면《처음부터 다시 배우는 서비스 디자인 씽킹》을 읽어보거나, 서비스 디자인 씽킹을 다룬 블로그(https://brunch.co.kr/@makecake)를 참조하기 바란다.

　　어떤 방법론이든 초기 단계에는 방법론이 제시하는 기본 방향을 촘촘히 확인하고 되도록 그대로 실행하려 노력해야 한다. 방법론과 활동을 어느 정도 체득한 뒤에는 각자 환경과 현장 상황 등을 반영하여 변형할 필요가 있다. 다음 장에서는 고객에게 더 가치 있고 구체적인 경험을 제공하는 비즈니스 활동을 서비스 디자인 씽킹을 통해 이끌어내는 실행 방법을 확인해보자.

02

프로세스에 변화의 관점을 반영하는
실행 방법

혁신을 만드는 방법론이 실행력을 가지려면 시장 환경의 변화를 비즈니스 활동에 꾸준히 반영해야 한다. 과거에는 공급자가 제한적이고 기술의 격차도 커서 제품 중심으로 시장이 성장했다. 그러나 이제 기술 격차가 줄고 공급자가 많아져서 기존과 같은 접근법으로는 비즈니스를 성공시키기 어렵다. 고객이 제품이나 서비스를 선택하고 이용하는 기준도 과거와 달라졌다. 예전에는 주로 숫자로 드러나는 가격이나 스펙 등 객관적 기준에 기대었다면, 지금은 만족감이나 안도감 등 주관적인 경험 요소가 중요한 판단 기준으로 작용한다. 따라서 비즈니스의 주도권을 잡고 싶다면 사람 중심으로 시장을 살펴보고 정성적 관점을 반영해야 한다. 즉, 비즈니스 활동의 축을 기술과 제품 중심에서 사람 중심으로 이동해야 한다. 물론 그저 '사람 중심'이라고 선언만 해서 해결되지는 않는다. 시장의 변화를 충분히 이해하고 현장 활동에서 어떤 의미를 가지는지 파악하여 사람 중심의 실천 방향을 세우고 행동할 때 가능하다.

사람 중심의 접근은 혁신을 이끄는 방법으로 오랫동안 다양한 영역에서 강조되어왔다. 인간 중심 디자인, 사용자 경험, 서비스 디자인 등의 형태로 활용되고 있으며 적용 영역은 꾸준히 확장되고 있다. 그동안 새로운 성취에 집중하느라 기술만을 주로 바라보던 IT 영역도 사람 중심의 관점을 균형 있게 다루며 변화하는 모습을 보이고 있다. 사람 중심의 관점에 대한 관심은 산업 구분 없이 커지고 있으며, 관련 방법론을 활용하려는 움직임은 분명하다. "기술이 성숙해질 때가 디자인이 필요한 때"라는 존 마에다의 말처럼 기술 차별화가 어려워지고 경쟁이 치열해지는 순간이 오면, 결국 경험과 디자인 요소에 더 집중하게 된다.

이제 비즈니스 상황에서 사람 중심의 활동을 적극적으로 실행하는 것은 선택이 아닌 필수다. 그런데 방법론을 실행하기 전에 놓치지 말아야 할 내용이 있다. 방법론의 배경과 운영 방향이 왜 필요하고 어떤 관점에서 반영됐는지 확인하는 일이다. 적어도 한 번쯤은 각자의 상황에 맞춰 활동 방향에 대한 의미를 생각해보아야 한다. 시장 흐름과 변화에 적극적으로 대응하려면 무엇을 살펴보아야 할까? 차별화된 가치를 제공하고 혁신을 만들려면 먼저 무엇을 챙기고 반영해야 할까?

이 장에서는 고객 중심의 방법론을 실행하며 미리 살펴보고 찾아서 반영해야 할 비교적 공통된 주요 활동을 확인해본다. 방법론을 실천하기 전에 서비스 디자인 씽킹 프로세스를 비롯한 혁신 방법론에서 비교적 반복적으로 강조해온 내용에 대한 이해도를 높이자.

2.1 프로세스 운영의 기본 실천 포인트 기억하기

차별화된 혁신에 필요한 주요 요소로 흔히 비즈니스, 기술, 인간 가치Human Values를 꼽는데, 이 중 인간 가치를 우선해야 한다. 기술과 비즈니스를 통해 이루고자 하는 것도 결국 인간 가치의 지향이기 때문이다. 따라서 인간 가치의 반영을 이끄는 디자인 씽킹을 통해 변화와 혁신을 모색해야 한다. 디자인 씽킹 기반으로 비즈니스를 다룬다는 것은 바로 인간 중심Human Centered의 창의적 방법론을 기반으로 비즈니스에 발생한 문제를 해결한다는 의미이다. 인간 중심의 비즈니스를 실천하는 데 필요한 정성 관점, 협업, 시각화를 간단히 살펴보자.

정성 관점 반영

형태와 방법은 다를 수 있지만 디자인 프로세스에는 고객을 직접 만나서 그들의 이야기와 행동에 집중하는 과정이 대부분 반영된다. 린 스타트업에서 강조하는 고객 개발이나 구글에서 개발한 스프린트에서도 사무실 밖으로 나가 고객을 만나라고 강조한다. 이 과정에서 관심을 두어야 할 부분은 숫자 중심의 정량 데이터가 아니라 질적 데이터를 얻는 정성 관점의 접근과 활동이다. 마찬가지로 서비스 디자인 씽킹 프로세스는 정성 관점에서 사람 중심으로 접근하는 활동을 강조하고 있으며, 이는 다른 방법론과 차별화된 결과를 만들어내는 기반이 된다는 점에서 분명히 이해해야 한다.

회의를 비롯하여 사무실에 이루어지는 대부분 활동은 결국 합의를 기반으로 결론을 내고 싶어 한다. 그러나 정성 관점의 접근은 고객을 만나서 어떤 사안을 합의하고 또 특정한 결론을 만들고자 의도하지 않는다. 고객의 장소에 방문하여 행동을 관찰할 때는 존재감을 없애고 최대한 자연스러워야 한다. 조사 방법부터 고객의 생각과 의견을 반영하며 현장의 즉흥적인 상황을 반영하고 사람 간의 공감과 상호 영향력도 중요하게 고려해야 한다.

이처럼 정성 활동의 진행은 여러 면에서 다르지만 그 결과에 대한 접근 역시 수치가 아니라 질적 관점에서 다루어진다. 특히 정성 관점은 현재 비즈니스의 진행 결과와 확장에 그치지 않고 아직 일어나지 않았지만 앞으로 만들어질 수 있는 변화와 상황에 대한 신호를 전해주는 역할을 하므로 중요하다.

글로벌 기술 에스노그래퍼Global Tech Ethnographer인 트리시아 왕Tricia Wang은 "과거 모바일 업계의 리더였던 노키아는 아이폰 출시 시점에 스마트폰의 중요성에 대한 정성 관점의 보고를 받았지만 무시했으며, 그 결과 모바일 시장에서 존재감 없는 기업으로 쇄락하고 말았다"고 설명한다. 당시 노키아가 정성 관점의 통찰력에 집중하지 않은 이유는 의외로 단순하다. 정성 관점의 통찰력은 수백만 개의 정량 데이터를 기반으로 하지 않기 때문이다. 그러나 고객, 사용자 등 사람이 만드는 모든 행동을 수량화시키고 모델화할 수는 없다.

정성 관점의 반영을 정량적 방법이 중요하지 않다는 말로 오해해서는 안 된다. 서비스 디자인 씽킹 프로세스에서도 필요에 따라 정량 조사를 진행하여 자료에 대표성과 신뢰성을 높일 수 있다. 또한 현장에 심층적으로 접근하는 정성 조사 방법을 정량 조사와 보완적 관계로 다루기도 한다. 대다수가 그러하듯이 정량적 방법에만 의존해서는 안 되며, 반드시 정성적 방법을 반영해야 한다는 점이 중요하다. 제럴드 잘트먼 하버드대학교 교수는 "척도화된 정량적 방법으로 알아낼 수 있는 실제 소비자 생각은 5% 정도에 불과하다"고 말한 바 있다. 현재에서 조금 더 앞으로 나가게 하는 수준을 넘어선 큰 변화를 원한다면 정성 관점의 접근과 활동을 수행해야 한다.

협업 강조

서비스 디자인 씽킹의 기반에는 다양한 분야의 사람이 모여 효과적으로 협력할 때 혁신적 개념을 창출할 수 있다는 믿음이 있다. 현장에서 접하는 대부분 문제에는 여러 요소가 얽혀 있고 복잡하다. 이러한 비즈니스 속 문제를 해결하여 차별화된 경험을 제공하려면 다양한 방향으로 접근할 필요가 있다. 맥킨지앤컴퍼니가 개발한 디자인의 가치를 결정하는 네 가지 역량 지표 중 하나로, 고립되기 쉬운 특정 조직의 경계를 없애고 공동 책임 아래 사용자 중심 디자인을 구현하는 교차 기능적 재능Cross-functional Talent이 있다. 서비스 디자인이나 경험 디자인에서는 다학제적 접근이 강조된다.

그리고 서비스 디자인 씽킹은 각자의 전문성과 역량을 가진 다양한 인원이 함께 협업하여 문제를 해결하는 주요 방법으로 코크리에이션을 강조한다. 공동창작 또는 함께 만들기를 의미하는 코크리에이션은 서비스 디자인 씽킹 활동의 중요한 협업 원칙이며, 고객 및 사용자를 비롯하여 서비스를 구성하는 다양한 이해관계자를 고려한다는 측면에서 중요하다.

즉, 코크리에이션은 개방성을 기반으로 이해관계자의 협력과 참여를 통해 다양한 의견과 생각을 수용하여 인간 중심의 가치를 추구하는 접근이며, 디자인 과정에 공동 창작 개념과 활동을 반영한 공동디자인Co-design은 물론 공동제작Co-produce을 의미한다. 제한된 시각과 닫힌 관점으로 사람 중심의 가치는 만들어지지 않는다는 의미인 만큼, 이해관계자의 적극적인 참여를 기반으로 능동적이고 적극적으로 프로젝트를 수행할 때 변화와 혁신이 가능하다.

시각화 실천

시각화는 서비스 디자인 씽킹 프로세스의 일부 활동이 아닌 전체에서 중요하게 다루어지는 요소다. 시각화와 쉽게 연결할 수 있는 아이디어 도출이나 프로토타입 제작은 물론이고 팀원 간 메시지를 전달하고 도출된 내용을 보고서로 정리할 때도 마찬가지다. 프로세스의 모든 순간에 시각화를 염두에 두고 활동을 진행해야 한다.

시각화를 다룰 때 심미적 요소에만 집중하는 경우가 흔하다. 물론 제품이나 서비스의 디자인이 시각적으로 만족스러우면 사용성도 뛰어나다고 생각할 수 있을 만큼(심미적 사용성 효과Aesthetic-usability Effect) 보기 좋은 아름다움은 중요하다.

그러나 서비스 디자인 씽킹 프로세스 전체에서 다루는 시각화는 상호 커뮤니케이션을 원활히 하고 판단의 눈높이를 맞추는 등 심미적 기능 이상으로 더 많은 의미와 역할을 지닌다. 그리고 단순히 시각화 요소가 중요하다는 점을 상기하고 부분적으로 신경 쓰고 마는 것이 아니라 고객 여정 지도, 퍼소나, 이해관계자 지도, 서비스 시나리오, 프로토타이핑 등 프로세스를 진행하며 만나는 모든 활동에서 '실천'으로 이어가야 한다.

잠시 학창 시절로 돌아가는 상상을 해보자. 책상에 오래 앉아 있기만 하면 공부를 열심히 했다고 할 수 있을까? 학습 시간을 1시간에서 2시간으로, 아니 3시간으로 계속 늘린다면 더 좋은 결과를 낼 거라 기대하기가 쉽다. 하지만 시간의 양이 원하는 결과를 만드는 전부가 아니라는 점을 우리 모두 알고 있다. 어쩌면 시간을 늘리지 않았지만 책상 주위에 학습 방해 요소를 제거하고 자신에게 맞는 교재를 선택해 집중력을 높여 더 좋은 결과를 얻기도 했을 것이다. 이처럼 숫자로 관리되지 않는 영역에 문제 해결의 열쇠가 숨어 있을 때가 많다.

하지만 이상하게도 비즈니스를 다룰 때면 이런 교훈을 쉽게 잊어버린 채 숫자 위주로 바라보고 다루는 접근만이 올바르다고 생각하고 선호하게 된다. 혁신과 변화를 강조하면서도 지표로 주어지는 숫자에만 의존하여 프로세스 활동을 관리하거나 의사결정을 하는 모습은 흔하다. 물론 정량적 기준에 맞추어 시장 속 문제를 논리적으로 파악하고 해결하는 활동은 필요하다. 그런데 막상 현장에 있다 보면, 수량화 과정에서 얻게 되는 안정감, 숫자라는 지표가 제공해주는 편리함과 익숙함 때문에 비즈니스의 중심에 숫자만을 두고 관리하는 경우가 많다. 이는 정량화 편향Quantification Bais이라고도 표현되는 현상으로, 숫자로 측정해 표현할 수 없다면 일하지 않은 것과 같다는 사고방식을 반영한다. 이런 경향은 서비스가 '매력적으로 보이지 않는다'와 같은 문제의 해결책을 찾을 때도 숫자에 집착하는 현상으로 드러나곤 한다.

숫자로 표현하기 어려운 다양한 요소가 반영되야만 해결책을 찾을 수 있는 문제도 있다. 이 책에서 꾸준히 강조하는 인간 가치Human Values가 반영되어야 하는 문제들이 그렇다. 당신의 서비스와 비즈니스가 차별화된 가치를 지니고 진정성 있는 결과와 멀어지지 않기를 바란다면, 인간 중심의 관점과 접근 방법을 실행하는 데 집중하자. 그래야 비즈니스의 가장 밑바탕에서부터 변화를 만들고, 경영 활동을 다루며 서비스에 대한 자신감을 찾을 수 있다.

2.2 비즈니스 변화와 트렌드를 파악하고 움직이기

새로움과 독창성에 쏠린 창의적 활동 결과가 변화와 혁신 자체를 의미하는 것은 아니다. 만족할 만한 결과를 이끌어내려면 딱딱하고 번거롭게 느껴지는 비즈니스 활동의 배경과 관점을 깊이 이해해야 한다. 단순히 서비스 디자인 씽킹 프로세스를 프로젝트 운영 방안으로 선택했다고 만족해하는 수동적 태도로는 제대로 된 성장을 만들 수 없다. 프로세스가 제시한 방법과 요령을 표면에서 확인하는 수준을 넘어서 우리가 다루는 제품과 서비스를 둘러싼 어떤 변화의 흐름이 있는지 밀도 있게 파악해야 한다. 또 반영해야 할 새로운 가치가 있다면 파악하고 대응해야 만족할 만한 비즈니스 결과를 이끌어낼 수 있다. 지금부터 사람 중심의 접근을 프로세스 활동에 반영하는 데 기초가 되는 3가지 변화 방향을 파악해보자.

첫 번째 변화 방향 : 디지털 전환

시장의 변화 속도가 어느 때보다 빠르다는 사실은 모바일 기기 분야에서 분명히 알 수 있다. 〈MIT테크놀로지리뷰〉에 따르면 전화기가 최초로 개발된 뒤 시장 포화까지 100년 정도 걸렸지만 휴대전화는 20년 만에 도달했으며 스마트폰 확산 속도는 더 빠르다. 이뿐만 아니라 시장 조사 기간 퓨 리서치Pew Research의 2019년 자료에 따르면 우리나라 국민의 95%가 스마트폰을 사용하는데, 이는 선진국과 비교해 20%가량 높은 보급률이다.

급변하는 시장 변화에 빠지지 않고 등장하는 화두는 디지털 트랜스포메이션Digital Transformation, DX(디지털 전환)이다. 베인앤컴퍼니, PWC, IDC 등의 컨설팅·조사기관은 물론 LG, 마이크로소프트 등과 같은 기업에서도 디지털 트랜스포메이션을 앞다투어 강조한다. 특히 코로나19로 비대면 기술에 대한 수요가 폭발적으로 증가되고 디지털 사회로 이동이 가속되면서 산업 전반에 걸친 디지털 전환이 예상보다 빨라졌다. 이뿐만 아니라 정부의 디지털 뉴딜 정책으로 디지털 트랜스포메이션은 기업과 산업을 넘어 국가 전반에 영향을 주며 4차 산업혁명을 견인하고 있다. 이처럼 디지털 트랜스포메이션은 기업과 산업은 물론 정부와 개인 모두에 영향을 주고 있다.

디지털 트랜스포메이션을 단순히 디지털화Digitalization 현상으로만 생각해서는 안 된다. 생태계 전반의 전략적 변화 위에 새로운 가치를 만들 수 있는지가 중요하다. 디지털 전환, 디지털 변혁, DX, DT 등으로 표현되는 디지털 트랜스포메이션의 정의는 기업과 기관에 따라 조금씩 차이가 있다. 시장조사기관 IDC는 "기업이 새로운 비즈니스, 모델, 제품, 서비스를 창출하기 위해 디지털 역량을 활용함으로써 고객과 시장의 파괴적인 변화에 적응하거나 이를 추진하는 지속적인 프로세스"라고 했고, 컨설팅기업 A.T.커니는 "디지털 신기술로 촉발되는 경영 환경상의 변화 동인에 선제적으로 대응하여 현재 비즈니스의 경쟁력을 획기적으로 높이거나 새로운 비즈니스를 통한 새로운 성장을 추구하는 기업 활동"으로 설명한다.*

이처럼 각자의 입장에 따라 디지털 트랜스포메이션을 바라보는 세부 관점에는 다소 차이가 있다. 그러나 디지털 역량을 기반으로 하는 변화가 빠르고 또 분명히 진행되고 있으므로 이에 적극적으로 대응해야 한다는 점에는 이견이 없다. 물론 여기서 디지털 트랜스포메이션의 개념을 더 깊이 살펴보거나 클라우드, 빅데이터, 인공지능, 사물인터넷 등의 구체적인 기술 요소나 활용 방안을 자세히 다루려는 것은 아니다. 대신 다수가 디지털 전환을 다루며 보이는 공통 시선이 무엇인지 생각해보려 한다.

디지털 전환을 다루며 기업 내부에 갇히기 쉬운 비즈니스의 관점을 고객 경험 중심으로 확실히 이동시켜야 한다. 디지털 전환을 단순히 최신 IT 기술을 활용하여 프로세스 효율성을 개선하는 좁은 시각으로 다루어서는 안 된다. 대신 모든 비즈니스 기능을 디지털화하여 고객 경험의 차별화를 성공적으로 이끌어내고 지속적인 혁신을 이어갈 수 있는가에 대한 답을 찾아야 한다. 급변하는 시장에 대응하여 새로운 제품과 서비스를 만들어내고 비즈니스의 혁신을 가져올 활동을 찾고 비즈니스에 근본적인 변화를 만들고 시장 내 새로운 고객 가치를 창출할 방법이 필요하다.

금융 서비스를 사례로 살펴보자. 과거에는 금융 산업에서 오프라인 영업점이 거래와 영업에 필수라고 인식됐다. 금융 산업의 보수적인 분위기 속에서 카카오뱅크는 다양한 디지털 기술을 바탕으로 새로운 모바일

---

*   IDC(2015). Digital Transformation(DX): An Opportunity and an Imperative, A.T.Kearney(2016). Digital Transformation 방법론

서비스 경험을 제공하여 고객을 온라인으로 이동시켰다. 카카오뱅크의 상담챗봇은 인공지능을 활용한 디지털 대화 서비스로써 카카오톡 채팅을 통해 정보를 제공하고 상품을 추천한다. 오프라인 지점에서 주로 이루어지던 고객 상담 활동을 전화나 채팅으로 서비스 담당 직원이 모두 대응하기 어려운 문제가 있는데, 이를 해결하는 방법으로 상담챗봇을 적극적으로 활용한 것이다. 따라서 고객의 질문과 의도를 충실히 파악하여 마치 실제 직원과 이야기하듯 적절히 대화하고 답변을 제공하는 것이 무엇보다 중요하다. 카카오뱅크는 상담챗봇의 고객 이해도를 높이기 위해 무엇에 주목했을까? 바로 상담 경험이 많고 고객을 잘 아는 서비스 담당 직원이었다. 상담챗봇 설계 단계부터 그들이 참여함으로써 고객 행동을 더 잘 이해하는 챗봇을 만들 수 있었다. 이와 함께 머신러닝 기술을 활용하여 파악하기 까다로운 대화에 대응한 결과 카카오뱅크 챗봇은 더 완성도 있는 모습을 갖추게 됐다.

카카오뱅크의 상담챗봇 사례에서 확인할 수 있듯이 오프라인 활동을 단순히 디지털로 바꾸는 것으로 디지털 전환이 이루어지지는 않는다. 고객 및 사용자 경험 중심의 접근으로 기존과 다른 혁신을 이끌 수 있어야 비즈니스의 성공 또한 가능하다.

디지털 전환은 금융을 비롯한 여러 산업에서 사람에 대한 관심과 기술의 응용이 공존하는 모습으로 다양하게 나타난다. 따라서 고객이 보여주는 경험의 변화를 능동적으로 살펴보고 다양한 실행 방향을 적극적으로 검토해야 한다. 변화가 일어나고 있음을 이해하면서도 기존의 시각을 버리지 못하고 특정 사례나 영역으로 실행 범위를 제한하려는 경우도 흔한데, 그렇게 해서는 디지털 전환에 대응하기 어렵다. 특히 디지털이라는 용어가 주는 기술 관점에 갇혀 변화의 방향을 오해한 채 시선을 제한해서는 안 된다. 인시아드INSEAD의 네이선 퍼Nathan Furr 교수와 앤드루 시필로브Andrew Shipilov 교수는 〈디지털이 파괴적일 필요는 없다〉*에서 디지털 전환에 대한 주요 오해를 다루는데, 그중 하나가 "디지털의 핵심이 기술이라고 착각하는 것"이라고 설명한다. 디지털 전환에서 놓쳐서는 안 되는 핵심은 '기술'이 아니라 '고객'이며, 고객의 니즈를 더 나은 방법으로 충족시키고 고객의 활동을 서로 연계되도록 만드는 데 디지털을 활용해야 한다고 강조한다.

디지털 전환에 따른 시장의 빠른 변화 속에서 기업이 트렌드 주도권을 확보하고 싶다면 혁신 역량을 서둘러 갖추어야 한다. 이제 더는 디지털 전환이 기업의 자발적 선택 요소가 아니라는 점은 분명하다. 무엇보다 변화의 속도가 중요해졌다. 디지털 전환을 긴 호흡으로 준비할 수 있던 시기는 지났으므로 여전히 소극적 자세로 디지털 전환을 대하고 있다면 서둘러 대응해야 한다. 이제 기업은 고객과 시장을 선제적으로 이해하여 새로운 비즈니스 영역을 만들어야 하며, 이와 동시에 조직 내부로부터의 도전을 가능하게 하는 자연스러운 분위기를 조성하여 혁신 속도를 높여야 한다. 지금까지와는 다른 비즈니스의 빠른 변화는 기회 예측을 더 까다롭게 만들고 있다. 따라서 후발 주자가 변화 상황을 이해한 후 대응하는 기존의 시장 접근법에도 변화가 필요하다. 선발주자가 시장을 개척하고 검증하기만을 기다린 후 약간의 변화와 개선을 재빠르게 적용하는 기존 방식으로는 더 이상 주도권 경쟁에 뛰어들기 어렵다는 의미다. 그렇다

---

* HBR July–August 2019, Digital doesn't have to be disruptive

면 시장 변화에 발맞추어 사고의 변화를 만들고 혁신 역량을 갖추려면 어떻게 접근해야 할까?

탈레스 테이셰이라 교수는 《디커플링》에서 "시장 파괴를 이룬 신생 기업의 본질은 기술이 아니라 고객이며, 현재 시장의 판도는 고객이 결정한다"고 강조한다. 에어비앤비나 우버가 기술이 월등해서 성공한 것이 아니라, 방을 빌릴지 호텔을 이용할지 또 자기 차를 탈지 택시를 부를지 선택하는 고객 행동에 적절히 대응했기 때문에 성공한 것이다. 특히 사용자 입장에서는 별 차이가 없거나 의미 없는 기술을 개발해 혁신으로 판단해서는 안 되며, 고객 입장에서 더 나은 가치를 제공하는지 살펴보아야 한다고 주장한다. 결국 디지털 전환에 대응하여 혁신을 만들고 비즈니스 주도권을 확보하는 기준은 고객이라는 점을 기억하자.

앞에서 살펴보았듯이 디지털 전환의 흐름은 고객을 중심에 두고 기준 삼아 움직일 것을 강조한다. 이는 인간 중심의 접근 방법으로 가능하다. 이 책에서 다루는 서비스 디자인 씽킹은 인간 중심의 접근Human Centered Approach을 실천하는 해법이며 고객의 행동과 니즈를 바탕으로 제품과 서비스에 새로운 가치를 부여하는 방법론이다.

뚜렷한 해결책이 없어 아직 충족되지 않은 고객의 불편과 니즈를 찾아내고 집중하자. 그러면 사업 추진 방향을 명확히 하고 미래의 성공 확률을 높일 수 있게 될 것이다. 이와 함께 사람으로부터 이끌어낸 통찰력을 꾸준히 반영한다면 불확실한 시장 상황에서도 변화에 선제적으로 대응하고 서비스 혁신과 비즈니스 성공을 만들어낼 수 있을 것이다.

두 번째 변화 방향 : 사람 중심

비즈니스의 성장을 다룰 때면 경제적 가치를 어떻게 찾을지 생각하게 된다. 예를 들면 프로세스 활동에 수익 또는 수익을 대체할 무엇인가를 직접이든 간접이든 반영해야 한다고 생각한다. 재무제표를 보고 투자 상황을 점검하며 대응할 수도 있지만 표면에 드러난 결과 아래에 무엇이 있는지를 더 깊이 생각해본다면 사뭇 다른 관점을 가질 수 있다.

사실 우리는 비즈니스 수익의 근간에 대하여 이미 잘 알고 있다. 우리에게 지갑을 열어줄 존재는 결국 고객이라는 점이다. 매출과 수익도 그들을 더 깊이 이해하고 대응할 때 만들 수 있다. 이처럼 비즈니스의 변화를 만드는 모든 활동은 어떤 형태로든 사람에 대한 관찰과 이해가 필요하며, 고객과 사용자에 집중할 때 우리가 풀고 싶은 비즈니스 문제를 해결할 실마리를 만나게 된다.

사람 중심의 접근이 비즈니스에 중요하다는 점은 글로벌 이커머스 기업 '아마존'이 강조하는 가치관에서도 확인할 수 있다. 아마존은 사회 변화에 빠르게 대응하여 사람들의 문제를 새로운 비즈니스로 해결하는 대표 기업인데, 그들이 무엇에 우선순위를 두고 비즈니스를 추진하는지는 제프 베조스의 인터뷰에서 살펴볼 수 있다.

> "다른 기업의 경영진은 아침에 샤워하면서 어떻게 주요 경쟁사를 앞지를지를 생각한다. 그러나 우리는 샤워하면서 고객을 위해 무엇을 만들어낼지를 생각한다."

여전히 많은 기업과 기관에서 확인 가능한 시장의 존재와 규모, 지금까지의 사업 성공과 같은 과거의 결과에 기대어 끊임없이 변화하는 미래를 설계한다. 레퍼런스 탐색, 벤치마킹과 같은 과거 성공 사례 중심의 정보를 그동안 익숙하게 활용해왔다. 그러나 과거 시점의 정보에 갇히는 순간 우리가 도출하는 해결책은 누구나 알 만한 뻔한 모습이 되고 만다. 그렇다면 우리는 어떤 기준을 쫓아야 예측하기 힘든 미래에 효과적으로 대응할 수 있을까?

새롭게 제공되는 서비스와 제품의 가치를 인정해주고 구매해서 사용하는 존재는 사용자와 고객이다. 비즈니스 가치를 확보하는 데 필요한 접근 기준은 사람이라는 의미다. 결국 기업이 바라는 경영 활동의 새로운 성공은 사용자와 고객을 통해서 만들어지고 완성된다. 물론 그동안에도 기업은 비즈니스 관점에서 무엇이 새롭고 좋은 제안이 될지 찾기 위해 사람에 대한 관심을 보여왔고 일부는 활동으로 연결하기도 했다. 그러나 여전히 사람에 대한 관심은 다소 가볍고 느슨할 때가 많았다. 사용자와 고객의 입장과 그들이 속한 환경을 살펴보려는 노력보다는 제공자 관점에서 더 관심이 가는 구현 측면에 더 큰 비중을 두는 경우가 흔했다. 이뿐만 아니라 기존 고객은 서비스나 제품의 기능에 주로 관심을 보였다.

최근 들어 고객은 새로운 경험의 소비나 라이프 스타일의 변화 등을 중요하게 생각하는 경향이 뚜렷해졌다. 과거에는 경제 성장 기반의 양적 변화를 중심으로 고객 변화를 쉽게 파악했다면, 이제 질적 변화의 관점에서 고객의 생각과 행동이 어떻게 바뀌는지 살펴보아야 한다는 뜻이기도 하다. 이에 따라 고객 이해의 중요성은 반복적으로 강조되며 고객을 꾸준히 살펴보려는 시도와 노력도 함께 늘고 있다. 시장에 변화를 만드는 사람들을 세대 단위로 묶고 살펴보는 접근 방법도 있다. 세대를 정의하고 구분하여 정보를 탐색하는 활동은 자주 활용되므로 고객과 사용자에 대한 관심을 가까이 두는 출발점으로 쉽게 접근할 수 있다. 고객과 사용자를 밀레니얼Millenials이나 액티브 시니어Active Senior 등으로 구분하여 비즈니스 인사이트를 분석한 시도를 본 적이 있을 것이다. 특정한 세대를 시장 변화로 이끄는 존재로 언급하는 이유는 그들이 기존의 고객과 다른 방식으로 삶의 가치를 추구하고 소비하며 비즈니스를 변화시키기 때문이다. 따라서 이러한 고객 행동을 제품과 서비스에 어떻게 녹여낼지 기업은 관심 있게 살펴보고 집중해야 한다. 이런 노력은 비즈니스 환경과 사회의 변화를 다양하게 살펴보는 시선의 기반이 되고, 프로세스 중 리서치를 수행하며 진행 내용을 보완 또는 대체하거나 세부 활동의 변화를 만들기도 한다.

우리는 늘 고객과 사용자에게 새로운 서비스를 꾸준히 제시한다. 그리고 새로운 제안을 통해 사람들의 문제를 해결해줄 수 있을 것이라 생각한다. 새로운 제안을 수용하는 것은 그동안 유지해온 행동에 변화를 일으키는 것을 의미한다. 그만큼 사람들이 간단히 받아들이기 어려운 일이기도 하다. 따라서 고객과 사용자 입장에서 우리 서비스가 뚜렷한 차별점을 가진 더 새롭고 좋은 문제 해결 방법이라는 점이 충분히 느껴져야 한다. 이는 사람들을 한 단계 더 깊이 살펴보고 이해하기 위한 장기적인 노력을 통해 제공되는 부분이다.

사람을 더 깊이 이해하는 장기적 노력의 출발점으로 사람의 행동을 살펴보는 조사에 꾸준히 관심을 가져보자. 예전과 달라진 고객과 사용자가 무엇을 불편해하고 필요로 하는지 그들의 상황과 변화를 사람에 대한 관심을 기반으로 충분히 이해할 때 새로운 혁신의 기회를 비로소 찾을 수 있을 것이다.

Field Tip **꾸준한 관심으로 사람에 대한 기본 정보 늘리기**

세대별 접근을 통해 고객과 사용자의 어떤 정보를 살펴볼 수 있을까? 우선 밀레니얼 세대에 대한 사례를 살펴보자. 밀레니얼은 소비 트렌드에 변화를 만들고 있으며 앞으로의 경제 활동에 지속적으로 영향을 높여갈 것이다.

밀레니얼 세대는 미국의 세대 전문가인 닐 하우스와 윌리엄 스트라우스가 1991년에 출간한 책《세대들, 미국 미래의 역사》에서 처음 언급한 것으로 알려져 있다. 흔히 1980년대 초~2000년대 초에 출생한 세대를 말한다. 인구의 ¼ 가량인 이들은 IT 기술에 친숙하고 자기 표현을 잘하며 대학 진학률 또한 높다. 그러나 경제적으로는 2008년 글로벌 금융 위기 이후 사회생활을 시작하여 그동안 주목받아온 다른 세대와 비교하여 물질적으로 부족한 경우가 흔하다. 높은 자존감에 비해 부담스러운 경제적 상황으로 인해 밀레니얼 세대는 자신의 개성을 드러내는 일에 투자하되 제품 소유보다는 자신에게 의미 있는 경험에 더 큰 관심을 보인다.

밀레니얼 세대가 경험을 중요하게 여긴다는 내용은 다양한 연구에서 확인할 수 있다. 조사기관 해리스는 〈밀레니얼: 경험 경제 활성화〉에서 밀레니얼 세대의 4명 중 3명이 물건을 구매하기보다 가치 있는 경험을 하는 데 돈을 쓴다고 밝힌 바 있다. 밀레니얼과 함께 자주 다루어지는 Z세대에 대한 조사 내용을 통해서도 경험에 대한 관심과 중요성이 커지고 있음을 확인할 수 있다. 예를 들어 국내 조사 기관 오픈서베이의 조사에서는 Z세대응답자 중 약 74%가 "나는 간접 경험보다 내가 직접 체험하고 느끼는 것이 중요하다"고 답변했다.

여러 세대를 함께 확인하며 사회 전반의 변화를 찾아보고 관심을 가질 요소를 검토해보는 것도 비즈니스 활동의 진행에 도움이 된다. 베이비부머, X세대, Z세대 등으로 구분하고 특징이 되는 내용을 소개하는 것은 오랜 기간 다루어져 익숙하다. 특징을 비교해보자. 공통 요소와 개별 요소를 확인하며 또 다른 인사이트를 찾자.

	산업화 세대 (1920~40년대)	베이비부머 (1950~60년대)	X세대 (1960~70년대)	Y세대 (1980~90년대)	Z세대 (1990~2010년)
경험한 사건	세계대전	달 착륙	베를린 장벽 붕괴	911 테러	아랍의 봄
(국내)	한국 전쟁	군사 정변	민주화 운동	외환 위기	금융 위기
상징적 기술	라디오 항공기	오디오 TV	VCR IBM PC	인터넷, 이메일 플레이스테이션	구글, 페이스북 안드로이드
대중문화	롤러스케이트	미니스커트	바디 피어싱	남성 화장품	스키니 진
음악	프랭크 시나트라	비틀즈	너바나	브리트니 스피어스	테일러 스위프트
기기 (디바이스)	LP플레이어	카세트테이프	워크맨	iPod	스포티파이
영화	바람과 함께 사라지다	졸업	ET	타이타닉	아바타
마케팅	인쇄물/라디오	대중미디어(ATL)	타깃화/BTL	바이럴	소셜/디지털
(구매 요인)	주장	관계자	전문가	친구	트렌드
교육	근무 중 교육 (Formal)	기술 중심 (Structured)	사례 학습 (Spontaneous)	참여수업 (Multi-sensory)	이러닝 (Student-centric)
교육 환경	밀리터리 (설교)	클래스룸 (조용한 분위기)	라운드테이블 (여유 있는 환경)	카페 (다양한 모드)	라운지룸 (다채로운 자극)

세대별 환경 및 관심 요소*

---

* 맥크린들 연구소의 'Generations Defined : 50 years of change over 5 generations' 재구성

특히 MZ세대는 현재는 물론 향후 경제 활동의 중심으로 모든 산업 영역의 관심이 집중되는 만큼 그들의 변화를 꾸준히 파악할 필요가 있다. 밀레니얼 세대와 Z세대를 함께 아우르는 MZ세대는 디지털 기술과 세계화라는 측면에 익숙하며 디지털 환경을 기반으로 하는 생산 및 소비 능력이 뛰어난 세대를 의미한다. 단순히 제품의 기능이나 그 자체에는 관심이 적으며 오리지널리티를 가진 경험을 생활 전반에 반영하는 경향이 강한 소위 스토리와 경험을 소비하는 세대라는 점에서 서비스 경험 전략을 통한 접근이 강조되기도 한다. 온라인과 비대면에 익숙한 MZ세대는 다양한 플랫폼 서비스를 활용한 빠른 적응으로 구독 경제 서비스 확산 및 온라인 기반 문화예술 소비 활성화 등의 변화를 이끌고 있다.

비즈니스에 필요한 사전 활동이라는 측면에서 앞서 살펴본 바와 같이 세대 변화의 흐름에 관심을 가지고 다방면으로 평소 꾸준히 살펴봐야 한다. 마찬가지로 사용자와 고객 중심으로 사회 경제 전반의 변화를 지속적으로 확인하고 사람에 대한 정보를 늘려가야 한다.

세 번째 변화 방향 : 사회적 가치 반영

사람은 더불어 살아가는 사회적 존재다. 기업과 그 구성원은 비즈니스의 경제적 성공을 목표로 하면서도 동시에 사회 일원으로 기여하고 싶은 바람을 함께 가진다. 기업 경영에서 자주 언급되는 ESG 경영 또한 사회적 역할에 대한 최근 관심을 반영한다. ESG 경영은 비재무적 요소인 환경Environment, 사회Social, 지배구조Governance를 반영하여 경제적 가치를 창출하고 이해관계자들의 지속 가능한 성장을 이끄는 것을 의미한다. 기업은 사회 구성원의 지지 속에서 이윤을 추구하는 존재이므로 사회적 가치를 제공하고 사회에 기여하는지 관심을 가지고 집중해야 한다는 의미다. 제조업 중심으로 진행해온 탄소 저감 활동은 이미 잘 알려져 있으며, 플랫폼이나 금융 등 대부분의 산업 영역에서 사회 공헌 활동, 디지털 트랜스포메이션, 친환경 활동 등과 같은 ESG 경영 활동을 추진하고 있다. 점진적인 변화의 모습에 가깝던 ESG 경영 활동은 코로나19로 인해 고객 가치의 변화, 사업장 셧다운, 공급망 붕괴 등을 겪으며 더욱 빨라지고 활발해졌다.

이러한 경영 환경의 변화는 이제 상생과 신뢰 기반으로 사회적 변화를 만들 수 있을지를 비즈니스 활동과 지향점에 반영해야 한다고 강조한다. 특히 사회적 가치에 대한 관심은 정부의 제도적 노력이나 기업의 투자 활동 등에서도 드러나지만, 고객과 사용자가 소비나 사용 측면에서 더불어 살아가는 삶의 가치를 반영하고 경제 활동을 통해 표현하려 노력한다는 점에서 더욱 중요하다.

이제 사람들은 제품과 서비스를 구매하며 자신의 소비가 사회적 책임을 다하는 기업의 성공을 도울 수 있는지를 중요하게 생각하게 됐다. 단순히 구매 경험에 그치는 것이 아니라 사회에 선한 영향을 줄 수 있는 능동적 소비가 무엇이 될지 생각하고 사회적 가치를 더할 수 있는지 판단하는 것이다.

고객이 제품과 기업을 직접 살펴보는 능동적 소비를 구매 기준의 하나로 가지고 있는 만큼 기존 기업 활동에도 변화가 필요하다. 예를 들면 고객의 삶과 매칭되지 않는 과도한 브랜드 이미지 광고나 단순히 소비를 유도하는 바이럴 등의 활동에 유의하자. 기업에게는 익숙한 활동이지만 가치 소비를 중시하는 고객에게는 원하는 모습도 필요한 것도 아니라는 점을 놓쳐선 안 된다. 물론 그동안에도 다수의 기업이 사회 공헌 활동을 진행해왔다. 그러나 사회 공헌 활동을 하고 있으니 소비자가 자연히 알아줄 거라는 소극적 자세로는 시장의 변화에 대응할 수 없다. 기업이 사회 구성원으로 책임을 다하는 적극적이고 진정성 있는 모습을 보여야 가치 소비가 이루어진다.

서비스 디자인 씽킹의 적용을 살펴볼 때도 이런 가치 변화를 놓쳐서는 안 된다. 서비스 디자인 씽킹은 사람 중심의 관점으로 인간 가치를 중요하게 다루어 사회적 가치를 실현할 수 있는 최적의 방법론이다. 사회적 가치에 대한 고민과 대응을 함께 생각하고 적용할 수 있어야 한다.

한편으로는 서비스 디자인 씽킹이 지향하는 혁신의 방향과 사회 문제의 모습을 겹쳐보면 최근 자주 언급되는 사회 혁신Social Innovation을 자연스럽게 떠올릴 수도 있다. 유럽연합집행위원회European Commission는 〈사회 혁신 가이드Guide to Social Innovation〉에서 사회 혁신을 다음과 같이 정의한다.

"사회 혁신은 새로운 아이디어(제품, 서비스, 모델)를 개발하고 구현함으로써 사회적 욕구를 충족시키고 새로운 사회적 관계 또는 협력을 창출해내는 것으로 정의될 수 있다."

사회가 가진 니즈로부터 새로운 서비스 및 제품을 만들어내는 사회 혁신과 연계하여 서비스 디자인 씽킹은 어떤 변화를 만들 수 있을까? 개인, 사회 혁신가, 지역 커뮤니티 등의 다양한 사회 구성원이 사회 문제에 변화를 만들고 싶을 때 사람 중심의 관점을 지닌 프로세스를 제공하여 체계적으로 해결하도록 이끌 수 있다. 예를 들어 행정안전부의 〈시민참여로 만드는 변화 사회 혁신의 이해〉라는 자료에서는 사회 혁신을 돕는 도구를 다루며 디자인 씽킹의 필요와 프로세스를 소개한다. 서비스를 제공하는 공급자 중심의 접근이 아닌 국민의 심층 욕구를 바탕으로 수요자 중심의 공공정책을 가능하게 하며, 문제를 다루며 창의적인 해결책을 도출할 수 있는 새로운 방법으로 디자인 씽킹 기반의 관점과 프로세스를 설명한다.

물론 우리의 주 관심은 비즈니스다. 그렇지만 서비스 디자인 씽킹은 문제 해결에 활용할 수 있는 강력한 도구로 사회 혁신을 다루는 데도 유효하다. 비즈니스가 고객의 니즈에서 시작하듯 사회 혁신은 시민의 니즈에서 시작된다. 결국 비즈니스와 사회 혁신 모두 사람에 대한 공감에서 출발하여 문제를 해결하려 한다. 따라서 이 책이 다루는 비즈니스 중심의 내용을 충분히 이해한 후 그 관심을 사회로 확장한다면 사회 혁신에 대한 활동에 맞게 변형하여 활용할 수 있을 것이다.

2.3 '의도적인 변화'를 만들어 해결 방법 찾기

서비스 디자인 씽킹 방법론의 관심은 표면적 개선이 아니다. 사람을 중심에 두고 상황과 맥락을 파악하여 진짜 문제를 찾으려는 노력이다. 그리고 사람에 집중한 새로운 아이디어를 도출하고 해결책을 만들어 근본적 혁신을 이끌어낸다. 이때 주의할 점이 있다. 서둘러 문제를 해결하고 싶다는 실무자의 마음이 앞서면 겉으로 드러나고 손에 쉽게 잡히는 어려움에 계속 눈길이 가게 된다. 주변의 재촉, 빠듯한 인원과 예산에서 오는 고단함 등이 더해지면 표면만을 다루고 있음을 느끼면서도 한편으로는 짧은 기간에 솔루션을 찾은 듯한 착각을 하게 된다. 특히나 프로젝트팀이 비슷한 배경의 인원으로만 구성되면 문제를 바라보는 시야가 좁아질 수밖에 없으며, 이런 상황에서 내부 의견에만 집중하면 착각은 더 커지기 쉽다.

쉽게 발견되는 단서 대부분은 주로 과거의 좁은 관점에서 비롯된다. 그로부터 만들어지는 해결책은 현실과의 무기력한 타협일뿐이다. 따라서 통찰력 있는 해결 방안을 만들고 싶다면 생각의 범위를 확장하고, 여러 영역을 연결하고, 다양한 경험을 공유하는 의도적인 노력을 통해 프로세스 활동에 뻔하지 않은 관점을 반영할 필요가 있다. 막연히 관점의 변화를 만들 실행 방안을 찾아보자고 덤비기보다는 무엇이 현장에 도움이 될지 활동 측면에서 살펴보아야 실행 부담을 줄일 수 있다. 각자 처한 상황이 다르므로 정해진 방안은 없지만 기본적으로 검토해야 할 내용 중심으로 지금부터 살펴보자.

한 번 더 청개구리처럼 뒤집어 생각해보자

프로세스를 진행하며 의외로 쉽게 문제를 찾고 해결 방안까지 생각난 듯 느껴질 때가 있다. 그런 순간이 오면 우선 진정하자. 그리고 진짜 문제를 찾았는지, 정말 해결 방안인지, 다시 한번 차근히 살펴보자. 어쩌면 익숙한 상황과 환경의 테두리 안에서 문제를 정의하고 무리하지 않고 접근할 수 있는 해결 방법만을 서둘러 끄집어낸 것일 수 있다. 대부분 우리가 찾던 여러 가능한 답 중 비교적 빠르게 발견할 수 있는 하나의 옵션을 찾은 것일 때가 흔하다. 이렇게 상황을 정리하고 보면 다시 한번 노력을 기울이게 될 것이다. 관찰과 분석에 기반한 발견이 아니라면 잠시 멈추고 한 번 더 살펴보는 것만으로 도움이 된다.

반대로 문제를 어떻게 바라보고 또 접근해야 할지 막막할 때도 있다. 새로운 시각이 필요한 순간이다. 관성을 벗어나려는 의도적인 노력이 필요하다. 이럴 때는 청개구리처럼 생각하고 제안하자. 제공자와 사용자를 서로 바꾸어 살펴보는 등 기존의 진행 방향을 의도적으로 뒤집어보자.

해피빈 서비스는 익숙한 자선 사업을 뒤집어 진행해보며 문제를 해결한 사례다.* 자선 사업은 흔히 후원자가 공급자로서 기부처에 돈이나 물품을 전달하고, 이를 기부처가 받아서 적절히 활용하는 것이 일반적이다. 해피빈이 만든 변화의 핵심은 후원자의 역할을 공급자가 아닌 블로그나 쇼핑 서비스 등의 사용자로 뒤집은 것이다. 첫째로 해피빈에서는 후원자가 직접 후원이 필요한 곳을 선택하여 기부한다. 상세 내용을 통해 어떤 도움을 필요로 하고 이에 필요한 목표 금액은 얼마인지 확인할 수 있다. 둘째로 서비스를 이용하며 포인트를 쌓고 활용하듯 콩이라는 기부 아이템을 활동에 따라 무료로 쌓아 후원할 수 있다. 그리고 정기 구매에 추가 혜택이 주어지 듯이 정기 기부를 하면 추가 금액을 받을 수도 있다. 셋째로 구매 내역을 보듯 자신의 기부 내역을 확인할 수 있다. 모금액이 최종 목표에 도달한 이후 집행 내역뿐 아니라 기부로 인한 변화까지 후기에서 확인할 수 있다. 이와 같은 해피빈의 접근 방식은 콘텐츠 서비스 이용에서 느끼던 편리함과 구매 후 변화를 통해 얻는 만족감을 기부 과정에

---

* https://happybean.naver.com

투영해 서비스 모델에 변화를 주었다. 이처럼 모두가 당연하게 생각하는 프로세스를 비틀고 뒤집는 과정을 통해 문제 해결의 새로운 아이디어를 얻을 수 있다.

때로는 상황과 맥락에 대한 반영이 어떻게 됐는지 다시 한번 들여다보며 답을 찾아야 할 때도 있다. 서비스 옵션을 선택하는 방식에 대한 고객 관찰을 예로 들어보자. 자유 선택 방식을 제공하면 어떨까? 사용자는 미리 고민의 범위를 좁혀주기를 원할 것이다. 선택지를 미리 정해 제공하면 더 많은 선택지를 원할 것이다. 정해진 서비스에 한정해 생각하는 경우도 있지만, 관련 서비스 전반으로 범위를 넓혀 의견을 제시할 수도 있다. 그렇다면 우리는 어떻게 접근해야 할까? 모든 가능성을 열어두고 상황과 맥락에 대한 충분한 관찰과 분석을 통해 좁혀가보자. 그리고 그 내용을 기반으로 문제를 제대로 정의한 후 최적의 해결 방안을 찾아보자.

문제를 쉽게 정의하고 해결할 때도 있지만 많은 경우 깊이 고민하고 여러 각도로 접근하는 시간이 필요하다. 프로젝트 상황을 쉽게 예단해서는 안 된다. 모든 가능성을 열어두고 문제와 답을 살펴보아야 한다. 문제와 해결 방안을 너무 쉽게 찾거나, 반대로 막히거나, 또는 헷갈린다면 변화를 주기 위한 의도적인 접근을 시도해보자. 막연히 억지스러운 행동을 추가하자는 것이 아니다. 익숙한 방향으로만 흐르는 건 아닌지 진행을 잠시 멈춰보거나, 의도적으로 접근 방향을 뒤집어보거나, 상황과 맥락에 대한 분석이 소홀하지는 않았는지 등을 검토하고 또 실천해보자.

다른 산업군에서는 익숙한 상황을 반영해보자

　프로젝트를 진행하다 보면 문제에 닿아 있는 내용 위주로 관심을 쏟고 살펴보게 된다. 그러다 보면 그렇지 않은 영역의 변화를 살펴보는 시야는 자연스레 좁아진다. 그러나 이런 부분을 크게 의식하지 못하고 지나치면, 현재 진행 중인 프로세스 활동에 다른 분야를 참고해 새로운 요소를 반영하거나 방향에 변화를 주어야 할 순간을 놓치기 쉽다. 그뿐만 아니라 새롭다고 생각한 내용이 이미 산업 내 다른 사업자나 유사 서비스에 반영되어 있다는 걸 모르고 있다가 난감해질 수도 있다. 이런 상황을 피하려면 주위 변화를 놓치지 않고 살피며 계속 감각을 유지해야 한다.

　현재 프로젝트가 속한 비즈니스와 산업에선 낯설게 느껴지는 의견이나 아이디어가 다른 분야에서는 익숙한 내용이라면 적극적으로 관심을 가져볼 만하다. 예를 들어 이제 의류, 식품, 도서 등의 소비 활동을 오프라인 매장 대신 이커머스 서비스에서 해결하는 건 자연스럽다. 이커머스 서비스를 통해 개인화 상품을 추천받고, 챗봇으로 궁금증을 해결하고, 모바일 앱에서 필요 서류를 제출하는 등, 온라인상에서 담당자와 대면하지 않고 활동하는 일은 대부분에게 익숙하다. 과거 오프라인 중심이었던 금융 서비스 역시 오늘날에는 비대면 이용이 활발하다. 은행이 인터넷 뱅킹을 제공한 지 20년도 넘었다. 그 기간 대면 중심의 오프라인 영업소 역시 공존했다. 그런데 2017년 오프라인 영업소를 운영하지 않는 인터넷 전문은행인 케이뱅크가 출범했다. 개인 맞춤형 예금 상품을 앱 푸시 메시지로 추천하고, 문의 사항을 챗봇이 우선 해결하고 추가 도움은 상담원이 담당한다. 전통의 은행도 비대면 서비스를 강화하면서 영업소를 축소하고 있다.

이처럼 제약이 많아서 변화를 만들기 어려워 보이는 영역에서 해결책을 찾아야 할 때는 기존 산업 영역에 갇히지 않도록 주의하자. 대신 다른 산업으로 시야를 넓혀보자. 언뜻 상관없어 보이던 다른 산업 사례에서 의외로 손쉽게 아이디어나 해결 방안을 찾을 수도 있다. 이런 접근은 온오프라인 형태뿐만 아니라 온라인과 온라인 또는 오프라인과 오프라인 모두에서 가능하다. 예를 들면 뷰티앱 '화해'는 출시 초기 네이버 화장품 블로그 등과의 경쟁에서 우위를 만들기 위해 리뷰 서비스의 차별화를 원했다. 그래서 타사의 앱을 분석하고 반영했다. 이때 경쟁 뷰티 서비스가 아닌 직장 평가 관련 앱인 '글래스도어'를 참고해서 장단점을 모두 작성하거나 자기 리뷰를 써야 다른 사람의 리뷰를 볼 수 있게 하는 요소를 서비스에 반영했다. 이런 시도로 광고성 글 대신 믿을 만한 리뷰를 늘릴 수 있었고 지속 방문자도 두 배 넘게 늘어났다. 뷰티 산업 안에서만 해법을 찾았다면 이런 변화는 만들기 어려웠을 것이다. 오히려 리뷰라는 공통 분모를 가진 타 영역의 움직임을 보고 반영하면서 고객이 호감을 가지는 차별화된 기능을 찾을 수 있었다.

물론 동일 산업군의 서비스에서 참고할 만한 사례를 발견하고 분석할 수도 있다. 이 경우 분석 내용을 반영하는 과정에서 자칫하면 카피캣이 되기 쉬우니 주의해야 한다. 특히 제공 의도나 방향성 레퍼런스로서의 참조를 넘어 레이아웃이나 효과처럼 밖으로 드러나는 시각적 표현에 갇히지 않도록 주의해야 한다.

어떤 서비스가 좋아 보이면 마구잡이로 받아들여야 한다는 말이 결코 아니다. 프로젝트에 몰입하겠다며 시야를 좁히고 변화를 거부해도 괜찮다는 말은 더욱 아니다. 산업 전반의 다양한 변화를 놓쳐서는 안 된다.

눈에 띄는 서비스가 보인다면 그것이 제공하는 차별화된 고객 가치는 무엇이며 그런 가치를 제공하기 위해 어떤 노력을 했을지 유추해보자. 자신만의 방향을 찾는 데 도움이 된다면 의도적으로 관점의 변화를 만드는 것도 괜찮은 방법이다.

Field Tip 익스트림 유저의 관점으로 점검하기

문제와 현상을 다루며 자꾸 자신의 기준으로 살펴보는 경우가 많다. 그 과정에서 예상과 다른 사용자의 행동에 끝까지 의심을 거두지 못하거나, 아예 정말 바라봐야 할 사용자의 존재 자체를 놓치기도 한다. 만약 사람들이 저작권을 구매한다면 어떻게 행동할까? 모두 적정 금액대에서 가능한 저렴하게 구매하기를 원할 거라 생각할 것이다. 그렇다면 과연 모두가 그렇게 행동할까? 음악저작권을 거래하는 저작권료 공유 플랫폼인 뮤직카우의 사례를 보자.

뮤직카우의 한 경매에서는 참여자의 80% 정도가 적정 금액으로 구매했지만 나머지 20%의 입찰가는 10~20배 높은 가격으로 구매했다. 3만 원에 낙찰 가능한데 입찰가로 60만 원 가까이 부른 숫자가 1/5이나 됐다는 의미다. 뮤직카우 정현경 대표는 아티스트에 대한 팬덤이 작용해 '내 가수를 일등으로 만들고 싶다'는 욕구와 경매 상승분을 아티스트에게 전달하려는 욕구 등이 반영되어 이같은 현상이 나타난다고 설명한다. 심지어 좋아하는 가수의 노래를 1등으로 올리기 위해 경매 중 입찰가가 900% 상승하는 사례도 있었다.* 따라서 저작권 거래 서비스를 투자 상품으로만 볼 게 아니라, 문화 상품으로 의미와 니즈도 고려해 사용자 전략에 반영할 필요가 있다.

---

* 〈인터비즈〉, brunch.co.kr/@businessinscdef/9

즉, 서비스가 '무엇'이냐보다 서비스를 '왜' 이용하는지가 중요한 사용자를 확인하고 집중해 살펴봐야 한다. 뮤직카우도 다양한 사용자 속성을 파악하면서 초기 간단해보였던 서비스 전략에 변화를 주고 있다.

문제와 해결 방법을 찾을 때 습관처럼 자신을 기준에 두고 생각해서는 뻔한 답밖에 나오지 않는다. 시장에 존재하는 여러 관점으로 들여다 보고틀에서 벗어날 때 차별화된 해결 방안을 찾을 수 있다. 사용자의 일반적인 모습을 벗어나 독특한 행동을 보이는 익스트림 유저를 고려하는 것이 한 가지 방법이다. 새로운 혁신이 어떻게 전파되는지 살펴보려면 익스트림 유저의 성격을 가진 혁신가Innovator 또는 얼리 어답터Early Adopter가 어떤 이유로 선택했는지 알아내야 한다. 전기 다수 수용자Early Majority는 대중의 흐름을 만들지만 먼저 움직이지 않는다. 그들은 혁신가와 얼리 어답터의 활동을 기다린 후 무엇을 할 수 있는지 확인하고 나서야 시장에서 움직인다. 혁신 방법론에서 익스트림 유저의 관점으로 접근하는 이유다.

익스트림 유저는 사용 중인 서비스에서 불편을 느끼면 그대로 이용하기보다는 자신만의 해결 방법을 찾아내려 노력한다. 그들의 해결 방법은 독특하거나 생각하지 못했던 뜻밖의 시도를 보이는 경우가 흔한데, 이를 통해 주요 문제가 무엇인지 살펴보고 변화의 통찰력을 제공하게 된다. 그렇다 보니 익스트림 유저와의 커뮤니케이션이 고정 관념에서 벗어날 수 있는 기회를 제공하기도 하고, 때로는 문제 해결의 주요 실마리가 되는 새로운 접근이나 구체적인 아이디어를 확인할 수 있는 경우도 있다. 물론 그들의 아이디어를 무조건적으로 받아들이자는 말은 아니다. 탐색자 자신에게 낯설다는 이유로 멀리하지 말아야 한다는 뜻이다.

익스트림 유저의 관점은 장기적인 측면에서도 중요하다. 그들이 제안하는 아이디어나 의견은 현시점에서 너무 앞서가는 변화처럼 느껴질 때가 많다.

그러나 다소 과해 보이는 주장이 시간이 지나 살펴봤을 때 앞으로 변화할 트렌드 일부를 조금 먼저 확인할 기회였다는 점을 깨닫게 될 때가 있다. 익스트림 유저를 만나서 그들의 목소리에 경청하자. 앞으로 맞이하게 될 비즈니스의 변화를 다시 한번 짚어보고, 향후 서비스를 준비하는 탐색 활동의 단초로 삼자.

다학제적 구성으로 다양한 가능성을 끌어내자

'다학제'와 '총체적'은 융합, 협력, 연계의 모습과 연결되어 자주 접하는 표현이다. 단어 뜻만 따지면 여러 학문이 융합하여 협력하거나(다학제), 여러 영역에 존재하는 내용을 합쳐서 관계를 넓히는(총체적) 관점과 실행을 의미한다. 물론 한곳에 모아둔다고 알아서 일이 되는 것은 아니다. 상호 영향을 주고 협력하도록 촉매가 되어줄 요소를 찾아서 반영하고, 각 시선이 자연스럽게 엮이고 결합되게 활동을 구성하는 등, 다양한 노력을 기울여야 원하는 결과를 얻을 수 있다.

프로젝트팀을 다양한 배경을 가진 인원으로 구성하려는 노력은 프로세스에 협력과 연계 관점을 반영하는 출발점이다. 서로 다른 관점으로 문제를 바라보고 의견을 제시할 뿐 아니라 각자의 경험을 해결책에 반영하려는 시도가 자연스럽게 이어지기 때문이다. 다학제적인 팀 구성은 창의력을 발휘하는 데 유리한 조합이며, 상호 교류와 협력 중심의 진행에 근간이 되므로 서비스 디자인 씽킹 프로세스에서 강조하는 요소다. "디자인 씽킹은 협력과 교류라는 가치가 내재되어 있으며, 서로 다른 생각을 할 수 있는 각계 각층의 다양한 그룹이 충분히 협력하는 것을 의미한다"는 디자인 연구자인 조던 세이드Jordan Shade의 이야기를 기억하자.* 특히 '서로 다른'이라는 표현 그대로 다양한 사람이 모여 협력하는 구조를 만드는 것이 중요하다. 어쩌면 현재 자신이 속한 조직 구조에서는 여러 분야의 사람이 모여 하나의 팀을 만들어 운영하기가 쉽지 않다고 느낄 수 있다.

여러 사람이 협력 구조를 만든다는 의미가 현재의 팀 구성을 무리해서라도 바꾸라는 의미는 아니다. 현재의 팀 구성을 유지하면서 다양한 관점을 자연스럽게 반영할 수 있는 방법을 도입하면 된다. 다른 산업군의 전문가나 활동 중에 만난 익스트림 유저를 초대하여 의견을 나누거나 해결 방안을 함께 찾아보자. 어쩌면 그들이 운좋게 직접 답으로 연결되는 제안을 해줄지도 모른다. 만약 그렇지 않더라도 해결 방안을 찾아가는 새로운 관점을 제공해줄 것이다. 결국 우리가 바라는 것은 다양한 사람과 협력해서 받은 자극을 기반으로 프로세스에 대한 생각의 방향을 전환하고 더 유연한 태도로 다양한 시도를 하는 것이다.

프로젝트와 관련된 전문가나 고객을 넘어 교류와 협업 범위를 더 광범위하게 넓히는 경우도 있다. IT 기술과 디지털 전환을 통해 시장의 틈새를 파고드는 새로운 기업이 점차 늘면서 산업 내 경쟁 구도는 점점 빠르게 바뀌고 기존 기업의 우위도 끊임없이 흔들리고 있다. 조직 외부에서 새로운 관점을 반영하려는 기업의 노력은 기존에도 있었다. 그러나 산업 변화의 위협이 점점 더 강해지면서 협업을 대하는 기업의 관점도 다양해

---

* https://www.oreilly.com/radar/what-is-design-thinking

지고 더 적극적인 자세를 취하게 됐다. 이런 변화에 대응하는 대표 사례로 P&G의 '연결+개발Connect+Develop' 프로그램이 있다. 연결+개발 프로그램은 P&G에 속하지 않은 외부 단체나 개인이 P&G 상품에 대한 아이디어를 제안하고 개발에 반영하는 활동이다. 이 프로그램은 기업 내부 자원에만 의존하지 않고 P&G 제품에 관심이 있고 아이디어가 있는 모든 이해관계자에게 협력할 수 있는 공식 채널과 환경을 제공한다. 이를 기반으로 P&G는 다양한 성공 사례를 만들었다. 그 사례 중 하나가 오랄비 전동칫솔이다. 이 제품은 5년 정도로 예상되던 개발 기간을 1년으로 줄여 적절한 시기에 출시했다. 이처럼 외부의 시선과 역량을 반영하여 연결 범위를 넓히면 내부 자원만으로는 어려워 보이던 결과를 가능하게 만들 수 있다.

디지털 세상은 영역 간 연결을 촉진하므로 그에 대응해야 한다는 점도 놓쳐서는 안 된다. 디지털 전환에 기반한 변화는 경계를 뛰어넘는 새로운 조합의 아이디어를 필요로 하고 또 강조한다. 예를 들어 비즈니스에 새로운 가치를 부여할 요소로 자주 언급되는 사물인터넷은 센서와 통신 기반으로 사물을 인터넷에 연결하는 것이 핵심이다.

사물이라는 물리적 존재와 인터넷이라는 디지털 세상의 연결은 전혀 다른 영역의 결합일뿐 아니라, 단순한 기술적 통합에 그치지 않고 서비스나 비즈니스의 변화도 포함한다. 과연 어떤 새로운 비즈니스 모델을 만들 수 있을지, 결합 기반으로 제공되는 고객 경험의 모습은 어떠한지, 기존 서비스를 어떻게 효율화할지 등에 대한 새로운 아이디어와 접근이 필요하다는 의미다.

이런 변화의 노력이 사물인터넷에만 해당하는 것은 물론 아니다. 데이터, 인공지능, 블록체인 등 다양한 분야에서 유사한 노력을 발견할 수 있다. 산업 변화의 흐름 속에서 기존에 없던 시도와 조합을 만드는 것에만 관심을 가진다면 단지 새로움을 확인하는 데 그치기 쉽고 결국 실천까지는 연결되기 어렵다. 애덤 브란덴버거 뉴욕대학교 교수는 창의성을 갖춘 전략에 필요한 접근 방법을 다루며 실천의 시작으로 '다양한 전문성과 경험이 어우러진 집단을 구성할 것'을 제안했다.* 같은 관점에서 디지털 전환과 이어진 변화를 자연스럽게 발현시키려면 다양한 배경의 인원이 상호 교류하고 협력할 수 있는 팀을 구성하기 위해 노력해야 한다는 점을 기억하자.

2.4 '과정과 결과 속 변화'를 충분히 전달하기

서비스 디자인 씽킹을 진행하며 만들어지는 변화가 프로젝트 내부의 만족에 그쳐서는 안 된다. 결과는 물론 과정에서도 마찬가지다. 기존과 다른 낯선 방법론을 도입하면 대부분의 사람은 부자연스럽고 껄끄럽게 느낀다. 그러나 과정과 결과의 긍정적 변화를 확인하는 순간 새로운 방법론에 더 빠르게 친밀해지고 적극적인 자세가 된다. 변화를 대하는 이런 접근은 현재 진행 측면에서도 필요하지만 향후 방법론을 지속하고 꾸준히 시도할 수 있는 계기를 만든다는 점에서 더욱 중요하다.

서비스에 좋은 변화가 일어난다면 이해관계자 모두가 다양한 시도를 충분히 느낄 수 있게 제공해야 한다. 그렇다면 무엇이 변화를 더 분명히 느껴지게 할까? 이제부터 상황에 따른 균형이 더욱 중요해진 '온오프라인

---

* '전략에도 창의성이 필요하다', 애덤 브란덴버거, 〈하버드비즈니스리뷰〉 2019년 3-4월호, 85쪽

실행 방법의 다각도 검토하기', '진행 내용을 한 눈에 파악할 수 있게 제공하기', '기존과 다른 새로운 전달 방법 시도 하기' 등을 살펴보자.

온오프라인 활동은 각 특성 및 장단점에 차이가 있으므로 상황에 따라 적절한 방법을 찾아서 진행해야 한다. 온라인과 오프라인 활동을 대하는 사람들의 행동이 기존과 달라졌다는 변수도 있으므로, 익숙한 활동이더라도 다시 한번 더 집중해 살펴보아야 한다.

한눈에 진행 내용을 파악할 수 있게 제공하려면 무엇이 필요할까? 우선 프로세스 과정에서 도출된 내용, 생각, 의견 등을 어떻게 제대로 전달할지 팀에 분명한 기준이 있어야 한다. 그래야 효율적으로 프로세스를 진행해 결과를 도출할 수 있다. 이와 함께 팀 내 상황과 프로세스 활동을 공감 측면에서 살펴볼 수 있게 만들어야 한다. 팀 내에서 충분히 논의되고 공감한 내용은 중간과 최종 결과 전달 시 주요 강조 포인트가 되는 경우가 많다. 따라서 프로세스 활동 중 발견한 가치 있는 내용을 점진적으로 쌓아가며 결과까지 충분히 반영할 수 있는 여건을 만들어야 한다. 이뿐만 아니라 팀에서 이해관계자로 커뮤니케이션 대상을 의식적으로 확장하여 과정은 물론 결과 전달까지 프로젝트와 관련된 모두가 충분히 관여할 수 있는 환경을 갖추어야 한다.

기존과 다른 새로운 전달 방법을 찾으려면 무엇이 필요할까? 활동 대부분이 간접 경험에 기대어 사무실 안에서 진행되는 기존 업무 방식과 달리 서비스 디자인 씽킹은 사람 및 현장과의 직접 연결을 높은 우선순위로 강조한다. 따라서 이런 접근 방법의 차이가 결과에서도 충분히 느껴져야 한다. 새로운 방법론을 채택하여 도출한 결과에서 기존과는 다른 변화가 분명히 느껴지는 효과적인 커뮤니케이션 방법이 필요하다. 그렇다고 단지 새롭고 신기한 방법을 보여주며 분위기를 환기하자는 의미가 아니다. 사람들이 분명히 이해하기를 바라는 내용을 결과에서 충분히 전달하고 체험할 수 있는 방법을 찾아야 하며, 이를 위한 노력을 들여야 한다.

서비스 디자인 씽킹 프로세스에서 얻은 과정과 결과의 변화를 사람들이 충분히 공감하도록 효과적으로 전달하는 것은 중요하다. 지금부터 프로세스 진행 중 찾아낸 발견과 인사이트를 결과 전달까지 이어가는 데 필요한 활동 포인트를 자세히 살펴보자.

온오프라인 실행 방법을 다각도로 검토하자

문제를 정확히 파악하고 해결 방향을 찾아가려면 사람들의 이야기를 듣고 행동을 관찰해야 한다. 과거에는 이 과정을 대면으로 진행하면 된다고 여겼다. 시간과 예산에 문제만 없다면 말이다. 온라인 기반 활동은 플랜 B에 가까웠다. 그러나 지금은 프로세스 활동 중 분석과 구현 등 다양한 과정에 온오프라인 활동 모두 자연스러운 실행 방안이 될 수 있다. 따라서 온오프라인 활동 측면의 변화를 어떻게 받아들이고 대응할지 촘촘히 짚어보고, 향후 서비스 디자인 씽킹 활동 전반에 반영해야 한다.

오프라인 활동을 온라인으로 옮기는 데만 집중한다면 디지털화된 대체품을 만드는 수준에 그칠 것이다. 물론 시간, 장소, 비용 등의 제약을 벗어나 뛰어난 접근성을 제공하는 데 초점을 맞추는 건 중요하다. 그러나 단순히 커뮤니케이션 채널만 바꾸는 방법에 그친다면 오프라인과 비교하며 선택해야 할 새로운 대안으로 삼기에는 부족하다.

프로젝트를 진행하며 과거 원거리에 있는 사용자와 오프라인 활동을 시도해본 경험이 있다면 떠올려보자. 원거리 사용자를 직접 만나고 싶지만 시간과 비용 등 여건이 여의치 않아서, 대부분은 온라인으로 복사하듯 활동을 옮겨서 운영했을 것이다. 언뜻 채널만 바뀌었지 기존과 같은 활동을 진행할 수 있는 것처럼 생각되기도 했을 것이다. 그러나 오프라인 활동을 단순히 온라인으로 복붙하면 본래의 활동 의도가 제대로 반영되지 않아 보완 활동이 반드시 필요하게 된다. 결국 비대면 운영을 한다면 온라인 활동 특성을 분명히 파악하고 각자의 프로세스에 반영해야만 제대로 된 과정과 결과를 얻을 수 있다.

비대면 상황 속 엔터테인먼트 서비스 사례를 생각해보자. 사회적 거리두기로 인해 K-POP, 클래식, 뮤지컬 등이 온라인으로 제공됐다. 현장에서 느껴지는 열기와 사람들이 함께 만드는 에너지까지 온라인으로 제공하기에는 분명한 한계가 있다. 그러나 오프라인 공연과 같은 잣대로 온라인 공연을 평가하면 비대면 콘텐츠만의 강점을 놓칠 수 있다. 비대면 콘텐츠의 강점을 살펴보자. 우선 관람의 기회가 늘고 접근성이 좋아진다. 피켓팅(피가 튀는 전쟁터 같은 티켓팅)이나 이선좌(예매 시간에 맞추었다 생각했지만 고르는 자리 모두 이미 선택된 자리) 등으로 불리는 티켓 확보 스트레스에서 벗어날 수 있다. 가격도 상대적으로 저렴하며, 시간과 장소의 제약도 줄일 수 있다. 오프라인 활동이 자유로운 상황에서도 관객이 온라인 공연이 필요하다고 느끼게 하려면 어떻게 해야 할까? 온라인 활동만의 강점을 갖추고 제공해야 한다.

우선 콘텐츠의 차별화가 필요하다. 온라인에 최적화된 콘텐츠는 무엇이고 어떻게 다루어야 할지 생각해야 한다. 공연 중 다른 관객이나 스태프와 실시간 채팅을 통해 감상 의견을 나누거나, 실시간 관람 후 교차 편집된 하이라이트 콘텐츠를 별도로 제공하면 어떨까? 다수가 한꺼번에 오프라인 현장에서 일회성으로 관람하는 기존 환경에서는 제공하기 어려운 차별점이다. 온라인 기술의 적극적 활용도 필요하다. 온라인 관람에 최적화된 촬영을 진행하고, 자세히 보고 싶을 땐 확대하거나, VR이나 3D 기술을 활용하는 방법이 현재 시도되고 있다. 이처럼 기존과 다른 생각과 접근 위에서 온라인은 오프라인의 단순 대체재에서 벗어나 새로운 선택지가 된다.

서비스 디자인 씽킹 프로세스에서 온라인 활동을 진행할 때도 마찬가지다. 온라인 제공 방법의 특성을 충분히 활동에 녹여내려면 사전 검토가 필수다. 오프라인 현장 운영과 온라인 운영의 차이를 이해하고 진행 사항을 미리 조율한다거나, 온라인 인터뷰 전에 사전 조사 활동을 진행한다거나, 응답자와의 사전 인터뷰나 현장 관찰 영상을 활용해도 좋다. 그리고 진행자 입장은 물론 응답자 입장에서도 자연스러운 환경을 제공하는 디지털 기술을 적절히 반영해야 한다. 기술 문제로 흐름이 끊기지 않도록 사전 점검하고 최적의 세팅을 찾아야 하고, 응답자가 편하게 조사에 참여하도록 커뮤니케이션 서비스를 활용할지 판단해야 하며, 360도 카메라와 같이 사용하기 편하고 효과를 높일 수 있는 도구를 찾는 활동이 필요하다.

여기서 주의할 부분이 있다. 디지털 전환 속도가 빨라지고 그 장점을 경험하면서 인식에 변화가 생긴 것은 분명하지만 그렇다고 오프라인 대신 온라인을 무조건 선호하고 비대면의 장점을 최우선시하게 된 것은 아니다. 한편으로는 오프라인 경험을 판단하는 기준도 한층 까다로워졌다.

쇼핑을 예로 들어보자. 생필품을 비롯하여 물건 구매가 주목적인 쇼핑이라면 온라인을 이용할 것이다. 그런데 비대면 서비스 경험이 늘면서 단순히 온라인이면 만족했던 기존과 달리 니즈와 요구가 더 분명해졌다. 크게 노력하지 않아도 더 좋은 가격으로 빠르게 배송받아야 구매할 만하다고 느끼게 됐다. 또 맞춤형 제안과 추가 혜택 등을 제공하는 구독형 서비스의 이용도 늘고 있다. 만약 사람들과 함께 재미를 느끼며 체험을 하는 것이 목적이라면 오프라인 쇼핑을 선택할 것이다. 단순히 온라인을 벗어나는 것으로는 충분하지 않다. 익숙한 공간에서 느끼지 못한 재미와 매력적이고 독창적인 경험을 제공해야만 오프라인 쇼핑에 개인의 시간과 노력을 투자할 만하다고 느낀다. 쇼핑 외에도 재택 근무 경험이 쌓인 사무실, OTT가 대체한 영화관, 모바일로 이동한 은행 등도 마찬가지다. 따라서 각자의 영역과 상황을 더 자세히 살펴보고 분석하여 온라인과 오프라인 중 선택해야 한다.

프로젝트 성격이나 진행 팀의 성향에 따라서 오프라인과 온라인 활동 중 선호하는 방법이 다를 것이다. 기존과 달라진 사람들의 경험을 반영하여 향후 활동을 선택할 수 있게 됐고, 가능한 여러 활동의 장단점을 따져보고 더 분명한 기준으로 운영할 수 있게 됐다. 따라서 온라인 방법을 오프라인의 단순 대체 활동으로 제안하거나 또는 진행상 제약이 더 적어보이고 쉬울 것 같아서 온라인 진행을 결정해서는 안 된다. 온라인과 오프라인 활동의 특징을 더 세밀하게 살펴보고 균형 잡힌 시선으로 점검해야 한다. 변화에 대한 꾸준한 관심을 통해 프로세스에 꼭 필요한 활동을 선택하는 지혜와 경험이 필요하다.

진행 내용을 한눈에 파악할 수 있게 제공하자

서비스 디자인 씽킹을 비롯하여 변화와 혁신을 추구하는 다양한 방법론에서는 프로세스 전반의 과정과 결과 모두를 한눈에 파악할 수 있어야 한다고 강조한다. 그렇다고 책이나 워크북에 나온 활동에만 한정해서 생각해서는 안 된다. 흔히 시각화의 방향성과 내용을 프로토타이핑과 연계하여 결과 구현 위주로만 언급하지만 서비스 디자인 씽킹 활동 전반으로 범위를 넓혀야 한다. 결과뿐만 아니라 활동 전반에서 주요 내용을 더 쉽게 파악하도록 만들어야 한다는 의미다.

특정 활동에 갇히지 않고 다양한 프로세스 활동으로 시각을 넓혀 콘텐츠를 전달하고 소통하는 방법을 생각해보자. 우선 결과를 구현하며 어떻게 시각화할지부터 생각해보자. 결과 구현 활동은 시각화를 다루며 자주 접하게 되어 익숙하지만 단순히 시각화 도구나 기법을 탐구하고 적용하는 데 그쳐서는 안 된다. 결과에서 전하고 싶은 핵심 메시지와 내용을 사람들에게 시각화 기반으로 효과적으로 전달할 방법을 찾아야 한다. 이해를 돕기 위해 애니메이션을 구현하는 작업을 살펴보자.

대부분은 먼저 이야기를 만들고, 자세한 내용을 구성한 후, 그에 맞추어 그림을 그린다. 그러나 지브리 스튜디오의 거장 미야자키 하야오는 작업 방식이 이와는 다르다. 먼저 이야기를 만들고 난 후, 그림을 계속 그려 내용을 구현하고, 이를 기반으로 정리하여 구성한다.

그가 다른 작업 흐름을 취하는 이유는 무엇일까? 글로 적으면 각자 상상한 모습에서 차이가 크기 때문이다. 즉, 누구든 볼 수 있게 나타내어야 생각의 차이를 줄일 수 있다는 의미다. 이처럼 프로세스 활동에도 시각화가 뒷받침되어야 한다. 아이디에이션에서 각자의 아이디어를 글보다는 그림으로 표현해야 하는 이유도 마찬가지다. 프로세스 활동 과정의 시각화는 여러 활동을 연결해 올바른 결과까지 프로세스를 끌고 가는 열쇠가 된다.

아이디에이션 세션 중 시각화 반영 예시　　프로세스 활동 중 시각화는 활동 참여자 간 생각의 차이를 줄이고 효과적으로 내용을 전달할 수 있어 중요하다. 예시는 사회 문제 해결을 위한 서비스 디자인 프로젝트 중 아이디에이션 세션이다. 아이디어는 그림으로 표현한 후 글로 설명을 보완했고, 색상과 크기를 활용하여 작성자, 주제, 추가 의견 등에 따른 내용 구분이 가능하도록 진행했다.

콘텐츠를 분명히 전달하고 소통하려는 노력은 이미지 사용에만 국한된 것이 아니며, 다양한 활동에서 찾고 반영해야 한다. 포스트잇을 사용하며 큰 글씨로 작성하여 한눈에 내용을 확인하기 쉽게 돕는 것도 그런 부분이다. 글씨 크기뿐 아니라 중요 내용은 색깔을 다르게 표시하고 핵심 내용은 약속된 기호를 사용하여 표시해두면 더 좋다. HMW 질문법*을 사용하면 공통의 문장 구조로 작성되어 여러 문장을 나열했을 때 내용 간 차이를 한눈에 살펴볼 수 있는 것도 같은 맥락이다.

아이디어나 의견을 표현할 때 동사까지 명확히 마무리해야 읽는 사람이 오해 없이 쉽게 내용을 파악할 수 있다. 예를 들어 '음악이 흐르는 공간'이라는 의견을 포스트잇에 일반 펜으로 작성한다고 생각해보자. 우선 포스트잇에 가는 펜으로 작성된 여러 내용이 함께 붙어 있다면 일부러 가까이 가서 읽지 않으면 모르고 지나칠 수 있다. 운 좋게 포스트잇을 찾아 읽어도 내용이 분명하게 느껴지지 않을 것이다. 공간이 필요하다는 것인지, 현재보다 늘려야 한다는 것인지, 아니면 지금 있지만 앞으로 없애겠다는 것인지 사람마다 다양한 해석의 여지가 있어서, 작성자가 원래 공유하려던 내용과 다른 생각을 전달하게 될 수 있다. 일부러 여러 생각을 유도하려는 의도가 아니라면 가급적 쉽고 명확하게 이해되게끔 형식에도 신경 써서 전달해야 한다.

사람마다 경험과 지식의 깊이와 넓이가 다르다. 따라서 공유하고 싶은 핵심 내용을 가급적 의도한 그대로 그리고 쉽고 명확하게 전달할 방법을 찾아야 한다. 서비스 디자인 씽킹에서 분석 활동을 다루며 고객 여정

---

* 'How Might We', '우리가 어떻게 ~해볼까' 올바른 문제 찾기 접근법, 3.3절에서 활동 2 참고

지도를 만들어 고객의 경험과 생각을 표현할 것을 강조하는 이유도 마찬가지다. 고객 관점에서 쉽고 명확하게 내용을 확인하고 커뮤니케이션할 수 있는 효과적인 시각화 방법이기 때문이다.

프로세스를 진행하며 목표를 충실히 반영하는 방법을 찾는 노력은 중요하다. 그렇지만 각 프로젝트 참여자가 보유한 경험과 지식을 반영하도록 다양성과 변화의 여지가 열려 있는 환경을 만드는 것 또한 중요하다. 좋은 커뮤니케이션 방법을 찾는다 하더라도 이를 지탱하는 환경과 분위기가 만들어지지 않는다면 실행될 수 없다. 멤버 간 상하 관계, 클라이언트 입장, 프로젝트 관련 업계 경력 등으로 인해 커뮤니케이션의 균형은 자칫하면 한쪽으로 치우치기 쉽다. 이런 상황에서 어떻게 균형을 잡을 수 있을지 프로젝트팀은 함께 생각하고 의견을 나누어야 한다. 필요하면 그라운드 룰을 만들고, 데일리 스크럼을 통해 지향해야 할 자세를 꾸준히 환기하고, 프로세스 활동을 진행하며 균형 잡힌 커뮤니케이션이 이루어지는지 의식적으로 점검해야 한다. 이는 프로젝트의 다양성과 변화 측면에서도 중요하다.

새로운 전달 방법을 시도하자

프로젝트 결과를 공유받는 대부분은 고객을 확인하고 이해하는 것이 아니므로 고객의 반응이나 실제 겪는 상황을 더 분명히 전달해 공감할 수 있도록 노력을 기울여야 한다. 글과 표 등 작성자가 일방적으로 전달하는 평면적 내용보다는 현장에서 수집된 영상, 이미지, 소리 등의 자료를 활용하면 공감 요소를 더 반영할 수 있다. 예를 들어 영상 속 고객이 보이는 표정과 말투는 프로젝트 내용을 전달받는 사람도 고객이 겪는 만족이나 불편 등을 여과 없이 느끼고 이해할 수 있게 해준다. 슬라이드웨어를 통해 프로젝트 중간 과정이나 결과를 전달할 때 영상이나 소리를 적극적으로 사용하자. 그렇다고 미디어 콘텐츠를 채택하는 것만 의미하는 것은 아니다. 뻔하고 익숙한 전달 방법에 머무르지 말고 여러 형태의 활동을 시도해보고 적절히 활용해야 한다.

문제 해결 과정에서 참여자가 작성한 포토 스터디, 다이어리, 콜라주, 직접 그린 그림, 카드 소팅 결과 등에서 의미 있는 내용을 찾아 이미지로 저장해 활용하자. 단순히 텍스트더라도 속성에 따라 구분할 수 있다면 도표로 제공해보자. 해석에 도움이 될 뿐 아니라 시각적 특성도 어느 정도 보완할 수 있다.

조사 결과물에 영상이나 음성이 포함되어 제공될 때 훨씬 현장감이 있게 효과적으로 전달된다. 인터뷰와 관찰 활동을 녹화한 영상을 짧게 편집하고 자막을 적절히 활용하여 내용을 강조하자. 녹화 자료를 그대로 보여주어도 좋지만 길어지면 보는 사람이 지루해할 수 있다. 메시지 전달에 효과를 충분히 발휘할 수 있게 필요하면 의미를 왜곡하지 않는 범위에서 간단히 편집하자. 또 고객이 직접 서비스를 사용하는 실제 모습을 가급적 녹화하자. 제공자 의도와 일치하는 경우도 있고 전혀 다르게 사용하는 경우도 있을 것이다. 상황마다 제공자 시선을 환기시켜줄 수 있어 관찰과 분석 과정을 통해 팀이 도출한 내용을 전달하는 데 도움이 된다. 영상을 부담스러워해서 녹음만 할 때가 있다. 이때도 내용을 단순히 글로 옮겨 텍스트로 표현하기보다는 음성 그대로를 활용하는 것이 더 효과적인 경우가 많다.

비디오 프로토타입 형태로 고객의 상황을 주요 사안 중심으로 재구성하여 보여주기도 한다. 고객과 이해관계자를 대상으로 서비스 프로토타이핑 과정이 충실히 수행됐다면 이 활동을 영상으로 기록하여 참가자의 피드백과 함께 편집하여 소개하는 방법도 있다. 이미지나 영상이 아니라 물리적인 형태로 고객의 상황을 간결하게 재현하여 결과를 전달할 수도 있다. 고객이 문제를 해결하고자 직접 노력한 방법을 준비하여 결과 전달 과정에 보여주는 것이 좋다. 레고나 골판지 등으로 만든 작은 모형을 사용해 고객 상황을 간단히 체험할 수 있게 제공하는 서비스 모형Desktop Walkthrough도 효과적이다. 실제 존재하는 것을 활용한 직간접 체험은 사람들이 겪는 불편이나 필요를 더 분명하고 사실적으로 느끼게 만든다.

그리고 프로젝트 중간 보고와 결과 보고 또는 그에 준하는 공유 활동은 프로세스상 중요한 결과 전달 과정이고, 실무 관점에서 의사결정에 필요한 주요 활동이다. 서면 보고, 일대일 보고, 회의 중 발표, 프로젝트 논의 미팅, 결과 공유 워크숍 등 다양한 방법이 활용된다. 주요 보고 대상자의 선호, 아젠다에 대한 시급성, 이해관계자의 관여 정도 등 여러 요소를 고려해 효과적인 활동 방향을 정하자.

그리고 선정된 활동에 맞춰 어떤 콘텐츠를 활용할지 결정한다. 이때 전달 방법을 하나만 고를 필요는 없다. 이미지, 영상, 문서 등 다양한 전달 방법을 강조하고 싶은 메시지에 맞춰 복합적으로 선택하고 제공할 수 있다. 여러 활동을 진행했다는 사실을 전달할 목적이라면 보고 초반에 프로젝트 진행 경과를 소개할 때 사진을 보여주는 정도로 충분하다. 여러 콘텐츠를 활용한다면 결과 전달 과정의 흐름이 매끄럽고 결과 내용도 더 단단하게 전달될 수 있어야 한다.

다양한 전달 방법을 시도하며 주의할 점도 있다. 기존과 다른 접근과 방법을 시도할 때는 과하지 않아야 한다. 영상이 효과적이지만 너무 자주 등장하거나 과하게 길다면 어떨까? 주의가 분산되어 오히려 전달하려는 내용에 집중하기 어려울 수 있다. 따라서 미디어를 통해 전달 효과를 높이려면 고객이 겪는 상황 중 어떤 부분을 강조할지 팀 의견을 모아서 잘 정리해야 한다. 그리고 사진이나 영상, 음성 등의 자료 활용에 동의를 얻는 일도 잊어서는 안 된다. 인터뷰나 관찰 활동 전에 상대방에게 공개 범위를 알리고 확인과 허락을 받아야 한다. 과유불급이라는 말처럼 모든 시도는 중용을 지킬 때 임팩트 있게 전달된다.

기존과 다른 새로운 결과를 전달한다는 게 반드시 새로운 방법을 도입하는 것만을 의미하지는 않는다. 전달 방법을 새롭게 도입하려는 노력에 함몰되면 오히려 만족스럽지 못한 결과를 낼 수도 있다. 예를 들어 이야기를 다루는 방법을 살펴보자. 서비스 시나리오는 이야기를 중심으로 결과를 전달한다. 이런 이야기에 일기처럼 감상적인 내용만 담아도 될까? 안 된다. 혁신 방법론을 다루는 시나리오라면 비즈니스 관점에서 유의미한 가치가 드러나야 한다. 서비스 시나리오가 프로세스 산출물의 일부라는 점을 잊어서는 안 되며, 이야기의 맥락도 충실히 반영되어야 한다. 조사 활동 등 프로세스에서 확인한 내용을 적절히 포함하고 전후 사정을 분명히 표현해야 한다. 또 뚜렷하게 잡히지 않는 추상적인 내용을 구체적으로 드러내어야 한다. 정보가 따로따로 존재해서는 전달하고자 하는 의미를 나타내기 쉽지 않다. 사람과 상황이 문제와 엮이고 해결되는 모습을 흐름을 갖추어 구체적으로 보여주어야 한다.

회의, 보고, 문서 등 결과 전달 활동에 새로운 방법이 적용된다면 목적을 분명히 해야 한다. 우리가 전달하고 싶은 바는 새로운 전달 방법에 대한 호기심이 아니다. 특히 연구와 학습의 목적이 아닌 실무 현장이라면 결과 전달 대상자가 무엇을 얻게 될지 분명히 하고 주어진 짧은 시간에 집중하자. 목적을 분명히 하고 그에 따라 핵심 내용을 정확히 전달하여 사람들이 충분히 알 수 있게 해야 한다. 즉 프로젝트 결과 전달을 통해 무엇을 새로운 인사이트로 느낄지, 어떤 내용을 중요한 가치라고 생각할지, 실행할 대안의 모습은 무엇인지 등을 분명히 이해시켜야 한다. 이런 상황을 충분히 반영하여 기존과 비교해 가장 효과적인 전달 방법을 찾아내자. 과정부터 결과 전달까지 현장에서 만나는 모든 프로세스 활동에서 다양한 방법을 시도할 때 성장이라는 돌파구를 찾을 수 있다.

Field Tip 기술 흐름의 변화에서 중요하게 다루는 사람 중심 접근

이제는 기술 변화를 다루며 사람에게 어떤 의미가 있을지 살펴보고 사람 중심의 중요성을 판단하는 활동을 적극적으로 반영한다. 기술 자체에 갇혀 시각이 좁아지는 경우가 드물지 않았던 과거와는 달라진 풍토다. 기술 흐름을 살펴볼 때 1순위로 고려하는 가트너의 기술 트렌드에서도 이에 대한 관심과 변화를 확인할 수 있다.

가트너는 2022년 주목해야 할 주요 기술 흐름을 조망하며 "사람을 기술 전략의 중심에 두는 것은 기술의 가장 중요한 일면을 강조한다"고 소개했고, "조직의 모든 행위는 기술이 개개인과 집단에 직간접적으로 영향을 주는 방식에 기인하는데, 이것이 바로 사람 중심 접근 방식이다"라고 설명했다.

이러한 관점은 〈2020년 10대 전략 기술 트렌드Gartner Top 10 Strategic Technology Trends for 2020〉에 반영되어 두 가지의 집약된 기준으로 사람 중심People-centric과 스마트 공간Smart spaces을 제시했다. 큰 틀은 물론 세부 항목에서도 기존 기술 트렌드와 비교하여 사람 기준의 측면을 적극적으로 반영했다. 사람 중심에 대한 내용 중 다중경험Multiexperience은 끊김 없는Seamless 고객 경험을 언급하고 있으며, 민주화Democratization나 투명성과 추적 가능성Transparency and Traceability 등은 사람을 중심에 두면서 기존과 다르게 주목해야 할 요소로 표현된다.

전략 트렌드의 선정 구분, 내용 등에 차이는 있으나 사람 중심이라는 요소를 공통으로 강조하고 반영한다는 부분에 주목하자.

2020 가트너 전략 기술 Top 10		2021 가트너 전략 기술 Top 9		
사람 중심	**스마트 공간**	**사람 중심성**	**장소 독립성**	**탄력적 배포**
• 초자동화 • 다중 경험 • 민주화 • 인간 증강 • 투명성과 추적 가능성	• 강화된 엣지 컴퓨팅 • 분산 클라우드 • 자율 사물 • 실용적 블록체인 • 인공지능 보안	• 행동 인터넷 • 전체 경험 전략 • 개인정보보호 강화 전략	• 분산 클라우드 • 어디서나 운영 • 사이버보안 메시	• 지능형 조립식 비즈니스 • AI엔지니어링 • 초자동화

2020년과 20201년의 가트너 전략 기술 트렌드 비교

기술의 흐름을 다루며 사람 중심의 관점에서 어떤 의미가 있을지를 살펴보고 중요성을 판단하는 변화는 한시적이고 좁은 시각의 변화가 아니다. 사업 및 경제 환경의 커다란 변화를 거치면서도 동일하게 유지되고 있으며, 2021년과 2022년의 〈가트너 전략 기술 트렌드〉에서 이를 확인할 수 있다(참고로 과거 매해 10개의 트렌드를 선정했지만 2021년에는 9개, 2022년에는 12개를 선정했다).

가트너의 〈2021년 전략 기술 트렌드〉를 살펴보자. 코로나19로 인한 변화 속에서도 사업과 기술 개발의 초점을 사람에 맞춰야 한다는 점에는 변화가 없다. 〈2021년 전략 기술 트렌드〉 전체를 사람 중심성, 장소 독립성, 탄력적 배포라는 3가지 주제로 분류하고 사람 중심성, 즉 사람을 중심에 두는 것이 비즈니스의 어떤 측면보다 중요함을 거듭 강조한다. 팬데믹의 위기 상황에 대한 짧고 순간적인 대응이 아니라 향후 지속적인 비즈니스의 성장을 원한다면 결국 사람 중심의 관점을 통해 사람과 기술 간의 상호작용에 초점을 맞추는 것이 중요하다는 말이다. 그러한 방향 안에서 멀티 경험의 범위를 확대한 전체 경험Total experience은 모든 요소와 연계하여 경험 전반을 통합하고 사업 및 서비스를 혁신할 수 있는 전략이 필요함을 강조하며, 주목해야 할 전략 기술로는 네트워크와 데이터 기반으로 사용자 행동 하나하나를 파악하고 관리하는 행동 인터넷Internet of Behaviors을 언급한다.

〈2022년 전략 기술 트렌드〉에서도 전체 경험을 통해 고객 경험, 직원 경험, 사용자 경험, 다중 경험을 통합하고 이해관계자를 위한 경험 전반과 고객 신뢰도를 향상시킬 것을 강조한다. 기술 흐름의 변화를 다루며 사람 중심의 총체적 경험을 향상시키고 비즈니스 성과 달성으로 연결 요소를 여전히 중요하게 다루어야 한다는 의미다.

시장 환경과 상황을 크게 변화시킨 팬데믹을 경계에 두고 2020년, 2021년, 2022년은 크게 달라졌지만, 그러한 큰 변화 안에서도 모든 활동의 기준을 사람에 두고 움직여야만 서비스 혁신과 비즈니스 성장을 이룰 수 있다는 점을 동일하게 강조하고 있음을 기억해야 한다.

♦♦♦

완전무결한 방법론은 없다. 시공간을 초월해 절대 변하지 않는 프로세스도 없다. 결국 모든 비즈니스 활동도 변화를 반영하고 대응할 때 생명을 연장할 수 있다. 물론 이것이 운영상의 편의를 추구하는 변경을 의미하는 것은 아니다. 그런 부분은 오히려 지양하고 지속적으로 모니터링하며 경계해야 한다. 절대적인 방법론은 없으므로 지향점하에서 변화의 필요성을 꾸준히 살펴야 한다.

사용자 경험 디자인의 개념을 만든 도널드 노먼Donald Norman 교수도 시간이 흐르며 "어포던스Affordance를 다룬 초기 내용에 변경이 필요하다"고 언급하거나 경험 디자인에 대한 바뀐 생각을 새로운 책을 통해 반영하기도 했다. 이처럼 환경과 조건이 바뀜에 따라 원작자가 직접 정의나 활동 방향에 변화를 줄 수도 있다. 물론 큰 틀에서의 변화가 아닐 수도 있지만 결국 고정된 것은 없다는 점을 분명히 알 필요가 있다. 따라서 변화의 흐름을 꾸준히 확인하고 어떻게 반영할지 적극적으로 생각해야 한다.

특히 서비스 디자인 씽킹 프로세스에서 전략이나 조사 활동을 수행할 때 환경 분석을 반영한 의사결정 과정이 필요한 만큼, 이번 장에서 중요하게 다룬 기술, 사회, 경제 등의 요소는 평소에도 관심 있게 살펴보고 필요한 부분은 프로세스 활동에 적극적으로 반영해야 한다. 경영이나 마케팅 분야에서는 이러한 요소를 반영한 환경 분석 기법으로 PEST(정치Political, 경제Economic, 사회Social, 기술Technological), PESTEL(PEST에 환경Environmental, 법Legal 추가), STEEP(사회Social, 기술Technological, 경제Economic, 생태Ecological, 정치Political) 등이 있으며, 서비스 디자인 영역에서도 이러한 분석 활동을 반영하여 진행하기도 한다.

그리고 각 산업과 환경에 따라서 프로세스 활동을 수정해야 할 수도 있다. 방법론을 다루는 여러 자료를 살펴보면 철학과 방향성이 같더라도 운영 방법이 다를 수 있다는 점을 확인할 수 있다. 예를 들어 린 캔버스는 비즈니스 모델 캔버스를 기초로 하여 9개 블록으로 구성되어 있지만 신규 사업과 스타트업의 빠른 실행 측면을 반영해 내용에 변화를 주어 활용한다. 물론 방법론에 대한 모든 내용을 확인하고 차이를 찾아내는 활동은 현실적으로 어려울 뿐 아니라 실무적으로도 불필요한 일에 가깝다. 그보다는 방법론이 제시하는 방향성을 유지하며 꾸준히 관련 자료를 찾고 학습하면서 적절히 대응하는 자세가 필요하다.

필요한 변화를 놓치지 않고 운영과 활동 방안을 다루며 적절히 반영하여 실천한다면 올바른 변화를 만들 수 있다. 다음 장부터 변화를 반영하여 서비스 디자인 씽킹 프로세스를 현장에서 어떻게 실행할지 비즈니스 상황별로 나누어 구체적으로 살펴본다.

03

기민하게 운영하기

꼭 필요한 활동 중심의 간결한 프로세스

"서비스 디자인 씽킹 프로세스를 이번 업무에 활용하고 싶은데 기존에 알던 단계별 활동을 진행하기에는 시간이 부족해요. 그렇지만 프로세스는 실행하고 싶어요. 필요한 활동만 골라서 간단히 적용해볼 수도 있을 것 같은데 어떻게 해야 할까요?"

서비스 디자인 씽킹과 관련하여 가장 자주 듣는 질문이다. 프로세스를 진행하고 싶지만 시간을 덜 들이고 운영을 더 쉽게 할 수 있는 방법이 없느냐는 것이다. 안정적으로 운영 중인 대부분의 비즈니스는 되도록 오랫동안 지속적으로 수익을 유지하는 것을 목표로 한다. 그러나 환경과 시간의 변화에 따라 현재 비즈니스의 안정성이 흔들릴 수 있으므로, 운영의 효율성을 흔들지 않는 범위에서 점진적으로 성장할 수 있는 개선 방향을 모색하는 경우가 흔하다. 이와 같은 상황을 해결하는 방법으로 서비스 디자인 씽킹을 살펴볼 수 있는데, 서비스 디자인 씽킹 프로세스의 필요를 실감하더라도 막상 실무에 적용하기란 쉽지 않을 수 있다. 방법론에 동의하지만 직접 하기에 너무 어렵다고 느낄 수도 있고, 전체 과정을 진행하기에 시간이 부족해 부담스러울 수도 있다. 프로세스가 복잡하게 느껴져 '다른 사람에게 맡기면 안 될까' 생각할 수도 있고, 당장 실행해보고 싶지만 무엇을 먼저 해야 할지 고민이 되기도 한다. 이처럼 각자 주어진 환경에 따라 제약을 느끼는 상황은 다양하다.

어려움을 느끼는 상황을 두 가지로 나누어 생각해볼 수 있다. 하나는 프로세스의 실행 속도와 과정의 복잡함에 부담을 느끼는 경우이고, 또 하나는 방법론을 실천해보고 싶지만 적용할 만한 대상을 찾지 못한 경우다. 두 가지 중 특히 실행 속도에 대한 부담은 서비스 디자인 씽킹을 실무 현장에서 다룰 때 가장 자주 마주치는 상황이다. 이론을 실천으로 옮기는 데 가장 기본은 정석대로 필요한 활동을 실행하는 것이다. 정석 대신 묘수를 고집한다면 기본 프로세스에서 각자 상황에 맞춰 활동을 선택하고 새롭게 조합해야 한다. 그러나 서비스 디자인 씽킹 프로세스가 여전히 낯선 상황에서 무슨 활동을 선택하고 또 어떻게 구성할지 스스로 정하는 일은 쉽지 않으며, 결국 선택의 기준을 제시해줄 조언이 필요하다. 이와 같은 상황에서 실무자가 빠르고 간결하게 프로젝트를 진행하고 싶을 때 참조할 만한 꼭 필요한 활동 중심의 간결한 프로세스를 이번 장에서 다룬다.

환경의 제약이 있더라도 충실히 다룰 수 있는 프로세스를 고심하고 있다면 3장과 4장에서 소개하는 프로세스에 관심을 가져보자. 3단계로 구성하여 실행 활동을 군더더기 없이 빠르게 진행할 수 있다.

익숙한 흐름을 따라 더 빠르고 간결하게 프로세스가 전개되는 만큼 가벼운 마음으로 살펴보며 더 쉽게 접근할 수 있을 것이다.

더 빠르고 간결한 프로세스 3단계 3장에서는 더 간결하고 기민한 문제 해결을 위해 '공감하기', '분석하기', '구현하기'의 3단계 프로세스를 살펴본다. 각 단계는 다시 3가지 세부 활동으로 구성된다.

물론 학습이라는 측면에서 단계를 더 세분화하면 배우기 편할 수도 있지만, 현장 활동에서는 단계가 복잡할수록 자원과 일정 등의 관리가 어려워지고 대부분 실천하기도 더 까다로워진다.

3단계 구성은 다양한 분야에서 내용에 완결성을 부여하는 오래된 기본 구조다. '처음·가운데·끝', '서론·본론·결론', '시작·중간·결말' 등의 3단계 흐름은 다양한 콘텐츠를 통해 경험해본 만큼 모두에게 익숙하다.

IDEO 재단도 인간 중심 디자인 씽킹 프로세스Human Centered Design Process를 3단계 흐름으로 제시했다. 확산과 수렴 과정이 반복되는 더블 다이아몬드 프로세스를 영감Inspiration, 아이디에이션Ideation, 구현Implementation이라는 3I 활동으로 표현한 것이다.

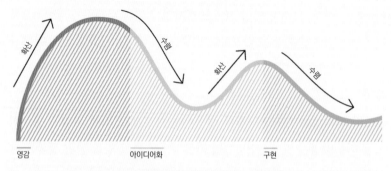

영감을 얻고, 아이디어를 찾고, 실행할 것   IDEO 재단은 더블 다이아몬드 프로세스로 익숙한 확산과 수렴이 반복되는 과정을 3단계(3I)로 구분된 인간 중심 디자인 프로세스로 제시한다. 첫 번째 영감(Inspiration)은 디자인 챌린지, 두 번째 아이디어화(Ideation)는 디자인 기회, 세 번째 구현(Implementation)은 혁신적인 솔루션이다.
https://www.ideo.org/tools

현장 상황은 새로운 사업과 기술 요소를 실무에 반영하기에 그리 호의적이지 않다. 적용 방향을 판단하고 실행 계획을 세우는 의사결정 과정도 까다롭고, 각 과정마다 근거도 요구받게 된다. 이런 난관을 해결하는 쉬운 접근법 중 하나가 세컨더리 리서치 활동이다. 물론 인터넷, 출판, 방송 등에 존재하는 이미 연구 조사된 방대한 정보 속에서 특정 내용을 적절히 찾아내는 건 쉽지 않다. 그럼에도 단기간에 다양한 내용을 비교하여 필요한 정보를 찾아낼 수 있다는 큰 장점이 있다. 그리고 문서화하기 쉬운 자료가 많아서 발견 내용을 중심으로 적당히 구색을 갖춘 보고서도 빨리 만들어낼 수 있다. 그러나 막상 비용과 시간 투자를 결정할 때가 되면 세컨더리 리서치 결과로는 불안하다. 보완 방법을 논의하는 과정에서 '기존 자료에서 잘 드러나지 않는 고객 관점을 반영해야 한다'는 의견이 흔히 나오고, '서비스 디자인 씽킹 프로세스를 활용해보자'는 합의로 이어지기도 한다. 그러나 막상 서비스 디자인 씽킹 프로세스가 일반적으로 제시하는 다양한 활동을 실행하려면 충실히 소화할 시간도 자원도 예산도 부족한 경우가 대부분이다. 그렇다면 어떻게 이 상황을 해결할 수 있을까?

첫 번째로는 의사결정자를 설득하여 프로세스 전체 과정을 충실히 실행하는 방법이 있다. 이 방법이 가장 만족스럽고 믿을 만한 결과를 제시할 수 있다는 건 분명하다. 만약 의사결정자가 설득됐다면 《처음부터 다시 배우는 서비스 디자인 씽킹》에서 제안한 6단계 프로세스를 충실히 수행하면 된다. 그러나 시장에 적기 진출해야 한다는 압박을 느끼는 의사결정자에게 충분한 시간과 넉넉한 예산을 제안하고 설득하기란 쉽지 않다. 물론 의사결정자가 흔쾌히 수락하지도 않는다. 따라서 또 다른 선택지가 필요하다.

다른 방법은 가능한 범위 내에서 프로젝트를 더 빠르고 간결하게 수행할 수 있는 방법을 실천하는 것이다. 물론 각자의 상황이 같지 않으므로 서로 다른 수행 방법이 필요하다. 그렇더라도 어느 정도 기준이 되는 방법은 존재할 것이다. 이번 장에서 살펴볼 내용이 바로 그러한 관점에서 살펴보아야 할 압축된 프로세스다. 먼저 프로세스 수행 방안의 바탕이 되는 이론을 이해하고 이어서 사례를 기반으로 구체적인 내용을 확인할 것이다. 사례는 서비스 디자인 씽킹 프로세스를 활용하여 새로운 고객층을 분석하고 사업 기회를 찾는 과정이다. 단, 유사 사례의 공통 요소를 기반으로 일부 내용을 재구성하여 프로세스 이해도를 높이려는 이 글의 본래 목적에 충실하려 했음을 미리 밝힌다.

서비스 디자인 씽킹은 고객 개발 관점에서 사무실 밖으로 나갈 것을 강조한다는 점을 반드시 기억하자. 각자의 상황에 맞춰 실제로 행동하는 것이 무엇보다 중요하다는 의미다. 그리고 '사무실 밖'을 물리적 공간으로만 보지 말고 '현장 속 고객에게 반드시 다가가야 한다'는 적극적인 접근으로 생각해야 한다. 방법이 어렵다며 미루어봤자 아무 일도 생기지 않는다. 할 수 있는 일부터 실천해야 원하는 결과에 한 발 다가갈 수 있다. 프로젝트를 직접 기민하게 운영한다는 가정하에 '새로운 세대 이해하기' 프로젝트에서 수행한 3단계 프로세스 중심으로 살펴보자.

Project 소개

새로운 세대 이해하기

대부분 기업은 현재 주요 타깃 고객군 위주로 움직이더라도 늘 공략하지 못한 소비자를 자신의 비즈니스로 어떻게 끌어들일 수 있을지에 대한 답을 찾고 싶어 한다. 그래서 경제 활동에 막 진입한 20대 전후 MZ세대와 소비 위주로 이동을 시작한 소위 시니어 세대에 관심을 가진다. 이 세대들은 향후 성장 측면에서 중요한 만큼, 이들을 연구하는 것이 단순히 기업 내부 궁금증을 해결하고 트렌드 관심 영역을 확인하는 스터디에 머무르는 것은 아니다. CGV의 대학생 마케팅 패널 프로그램 TOC, 삼성화재의 60세 이상 고객으로 구성된 시니어 고객 패널 등의 사례는 지속 가능한 성장에 필요한 고객군에 접근하여 기업 활동으로 연결하고 있음을 보여준다. 특히 현재는 지속 가능한 성장을 만든다는 측면에서 MZ세대에 대한 관심이 크다. 그렇다면 과연 그들은 서비스를 얼마나 알고 또 적극적으로 수용하고 있을까?

많은 기업이 20대를 현재 구매력이 있고 향후 긴 경제 활동력을 가진 중심 고객층으로 중요하게 생각한다. 중요하다고 느끼는 만큼 적합한 사업 전략을 수립하고 신속히 서비스를 마련하여 그들을 끌어들여야 한다고 느낀다. 그러나 여기서 반드시 해결해야 하는 문제가 있다. 바로 서비스를 만들고 운영하는 사람 대부분이 20대가 아니라는 점이다. 그래서 20대라는 고객층의 진짜 모습을 이해하기 어렵다. 그렇다고 서비스 제공자가 자신의 과거를 기준으로 현재의 20대를 짐작이나 상상에 기대어 성급히 예단해서는 안 된다. 엉뚱한 렌즈로 고객을 바라보면 현실과 전혀 다른 관점에서 문제를 다루어 상황을 엉뚱하게 판단하고 현장 활동을 실제와 다른 방향으로 이어가게 된다. 이같은 제공자 입장의 접근만은 피하고 있다고 생각하겠지만 여전히 현장에서 가장 흔하고 자주 만나게 되는 상황이다. 문제 해결에 필요한 고객 중심의 접근 방법으로 돌아와 서비스 디자인 씽킹 프로세스를 검토해야 된다.

서비스 디자인 씽킹을 활용하면 제공자 관점에서 벗어나 고객에게 공감을 얻는 비즈니스 기회를 만들 수 있을 것이라 믿으면서도, 막상 실무 프로세스를 운영하다 보면 현실적인 어려움에 계속 부딪히게 된다. 제한된 운영 환경에서 효율적으로 활동을 진행해야 한다. 기업들은 장기적으로는 고객 중심의 접근 방법이 중요하다고 분명히 말하면서도, 당장은 이를 실적과 연결하기 어려우니 시간, 인력 등의 가용 자원을 매우 제한적으로 운영하고 싶어 한다. 이처럼 기업이 꼭 진행해보고 싶어 하는 프로젝트라 해도 서비스 디자인 씽킹의 적용이 쉽지 않을 수 있으므로 어떻게 실행 과정을 구성할지 충분히 살펴보고 구체적으로 구성해야 한다. 이 장에서는 이러한 현실 상황을 반영하여 더 빠르고 간결한 운영 방법을 소개한다.

● 프로젝트 접근 방법

'새로운 세대 이해하기' 프로젝트는 빠르고 간결한 프로세스에 초점을 맞추고 진행했다. 전체 과정은 크게 3단계로, 조사 기반의 '공감하기', 인사이트 중심의 '분석하기', 해결 방안을 찾는 '구현하기'다. 목표 일정은 전체 3~4주, 단계별 기간은 2주, 1주, 1주 정도다.

그리고 프로젝트 진행 여부를 이해관계자와 논의하는 과정에서 관심을 가진 여러 고객 중 누구에 초점을 맞추어 살펴볼지 명확히 했다. 이는 프로젝트 목적을 달성하는 데 필요할 뿐 아니라 빠르고 효율적인 운영 면에서도 중요했다. 여기서는 기업의 관심사와 향후 비전 등을 생각하여 20대로 대상을 한정하기로 의견을 모았다.

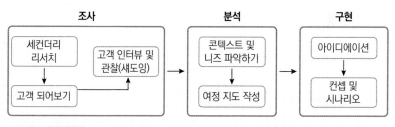

프로세스 운영 방안

지금부터 '새로운 세대 이해하기' 프로젝트에서 수행한 3단계 서비스 디자인 씽킹 프로세스를 하나하나 살펴보자. 주요 포인트 중심으로 단계별 프로세스 활동과 함께 어떤 실무 요소를 놓치지 않고 반영해야 할지 알아본다.

거듭 강조하지만 처음부터 프로세스 과정과 시간을 단축하기보다는 가급적 그대로 실천하려는 노력이 우선해야 한다. 그러나 각자의 프로세스 운영 여건을 점검해보고 주어진 조건과 환경을 반영하여 진행 가능한 영역부터 먼저 실천하는 것도 중요하고 의미 있는 활동이다. 따라서 여기서는 실천의 중요성을 중심으로 프로세스를 더 빠르고 더 간결하게 진행하도록 재구성하는 데 초점을 맞추었다.

Project 소개

현실에는 의지만으로는 어쩔 수 없는 여러 제약이 있다. 그렇다 보니 프로세스를 빠짐없이 수행하고 싶어도 제한적인 진행만 가능할 때가 흔하다. 서비스 디자인 씽킹도 마찬가지다. 서비스 디자인 씽킹 프로세스를 접한 누군가는 혁신이 필요한 실무에 관련 활동을 서둘러 반영하고 싶을 것이다. 그러나 대부분의 프로젝트는 혼자만의 힘으로 진행되지 않으며 함께 업무를 수행하는 팀 동료의 동의가 필요하다. 그러나 모두의 상황과 생각이 다르므로 의견을 하나로 모으는 것부터 실무에 변화를 만들어내기까지 까다롭지 않은 일은 없다. 그 과정에서 우려되는 이런저런 활동과 요소를 제외하다 보면 결국 이도 저도 아닌 시도가 되고 만다.

먼저 조급함에 문제를 성급하게 다루거나 해결 방안을 예단해 한 번에 실행하려 들지 말아야 한다는 점부터 기억하자. 그리고 프로세스를 실행하며 늘 염두에 두어야 할 부분을 다시 한번 떠올려보자. 더 빠르고 더 간결한 프로세스가 절실한지 생각해본 후 정말 서비스에 필요하다고 생각되면 어떤 자세로 접근하여 실행할지 살펴보아야 한다.

더 빠르고 더 간결한 과정의 목표는 실행이다

모두가 만족할 만한 수준으로 서비스 디자인 씽킹 프로세스를 진행하려면 적어도 두세 달가량 시간이 소요된다. 프로젝트를 시작하여 문제를 정의하고 조사하는 데 대략 한 달, 사람의 니즈를 분석하고 인사이트를 종합하는 데 2주 이상, 아이디에이션을 거쳐 새로운 모델을 발전시키는 데 한 달 정도 걸린다.

하지만 실무 담당자 입장에서 두세 달 또는 그 이상의 기간이 걸린다는 의견을 그대로 받아들이기란 현실적으로 쉽지 않다. 대부분 예산은 물론 인력 운영까지 여러 생각을 하게 될 것이다. 이뿐만 아니라 서비스 디자인 씽킹 프로세스가 낯선 조직이라면 현실을 크게 거스르지 않으면서 활동 진행과 의사결정 과정이 부드럽기를 더욱 바랄 것이다. 이와 같은 이유로 현업 상황이 반영된 압축된 방법이 필요하다.

물론 기존의 서비스 디자인 씽킹 과정을 빠르고 간결한 프로세스로 완전히 대체할 수는 없다. 방법론이 제안하는 활동을 충분히 진행할 때 우리가 원하는 혁신의 결과를 얻을 가능성이 높아지는 것 또한 분명하다. 그러나 모든 환경이 만족스럽게 갖추어지기를 기다린다면 실무 현장에서는 시작조차 어려울 수 있다. 어쩌면 가능성만 반복해 점검하다가 유사 사례들이 먼저 공개되어 서비스를 본격화할 타이밍을 놓치게 될 수도 있다. 그러니 새로운 시도를 망설이거나 무작정 기다리지 말자. 특히 '프로세스를 실제로 진행했는지', '스스로 방법론을 활용할 수 있는지', '결과를 도출하고 경험을 축적했는지' 등 프로세스 활용 관점에서 요구되는 내용은 이론이 아니라 현장 속 실천을 통해서만 학습하고 축적할 수 있다.

모바일 금융 기업 토스는 원론적인 방법을 고집하기보다는 조사 관점을 유지하되 정성 조사 활동을 운영하며 압축된 프로세스를 운영하는 등 유연하게 프로세스를 진행했다. 즉, 더 좋은 서비스와 제품을 만들고 싶다면 할 것인지 말 것인지 무겁게 고민하기보다는 조금 가벼운 방법으로 프로세스를 당장 실천해보는 것이 더 중요하다.

작지만 실천할 수 있는 활동부터 진행한다

새로운 방법론의 도입과 실천 과정에서 발빠르게 확보해야 하는 것이 있다. 바로 새로운 방법론을 기반으로 성공 사례를 만드는 것이다. 그 무엇보다 방법론의 '실행'이라는 측면에 초점을 맞추어야 한다. 이를 위해서는 크고 중요한 일을 쫓기보다는 작지만 나에게 또는 팀에게 상당 부분 권한이 주어진 일을 수행하는 게 유리할 수 있다. 진행할 수 없다며 체념하고 그냥 멈추기보다는 실천 가능한 영역에서 의미 있는 결과를 만들어 확대해나가는 편이 설득력을 얻기에도 유리하다.

프로세스가 제안하는 모든 활동을 다루어야 한다는 부담을 가지고 있다면 조금 더 유연하게 바라보자. 특히 자원이 한정되어 있다면 모든 단계를 진행하고자 무리하지 말자. 현재 상황에서 할 수 있는 활동이 무엇인지 팀과 함께 상의하고 그중 몇 가지를 선택하여 진행 방향을 정하는 일이 먼저다.

성공에 대한 정의도 필요하다. 방법론을 수행하여 얻을 수 있는 결과를 팀과 함께 의논하자. 물론 처음부터 큰 성과를 얻고 싶을지 모른다. 그러나 성과의 크기에 집착하기보다는 변화의 모습을 분명히 확인할 수 있는 유의미한 결과와 확보 방법에 집중해야 한다. 반드시 확보하고 싶은 결과와 성공이라고 판단할 기준을 팀과 함께 논의하여 선택하고 성취 수준도 결정하자.

함께 하는 사람의 지지와 공조가 중요하다

프로젝트 대부분은 여러 사람이 모여 팀 단위로 진행된다. 특히 서비스 디자인 씽킹 프로세스는 혼자가 아닌 함께하는 활동을 강조한다. 프로세스에서 중요하게 다루는 공동창작도 다양한 이해관계자가 능동적으로 참여하고 협업할 것을 강조한다.

'개인보다는 여러 사람이 함께'라는 부분을 충분히 이해하더라도 현실 적용에 까다로움을 느끼고 실행을 망설이는 경우가 있다. 방법론 도입은 조직 규모가 클수록 더 어렵게 느껴진다. 그러나 앞서 살펴본 것처럼 실행하는 것이 중요하고 작더라도 분명한 성과를 얻는 것이 필요하다. 따라서 자신이 속한 기업이나 기관 전체가 고객 중심의 방법론을 지향하지 않더라도 실무 팀 단위로 실행하여 의미 있는 결과와 성취를 만드는 일은 중요하다. 큰 단위의 움직임을 고민하기보다는 접근 가능한 범위의 팀이 새로운 프로세스를 함께 도입하고 기존과 다른 결과를 도출해낼 수 있다는 믿음을 가지는 것이 우선 필요할 수 있다.

또 다른 어려움은 방법론에 대한 믿음이 사람마다 다를 수밖에 없다는 사실이다. '이렇게 좋은 방법이 있는데 왜 다들 몰라주고 부정적으로 반응할까?'라고 생각할 수도 있다. 그러나 사람의 생각과 경험은 저마다 다르므로 프로세스를 진행하며 결과를 분명히 확인하고 활동에 따른 만족감을 직접 느낄 시간이 필요하다. 그러한 과정을 거쳐 팀 내 믿음은 점차 뚜렷해지고 생각도 맞춰질 수 있으며, 이를 바탕으로 더 큰 범위의 조직으로 영향력을 확대할 수 있다. 그러니 조급해하지 말자.

조직 의사결정에 따라 탑다운 형식의 지시로 접근할 때도 신뢰를 쌓는 시간이 반드시 필요하다. 서비스 디자인 씽킹은 사람을 중심에 두고 여러 이해관계자와의 관계를 중요하게 다룬다. 탑다운 접근이라 해도 사람 중심의 활동이 왜 중요하고 어떤 변화가 가능한지 등에 대한 공감대 형성이 필요하다. 강요에 의한 자발적 활동이란 존재하지 않는다. 기계적 수행으로는 정성 활동이 가진 여러 측면을 충분히 반영하기 어렵다. 탑다운 접근으로 좋은 방법론을 제시하되 이를 반영할 수 있는 환경을 제시하는 것 이상으로 활동을 수행할 사람들의 공감이 더 중요할 수 있다는 점을 기억하자.

더 빠르게 실행하고 실천할 수 있는 활동을 중심에 두고 참여자의 지지를 확보해야 한다는 접근 태도를 다시 한번 상기했다면, 이제 더 빠르고 간결한 방법론을 본격적으로 살펴보자. 어떻게 접근하고 어떤 활동을 해야 할지 단계별 과정을 순서대로 살펴보자.

3.2 빠르고 간결한 접근법 1 공감하기

접근법 1 은 '공감하기'다. 이 단계는 프로세스 시작하기, 고객 만나기 전 준비하기, 고객 직접 만나기 활동으로 구성된다. 고객을 만나 이해하고 발견하는 과정으로 맥락 속 의미를 찾는 활동이며, 6단계의 서비스 디자인 씽킹 프로세스에서 '이해하기'와 '관찰하기' 단계의 활동이 반영되어 사회과학적 접근으로 구성된다.

'공감하기'에서 가장 중요한 것은 고객을 만나서 그들의 이야기와 행동을 관찰하는 조사 활동이다. 시장의 변화를 파악하려면 정량 조사를 통해 숫자 중심의 통계적 접근을 할 수도 있지만, 여기서는 고객의 이야기를 바탕으로 '왜'라는 측면에 집중해 드러나지 않은 사람들의 이유를 밝혀 변화의 실마리를 찾는 데 집중해야 한다. 조사 활동을 기반으로 고객에게 어떤 문제가 있는지, 그들은 어떤 행동을 하는지, 문제 해결 방법으로 고객이 찾은 대안은 무엇인지 등을 살펴보아야 한다.

활동 1 : 프로세스 시작하기

전체 프로세스의 준비 단계다. 프로젝트의 방향을 명확히 하고, 사전 조사 활동을 기반으로 프로젝트를 이해하고 몰입하게 된다. 주요 활동은 '핵심 질문 정하기', '세컨더리 리서치', '고객 되어보기'다.

첫 번째 '핵심 질문 정하기'는 프로세스를 통해 해결하고 싶은 핵심 질문을 정하는 작업이다. 프로젝트 주제를 확인하고 프로젝트 범위와 해결하고 싶은 핵심 질문 등을 빠르게 파악해야 한다.

① 존재하는 정보를 기반으로 프로젝트의 주제를 확인한다. 이때 미리 제시된 프로젝트 범위, 결과에 대한 기대 수준 등을 함께 점검한다.

② 프로젝트 주제를 확인한 후 무엇을 해결해야 할지 의논한다. 해결 방법을 찾아야 하는 이슈를 나열하고 2~3개의 질문으로 묶어 핵심 질문Key Questions을 정한다. 그리고 핵심 질문의 답을 찾으려면 무엇을 알아야 하는지 논의하여 목록To-Know List으로 정리한다.

③ 정리된 '프로젝트 주제', '핵심 질문', '질문의 답을 얻기 위해 알아야 할 목록'을 두고 빠르고 간결한 프로세스로 수행할 수 있는지 의논한다.

④ 팀이 생각하는 프로젝트 범위, 조사 범위와 대상, 산출물의 형식

등을 프로젝트 관련 이해관계자에 공유하고 필요한 부분을 협의하여 명확히 한다. 새롭게 프로세스를 도입할 때 이해관계자는 흔히 과도한 기대 또는 무관심으로 반응한다. 이런 경우 프로세스가 목표로 하는 지향점과 함께 프로젝트의 범위와 예상 결과를 분명히 설명하고 의견을 조율해야 한다.

두 번째 '세컨더리 리서치Secondary Research'는 2차 조사를 의미하며 데스크 리서치Desk Research로도 불린다. 노트북이나 태블릿 등을 이용해 프로젝트가 다루는 문제 중심으로 공개된 자료에서 외부와 내부 상황을 폭넓게 간접 조사하여 빠르게 파악하는 활동이다.

① 최근에는 공개 조사 보고서에도 설문과 같은 정량 조사를 실시하며 '예'나 '아니오'와 같이 구조화된 대답을 얻는 닫힌 질문(폐쇄형 질문)의 결과뿐 아니라 자신의 이야기를 자신의 방식대로 말할 수 있는 열린 질문(개방형 질문)을 적절히 활용한다. 또한 간단한 인터뷰를 함께 진행하여 보완한 부분을 함께 소개하기도 한다. 이런 자료를 찾았다면 어떤 고객의 코멘트를 중요하게 다루고 기록해두었는지 주의깊게 살펴보자. 단, 정성 조사의 내용을 포함하더라도 설문조사는 문항에 이미 가설과 의도가 반영되는 경우도 적지 않다는 점을 잊지 말자.

② 세컨더리 리서치 과정에 프로젝트 대상 산업의 프리커서Precursor(선도제품) 조사를 진행한다. 프리커서 조사를 통해 주제와 관련한 시장의 전반적인 상황과 향후 진화 방향을 점검하고, 존재하는 서비스를 살펴보며 혁신 아이디어의 실마리에 집중할 수 있다.

③ 프로젝트와 관련된 활동이 내부에서 이미 진행된 적이 있는지 검토해보자. 만약 진행하거나 검토한 이력이 있다면 프로젝트 내부의 노력과 함께 전체 전략을 다루거나 의사결정을 관리하는 조직의 도움을 받자. 관련 보고서, 워크숍 등의 진행 내용 및 산출물을 받아서 확인하자. 프로젝트에 도움이 되는 실마리를 얻는 것만으로 의미가 있다.

세컨더리 리서치　세컨더리 리서치는 온오프라인에 공개된 다양한 자료 중심으로 진행되는 조사 활동이다. 데스크 리서치라고도 부르며 적은 비용으로 필요한 데이터를 수집하여 활용할 수 있다. 단, 정보를 너무 많이 수집해 내용을 파악하는 데 어려움을 겪을 수 있으니 주의가 필요하다.

세 번째 '고객 되어보기Be The Customer'는 프로젝트에서 다룰 제품이나 서비스를 고객 입장이 되어 직접 체험해보는 활동으로, '고객의 신발로 걸어보기Walking In The Customer's Shoes'나 '다른 사람의 관점에서 바라보기Get The Other Person's Point Of View'라고 부르기도 한다. 프로젝트 담당자가 제품이나 서비스를 실제로 체험해보는 일은 당연하게 생각되지만, 의외로 직접 체험을 건너뛰고 사무실 안에서 자료를 읽은 것으로 대신한 뒤 알고 있다고 생각하는 경우가 흔하다. 고객을 만나기 전에 제품이나 서비스를 고객의 입장에서 직접 체험했는지 여부에 따라 조사 과정의 질문 내용과 고객 답변에 대한 이해가 다를 수밖에 없다. 서비스 디자인 씽킹은 늘 '공감'을 기반으로 '직접 행동'할 것을 강조한다는 점을 기억하자.

① 고객 되어보기는 상황에 따라 유연하게 진행한다. 다음 활동 템플릿을 참조하자.

고객 되어보기	
제품·서비스명	관찰 일시
사용 환경 및 구성요소	
제품·서비스 단계별 사용 과정	
○ 고객 입장에서 독특한 부분	○ 아이디어/사진/스케치
○ 고객 입장에서 몰랐던 부분	
○ 고객 입장에서 불편한 부분	

고객 되어보기 템플릿 활동에 필요한 내용이 반영된 템플릿을 활용하면 고객 입장에서 관찰한 내용을 손쉽게 작성 가능하며, 고객 조사 준비 과정의 인터뷰 질문지 작성에도 참조할 수 있다.

② 고객 되어보기는 고객 직접 만나기와 이어져 공감의 시선으로 문제를 바라볼 수 있게 하며, 그렇지 않을 경우 현실과 거리를 둔 판단으로

오히려 상황을 왜곡할 수 있다. 특히 고객 되어보기 활동에만 의존한 판단은 고객 대신 자신을 깊이 대입한 상상에 가까운 생각을 공감이라고 착각하게 할 수 있으므로 주의해야 한다. 고객 되어보기는 공감 활동의 시작으로 고객을 직접 만나는 활동과 연결될 때 더욱 인사이트를 가짐을 기억하자.

활동 2 : 고객 만나기 전 준비하기

프로세스 시작하기 과정에서 확인한 내용을 바탕으로 고객을 직접 만났을 때 무엇을 할 것인지 정하자. 여기서 진행할 주요 활동은 '고객을 만나기 위한 사전 활동'과 '고객 조사 준비'다.

첫 번째 '고객을 만나기 위한 사전 활동'은 어떤 사람을 몇 명 만나고 그들을 어디에서 찾을지 등을 확인하는 과정이다. 조사 대상자는 막연한 어떤 사람이 아닌 우리와 이야기할 내용을 가진 사람이어야 한다. 특히 혁신의 관점이 필요한 프로젝트의 경우, 평범한 고객보다는 서비스와 관련된 다양한 경험을 가지고 자신만의 노하우와 해결 방법을 소개할 수 있는 사람을 만나는 것이 좋다.

① 마법의 숫자 '5'와 함께, 한 사람이라도 만나는 것이 중요함을 다시 한번 기억하자.

• 마법의 숫자 '5'는 다섯 명을 인터뷰하면 85%의 문제가 비교적 일관되게 발견됐다는 제이콥 닐슨의 연구 분석 내용이다. 구글 벤처스의 디자인 스

프린트Design Sprint 등에 반영되어 있다.

- 빠르게 수행하는 프로세스에서는 다섯 명을 만나는 것만큼 한 사람이라도 반드시 만나는 것이 중요하다. 한 사람만 만나도 전체 문제의 25%가량을 확인할 수 있기 때문이다.

② 만날 조사 대상자의 조건을 정하고 사람을 찾아야 한다. 일단 주위를 살펴보자. 주위 사람에게 이야기하고, 온라인에서의 관계를 살펴보고, 오프라인에 직접 나가자.

- 예산이 충분하거나 조사 대상자의 섭외를 미리 계획했다면 리서치 회사에 리쿠르팅을 의뢰하여 원하는 조건에 맞는 사람을 정확히 섭외할 수도 있다. 다만 의뢰 과정에 짧지 않은 시간이 걸리거나 예상보다 큰 비용이 들기도 한다. 이 방법은 서비스 디자인 씽킹 프로세스 전체를 충실히 진행할 때 적합한 경우가 많다. 지금 살펴보는 방법은 '빠르고 간결하게'가 핵심 전제이므로 상황을 적절히 고려하여 방법을 선택하자.

- 여전히 공감 단계에서 오프라인 활동을 선호하는 경우가 많지만 온라인 활동을 선택할 수도 있다. 온라인 진행은 운영 시간 및 이동 거리 등에 제약을 받지 않고 조사 대상 범위를 확대하기에도 비교적 편하다. 그러나 빠르고 간결한 활동이 수월한 운영을 의미하는 것은 아니므로 운영상 편할 것이라 짐작하며 가볍게 온라인을 선택해선 안 된다. 플랫폼과 장비에 영향을 받는 온라인과 달리 오프라인은 운영과 결과 확보에 익숙하고 그만큼 더 명확한 산출물을 확보하기 쉽다. 이뿐만 아니라 온라인 진행에 응답자가 얼마나 자연스럽게 집중하느냐도 관건이다. 결국 오프라인과 온라인 활동의 다양한 측면을 살펴보고 신중하게 선택해야 한다.

• 온라인 커뮤니티 활동을 유심히 관찰하는 것은 중요하다. 온라인 커뮤니티에서는 각자 경험을 이야기하고, 정보와 의견을 공유하며, 다른 사람의 생각에 공감하는 활동이 일어나므로 여러 면에서 포커스 그룹 인터뷰* 내용을 확인하듯 살펴볼 수도 있다. 사용자가 무엇에 관심이 있고 어떤 변화를 원하는지 현시점으로 확인할 수 있다는 점 또한 유사하다. 이뿐만 아니라 커뮤니티에서 활동하는 사람들은 조사 목적으로 초대된 사람이 아니므로 비교적 꾸밈없고 솔직한 표현을 확인할 수도 있다. 물론 온라인 커뮤니티의 관찰이 포커스 그룹 활동을 완전히 대체할 수는 없다. 온라인 커뮤니티는 목표나 일정보다는 자유로운 흐름이 주가 되고 별도의 진행자가 특정 주제에서 벗어나지 않도록 관리하지 않는 등 정형화된 좌담회와는 분명 차이가 있다. 그러나 온라인 커뮤니티 활동의 관찰은 회의실에 갇혀 사람들의 관심사와 목소리에서 멀어지지 않는 데 도움이 된다. '사무실 밖으로 나가라'를 물리적 공간에서 벗어나 온라인에서 실천할 수 있다는 점에 의미를 부여하고, 각자가 속한 산업 관련 주요 커뮤니티의 흐름을 놓치지 않도록 하자. 이처럼 온라인 커뮤니티에 참가하거나 관찰하며 사람들의 활동과 상호작용을 탐색하는 조사 방법을 온라인 에스노그라피Online Ethnography 또는 디지털 에스노그라피Digital Ethnography라고 부르기도 한다.

③ 고객 조사 활동에 몇 명이 참여하고 어떤 역할을 수행할지 미리 분명히 정해야 한다. 조사 인원은 너무 적으면 진행이 원활하게 되지 않고, 반대로 너무 많으면 고객이 부담스럽다. 조사 대상자가 자연스럽게 반응할 때 날것 그대로의 현장감 있는 이야기를 들을 수 있다.

---

* Focus Group Interview. 특정 주제에 대해 소규모 집단을 대상으로 진행하는 조사 방법

- 우선 부득이한 상황이 아니면 혼자 나가는 것을 피하자. 혼자서 인터뷰를 진행하고 내용을 기록하고 사진을 찍는 등 여러 행동을 동시에 수행하기란 버겁고 활동의 완성도도 떨어진다. 조사하는 인원은 가급적 네 명이 넘지 않게 하자. 처음 만나는 사람들에게 둘러 싸여 평소처럼 편하게 이야기할 수 있는 사람은 그리 많지 않다.

- 고객 조사 활동을 진행하기 전에 참가 인원 각자가 어떤 역할을 할지 분명히 정해야 한다. 인터뷰는 질문하고 답하는 상호 대화 기반의 조사 방법이다. 인터뷰 활동의 기본 구성은 진행자, 기록자, 촬영자다. 한 사람이 한 가지 역할만 진행할 때도 있고 두 가지 이상을 함께 수행할 수도 있다. 따라서 누가 무엇을 할지 미리 정하고 각자 역할을 명확히 알아야 인터뷰를 매끄럽게 진행할 수 있다.

두 번째 '고객 조사 준비'에는 고객과 약속 잡기, 조사에 필요한 질문지 준비하기가 있다. 고객은 언제든 마음을 바꿀 수 있다. 때로는 조사 당일에 고객의 마음이 바뀌기도 한다. 따라서 고객과 일정을 잡을 때는 그들이 우리에게 얼마나 중요하고 소중한 인물인지 느껴지도록 최선을 다해야 한다.

고객을 만나서 인터뷰할 때 꼭 물어보아야 할 주요 질문을 중심으로 도입·진행·마무리로 구성된 질문지를 만든다. 조사하고 싶은 내용에 맞추어 더 중요한 질문이 뒤에 배치되도록 순서를 구성한다. 질문은 미리 내용과 순서를 구성하여 사전에 치밀하게 준비한다. 이를 위한 질문지 또는 인터뷰 가이드를 미리 만들어야 하는데, 질문지가 잘 작성되고 있는지 확인할 때는 듣는 사람의 입장에서 생각해보는 것이 중요하다. 그리고 인터뷰 흐름에 맞춰 관찰할 내용도 함께 작성해둔다.

① 도입 부분은 진행자의 안내와 조사 대상자의 자기 소개로 구성된다.

- 인터뷰 내용은 무엇이고 어떤 자세로 참여하면 좋을지 진행 시간과 주의 사항은 어떠할지 등 진행자 관점에서 안내할 내용을 설명한다.
- 조사 대상자에게 본인 소개, 생활 패턴, 주위 환경, 관심사, 인터뷰 주제와 관련된 경험 등의 소개를 부탁한다.

② 진행 부분은 주요 질문을 중심으로 인터뷰하고 관찰한다.

- 일반적인 질문으로 시작해 점점 구체적으로 묻는 것이 좋다. 따라서 초반에는 고객이 조사 주제에 자연스럽게 몰입하도록 돕고, 시간이 흐르면서 주제와 직접적으로 연결된 질문을 구성하는 것이 자연스럽다.
- 인터뷰를 통해 고객의 행동과 전반적인 생각, 좋은 경험과 나쁜 경험, 불편한 부분과 필요한 부분 등을 확인해야 한다. 이때 인터뷰 흐름은 고객 여정을 파악하도록 전개되어야 한다. 즉 제품과 서비스를 사용하는 일련의 과정을 확인해야 한다. 여기서 과정은 사용 전과 후를 포함하는 전체 과정을 뜻한다. 그리고 주요 질문을 묻고 나서 세부 질문을 확인하는 순서가 자연스럽다.
- 고객 관찰은 인터뷰 질문의 흐름에 맞춰 운영하거나 인터뷰를 모두 마치고 진행한다. 고객의 이야기가 실제 행동에서 어떻게 나타나는지, 이야기로 풀기 어려워 넘어간 행동은 무엇인지, 무의식 중에 나타나는 부분은 없는지 등을 확인한다. 그리고 관찰 과정에서 살펴본 내용을 바탕으로 필요한 부분을 추가로 질문한다.

③ 마무리 부분은 미처 확인하지 못했거나 진행 과정에서 찾은 질문을 다룬다.

- 인터뷰를 하기 전 고객이 질문받을 거라 생각한 내용은 무엇인지 확인해야 한다. 우리가 중요하다고 생각한 내용보다 고객 스스로 생각한 불편이나 필요가 무엇인지 확인할 수 있다.

인터뷰 질문지

프로젝트 :

○ 도입
"오늘 인터뷰는 OO에 대한 경험과 생각을 듣고자 합니다. 정답은 없으므로 편하게 얘기하시면 됩니다."

"오늘 인터뷰는 OO 시간 동안 진행될 계획입니다."

"인터뷰를 시작하기 전에 간략하게 개인 소개를 부탁드립니다."

○ 진행
- 일반 질문(주제에 대한 넓은 범위 내용에서 점차 구체적으로 연결)

- 주요 질문(제품·서비스 사용 과정, 생각과 느낌, 좋은 경험, 불편한 경험과 대처 방법)

- 관찰 활동(실제 행동 및 사용 환경 관찰, 이야기로 풀기 어려운 부분 확인)

○ 마무리
"OO에 대해 질문할 거라 생각한 부분이나 추가 의견을 자유롭게 이야기해주세요."

- 추가 질문이나 인터뷰 흐름상 건너뛴 질문 등에 대한 확인 후 인터뷰 종료

인터뷰 질문지 템플릿　인터뷰 목적에 따라 주요 질문 중심으로 순서와 시간을 배치하여 프로젝트에서 파악하려는 내용을 현장에서 확인하도록 제작한다.

④ 인터뷰를 한 시간 정도 진행할 때 뼈대가 되는 주요 질문은 5~8개가 적절하다. 이를 기준으로 상황에 따라 주요 질문과 엮인 세부 질문을 조절하고 추가 질문을 준비한다. 조사를 준비하며 뼈대가 되는 주요 질문을 어떻게 구성할지 참조하고 싶다면, 신디 앨버레즈가 《린 고객 개발》에서 제안한 인터뷰 기본 질문을 살펴보자.

1. 오늘 OOO을 어떻게 하셨는지 말씀해주십시오.

2. OOO을 완료하기 위해 사용하시는 도구/제품/앱/요령이 있습니까?

3. 만약 모든 문제를 해결할 수 있는 마법 지팡이가 있다면 어떤 문제를 해결하겠습니까?

4. 마지막으로 OOO을 하셨을 때 그 일을 시작하기 직전에 무엇을 하고 계셨습니까? 그 일을 마치고 나서는 무엇을 하셨습니까?

5. OOO에 대해 제가 더 여쭤봤으면 하는 것이 있습니까?

⑤ 인터뷰를 돕는 적절한 보조 도구를 챙겨야 한다. 특히 아직 조사 진행 활동에 익숙하지 않거나, 인터뷰 대상자가 소극적이거나, 대화할 준비가 충분히 되지 않은 경우 등과 같은 현장 상황에서 보조 도구는 특히 도움이 된다. 거창한 무엇이 아니라 이야기의 실마리를 풀어갈 대화거리를 준비하자.

• 조사 대상자가 낱말이나 사진을 고른 후 왜 그것을 선택했는지 물으며 대화를 풀어가는 방법이 자주 활용된다. 이야기를 더 부드럽게 진행할 수 있

고 답변자의 속마음도 자연스럽게 파악할 수 있다.

- 우리가 생각하는 주요 키워드를 적절한 단어나 그림으로 만든 몇 장의 카드로 직접 제작하여 선택하게 할 수 있다. 직접 제작하지 않을 경우 시중에 판매하는 낱말 카드를 이용하거나 또는 사진이 많이 포함된 잡지를 준비하여 주제와 관련된 내용을 선택해달라고 요청할 수 있다. 사진 연구Photo Study 방법과 유사하므로 필요 부분은 참조하여 활동에 반영하자.

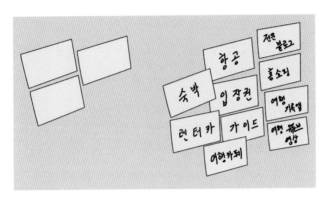

보조 도구로 키워드 카드 활용하기 조사 대상자가 인터뷰에 익숙하지 않을 때를 대비해 보조 도구로 키워드 카드를 준비하면 좋다. 키워드 카드를 선택하고 배치하고 그룹별로 구분하는 활동은 하고 싶은 이야기와 생각을 정리하고 표현하는 데 도움이 된다. 이때 미리 작성된 카드 외 반드시 빈 카드를 준비하자. 조사 대상자가 빈 카드를 직접 작성하는 과정을 통해 더 적극적인 인터뷰 활동 참여를 끌어낼 수 있다.

활동 3 : 고객 직접 만나기

'고객 직접 만나기'는 고객을 만나서 인터뷰를 진행하고 그들을 관찰하는 조사 활동과 현장에서 조사 내용을 정리하는 작업까지 포함한다.

‘고객 인터뷰 진행’과 ‘조사 내용 현장 정리’로 나누어 살펴보자.

첫 번째 ‘고객 인터뷰 진행’은 고객을 직접 만나는 ‘공감하기’ 단계의 핵심 활동이다. 고객을 만나는 시간은 인터뷰 상황, 진행자의 숙련도, 인터뷰 대상자의 성향 등 여러 요소에 따라 다르다. 여기서는 도입에 10분, 진행에 40분, 마무리에 10분, 총 1시간 구성으로 소개한다.

① 도입은 진행자 안내 5분, 인터뷰 대상자 소개 5분 정도로 분배한다. 이 과정에서 진행자는 정해진 답을 확인하는 것이 아니라 인터뷰 대상자의 생각을 경청하고 공감하는 것이 인터뷰 목적이라는 점을 인터뷰 대상자에게 충분히 안내해야 한다.

- 도입 과정에서 인터뷰 대상자가 우리의 문제를 잘 알고 있으며 해결의 실마리를 가지고 있다는 자신감을 얻게 해야 한다. 인터뷰 대상자가 자신감을 가지고 진행 단계에 임할 때 현장감 있는 이야기를 충분히 들을 수 있다.

② 진행은 인터뷰 30분, 관찰 10분 정도로 나눈다. 인터뷰 도중 필요할 때마다 관찰이 진행될 수 있으므로 현장 상황에 따라 적절히 운영하는 것이 중요하다.

- 인터뷰는 준비한 질문을 순서대로 질문하는 것이 목적이 아니다. 인터뷰 대상자가 가진 ‘왜’에 대한 내용을 얻는 것이 핵심이다. 특히 인터뷰 과정에 익숙하지 않다면 의식적으로 ‘왜’라는 요소를 떠올려 반영하자.
- 인터뷰 대상자의 이야기를 듣는 것이 인터뷰 활동의 대부분을 차지해야 한

다. 특히 섣불리 인터뷰 주제를 아는 척하지 말자. 인터뷰 대상자가 스스로 대답을 제한해 표현하지 않는 부분이 생긴다. 그리고 만약 인터뷰 대상자가 질문을 다르게 해석하고 대답했다면 질문의 의미를 설명하거나 설득하려 하지 말고 그렇게 생각한 이유를 묻고 확인하자. 별도로 만나서 진행하는 인터뷰 자리에서 의미 없는 고객 이야기는 없다.

- 언어 외적인 부분에서도 관찰 활동을 진행한다. 관찰 활동을 원활하게 진행하려면 사전 준비가 필요할 수 있다. 예를 들어 인터뷰 중에 인터뷰 대상자가 앱 서비스를 어떻게 사용하는지 확인하려면 사전에 인터뷰 대상자의 기기에 앱이 설치되어 있는지 확인하자. 배터리 충전 상태, 와이파이 사용 유무 등 사소한 준비가 잘되어 있어야 조사 과정에서 실제 모습을 확인할 수 있다.

③ 마무리 10분은 진행 중 부족한 부분을 채우는 데 활용한다. 특히 관찰 활동은 현장 활동이 존재하므로 추가로 확인이 필요하거나 아쉬운 부분이 있었다면 이 시간을 적극적으로 이용하자.

- 인터뷰 중 인상적이던 이용 장면, 직접 관찰하기 어려웠던 실제 사용 환경 등이 있다면 놓치지 말고 사진이나 영상으로 전달받을 수 있게 요청한다.
- 인터뷰 마무리 단계에 진행자가 먼저 마음을 놓고 집중력을 낮추면 안 된다. 의외로 인터뷰 대상자는 완전히 헤어지기 전까지는 인터뷰 주제에 의견을 전해야 한다는 책임감을 놓치 않는다. 그래서 작별 인사 중에도 예상치 못한 단서를 전하기도 한다.

④ 관찰로 인터뷰 대상자가 말하지 않았거나 하기 어려운 부분에서 단서를 찾아낼 수 있다. 특히 인터뷰 대상자 입장에서 사소하게 느끼거나 의식하지 못하는 부분이나 습관을 주의 깊게 살펴보자.

- 인터뷰 과정과 구분 없이 진행되는 관찰 활동이라면 인터뷰 대상자의 비언어적 행동을 놓치지 않도록 노력한다. 인터뷰 대상자의 소지품을 살펴보며 꼭 필요한 것과 이유를 확인하는 것도 도움이 된다. 모바일 서비스 관련 프로젝트가 아니더라도 스마트폰을 사용하는 모습은 확인하자. 주로 이용하는 앱의 종류와 사용 패턴 등을 통해 여러 실마리를 찾아낼 수 있다.

- 간단히라도 별도의 관찰 활동을 진행하면 더 많은 내용을 발견할 수 있으므로, 인터뷰 대상자에게 별도 관찰을 진행할 수 있는지 반드시 확인하자. 가능하다면 고객을 따라다니며 행동을 살펴보는 섀도잉Shadowing 같은 관찰 활동을 짧게라도 진행해보자. 이때 관찰자가 느껴지지지 않도록 존재감을 줄이는 것이 중요하다.

⑤ 고객과 조사를 진행하며 기억해야 할 기본 자세는 무엇일까? 여러 가지가 있겠지만 적어도 다음 내용은 잊지 말고 반드시 기억하자.

- 인터뷰의 바탕은 경청이다. 짧게 묻고 길게 듣고 답변 도중에 끼어들지 말자.

- 확인이 필요하면 '왜'라고 직접 이유를 물어 구체적인 내용을 끌어내자.

- 예시를 주기보다는 구체적인 경험을 이야기하게 하자.

- 질문에만 집중해 인터뷰 대상자를 관찰하는 부분을 놓치지 말자.

- 고객의 답변과 행동은 요약하거나 각색하지 말고 그대로 옮겨 기록하자.

고객 직접 만나기 고객을 만나서 인터뷰하고 관찰하는 활동은 '공감하기' 과정의 핵심이다. 막연히 현장에 나가는 것이 아니라 고객 만나기 전부터 인터뷰와 관찰 활동을 진행하고 조사 내용을 현장에서 정리하는 일련의 활동을 짜임새 있게 준비해야 한다. 고객 직접 만나기는 그림처럼 인터뷰 진행자 외 촬영 및 노트 기록 등을 담당하는 인원이 함께 활동을 수행하여 고객의 말, 행동, 분위기 등을 빠짐없이 반영한다. 인터뷰 진행 전에 조사 대상자에게 촬영과 녹음에 대한 사전 허가를 반드시 받아야 한다는 점도 기억하자.

두 번째 '조사 내용 현장 정리'는 현장의 느낌이 생생하게 살아 있을 때 고객으로부터 확인한 내용을 일차로 정리하는 작업이다. 조사 내용을 빠르게 정리하려면 인터뷰 과정을 어떻게 기록할지에 대한 기준을 정해야 한다.

① 인터뷰 진행자는 인터뷰 대상자의 모든 말과 행동을 기록하거나 세부 사항까지 자세히 기억하기 어렵다. 따라서 촬영과 노트 기록을 담당한 인원이 가급적 놓치지 않고 충실히 기록해야 한다. 조사 내용 현장 정리가 원활하게 진행되려면 조사 참여자 모두가 미리 정해진 역할에 따라 각자 맡은 부분을 빠짐없이 수행하는 것이 중요하다.

② 간결하게 진행하는 프로세스 특성상 조사 내용을 여러 번 정리할 시간이 충분히 주어지기 어렵다. 조사 활동의 생생함이 살아 있는 현장에서 주요 확인 내용과 특이점을 중심으로 놓치지 말고 기록하자.

- 고객을 만난 조사 내용을 포스트잇에 주로 작성하는데, 이때 종이 한 장에 내용 하나를 기록한다. 이는 조사 과정뿐 아니라 이후 진행될 어피니티 다이어그램 활동 등 다음 단계의 효율적 수행에도 도움이 된다. 또한 조사 기록 내용은 섣부른 해석 없이 가급적 사실 중심으로 작성한다.
- 시각적으로 나타낼 수 있는 부분은 적극적으로 표현하자. 그래서 표현하거나 사진으로 남기는 것만 시각화가 아니다. 포스트잇의 색상, 작성된 글자 크기 등도 리서치 내용을 분류하고 프로세스를 연결하는 시각화 요소다.

③ 포스트잇에 작성하는 대신 활동 내용을 별도 양식으로 정리하고 싶거나, 손으로 기록하지 않고 디지털 기기를 이용하는 경우라면 다음 요소로 구성된 템플릿을 미리 만들어 활용하면 도움이 된다. 특히 인터뷰 대상자의 허락하에 인터뷰 내용을 녹음한다면 진행 시간을 잊지 말고 기록해야 내용을 확인하고 정리하기 수월하다.

- 인터뷰 대상자 이름 및 간단한 프로필
- 장소 및 일시
- 인터뷰 내용(10분 또는 5분 등 적절한 단위로 끊어서 기록)
- 인상적이었던 내용

• 현장에서 떠오른 아이디어

④ 인터뷰 내용은 진행 당일에 가급적 정리한다. 고객 직접 만나기를 한 번만 진행하는 경우는 드물다. 사람의 기억력에는 한계가 있다. 인터뷰를 여러 번 진행하다 보면 기억 속에서 여러 인터뷰의 내용이 뒤섞일 수 있다. 진행한 인터뷰는 반드시 당일에 정리하자. 또한 내용을 정리할 때는 사실, 의견, 해석을 구분한다.

⑤ 작성한 인터뷰 내용을 바탕으로 조사 참여자가 함께 모여 공유하고 토론한다. 이 과정에서 추가로 나온 내용이나 조사 과정에서 떠오른 아이디어도 놓치지 말고 기록하여 더한다. 이렇게 현장 정리 활동에서 나온 산출물은 잠시 후에 다룰 접근법2 활동의 바탕이 된다.

• 현장 조사를 마친 후 조사 활동에서 각자 파악한 새로운 사실이나 흥미로운 점 위주로 팀원이 함께 공유하는 활동을 데일리 디브리프Daily Debrief라고 부른다. 관찰 내용 외 인사이트, 콘셉트, 아이디어 등이 있다면 함께 이야기한다.

• 이때 인터뷰가 조사 목적에 적절히 진행됐는지 의견을 나누는 것도 중요하며 필요한 부분은 변경하여 다음 인터뷰를 진행한다. 인터뷰 내용을 공유하며 결과로 정리하고 싶다면 인터뷰 노트 템플릿을 활용한다.

인터뷰 진행 노트

프로젝트 :

◯ 인터뷰 대상자 이름
  (프로필)

◯ 일시   장소

◯ 인터뷰 진행자   노트 작성자

◯ 노트

◯ 인상적인 내용 및 발견

◯ 아이디어

인터뷰 노트 템플릿 인터뷰 내용을 가급적 그대로 포스트잇이나 충분한 분량의 노트에 적자. 인터뷰 노트 템플릿을 사용할 때는 요약하거나 핵심만 간추려 작성하지 않도록 주의해야 한다.

주요 실무 포인트

'빠르고 간결하다'는 의미에는 일정, 인원, 예산 등의 제약이 있음을 기억하자. 프로세스 진행 여부를 가늠할 때는 이를 염두에 두어야 하는데, 특히 프로젝트 범위를 정하고 핵심 질문을 정리할 때 제약이 있음을 놓쳐서는 안 된다. 한정된 상황에서 조사 실무의 부담을 줄이려면 세컨더

리 리서치와 고객 되어보기에 공들일 필요가 있다. 우선 세컨더리 리서치를 실행할 때 이미 보유한 내부 정보를 놓쳐서는 안 된다. '새로운 세대 이해하기' 프로젝트는 20대 또는 그 이하 나이에 집중한 기업 활동이었다. 많은 기업이 20대 이하의 세대를 장기 성장 측면에서 중요한 사용자로 강조하지만, 막상 단기 활동을 고려할 땐 경제력이 약해 우선순위에서 밀린다. 그렇다보니 기존에 진행된 기업 내부 조사에서는 20대 이하만 다룬 적이 없었다. 다행히 대개의 세대 관련 조사에서 20대 이하도 한 영역을 차지해 자료를 참고할 수 있었다. 이처럼 세컨더리 리서치 중 내부 정보를 찾을 때는 프로젝트 주제뿐 아니라 그 동안 기업 활동 상황을 고려해 조사 확인 범위와 대상에 변화를 줘야할 수 있다.

특히 고객 되어보기를 수행하며 전체 과정을 반드시 경험해보는 일은 중요하다. 간결한 프로세스를 만드는 방법으로 인터뷰 대상자를 최대한 줄이려 했다면 그만큼 새로운 발견점을 찾을 기회가 더 줄어들 수밖에 없다. 대개는 팀이 궁금한 내용 중심으로 질문이나 활동을 구성했을 것이다. 환경에 제약이 있으니 어쩔 수 없다고 생각할 수도 있지만 결국 다양한 현장의 관점을 반영할 기회가 줄어든다. 고객 되어보기는 이처럼 제한된 공감 활동의 접촉 범위와 시야를 현장 기준으로 넓히는 데 도움이 된다.

현장 중심의 프로젝트를 진행하고 싶다면 반드시 고객을 만나고 관찰해야 한다. 흔히 조사 과정에 상대적으로 긴 시간을 부여하는 경우가 많다. 바꿔 말하면 과정 속 활동의 의미를 더 살펴보고 운영 측면에서 노력한다면 더 효율적으로 만들 수 있다. 이 단계에서 사소해 보이는 노력이 하나하나 모여 더 간결한 프로세스를 만들 수 있다.

조금이라도 더 쉽게 새로운 가치를 발견하고 싶다면 극단적 사용자Extreme User를 만나야 한다. 물론 정규분포의 중심에 가까운 일반 사용자를 만날 기회 만들기가 상대적으로 훨씬 쉬울 것이다. 대신 그러한 고객과의 조사 활동 결과는 알려진 문제의 재확인 정도에 머무를 때가 많다. 인터뷰와 관찰 대상자의 숫자를 줄인다면 꼭 만나서 확인해야 할 사람을 선정하는 데 최선의 노력을 기울여야 한다.

이와 함께 프로젝트 멤버 각자가 조사 과정에 무엇을 담당할지 충분히 의견을 나누고 숙지하는 시간도 소홀히 여겨서는 안 된다. 프로젝트에 참여한 경험이 있다는 이유로 '새로운 프로젝트도 다들 잘 알겠지' 생각하며 넘겨 짚어서는 안 된다. 숙련도가 각자 다를 뿐 아니라 돌발 상황이 생기면 서로 확인하지 않은 부분에서 당황하고 약속한 내용마저 놓치기 쉽다. 결국 조사 진행의 흐름을 잡는 데 계속 시간을 지체하게 되고 그 결과 조사 활동을 통해 발견하고 싶었던 것을 찾지 못할 수 있다. 예를 들어 날씨나 교통 상황 탓에 질문과 진행을 담당한 팀 멤버가 도착하지 못한다면 어떻게 조사 활동을 할 것인가? 시간과 예산의 여유가 있다면 미루거나 새로운 인터뷰 대상자를 고를 수도 있다. 그렇지 않다면 현장 조율이 필요하다. 특히 빠르고 간결한 프로세스를 진행하고 있다면 지체하기 쉽지 않다. 이때 준비 과정이 어떠했느냐에 따라서 돌발 상황이 생긴 현장 활동을 얼마나 원활하게 운영할 수 있을지가 결정된다.

현장 조사를 마친 후 팀원이 함께 있을 때가 공유하기를 실행할 적기다. 조사 과정에서 찾은 내용과 감정 그리고 순간 떠오른 아이디어는 평소 생각하지 않았던 부분이므로 휘발되기 쉽다. 시간이 흘러 이를 다시 떠올리는 데 더 많은 시간이 걸린다. 따라서 조사 직후 가급적 바로 팀원이 함께 생각을 공유하는 활동을 진행하자. 이때 각자 이야기한 내용을 포스트잇이나 약속된 템플릿에 작성하면 분석 단계를 시작하는 '발견 내용 정리하기' 활동에 바로 활용할 수 있다.

'새로운 세대 이해하기' 프로젝트에서는 먼저 세컨더리 리서치를 통해 기존 자료에서 텍스트와 이미지로 새로운 내용을 찾아냈다. 이후 현장에서 직접 20대를 만나서 언어, 행동, 관심사 등을 확인했다. 이처럼 조사 과정을 통해 접한 새로운 느낌과 공감에 기반한 이해 등은 시간이 흐르고 장소가 바뀌면 사라지거나 왜곡되기 쉽다. 따라서 이 프로젝트에서도 현장 조사 활동을 마치고 간단히라도 내용을 공유하고 각자의 의견을 교환하는 시간을 가졌다.

현장 조언 : 현장 속 공감 활동이 필요로 하는 관점과 태도를 이해하자

공감은 서비스 디자인 씽킹의 핵심 요소이다. 공감의 요소가 반영된 활동은 비즈니스 혁신과 서비스 차별화를 촉진한다. 다만 '공감'이라는 표현을 생활에서 자주 접하고 있어 별다른 노력 없이 활동에 저절로 반영될 거라고 손쉽게 생각해서는 안 된다. 사람들의 감정을 이해하고 소통하는 활동에 서비스와 비즈니스가 연결되면 복잡한 프로세스 속 주요 요소가 된다. 특히 비즈니스 상황이라는 제약은 고객의 마음을 함께 느끼고 공유하려는 노력을 더욱 까다롭게 느껴지도록 만든다. 그로 인한 부담감이 크게 느껴지는 순간 대화와 관찰 대신 자신의 머리로 상황을 서둘러 정리하고 다음 단계로 재촉하듯 움직이기 쉽다. 그러나 '공감하기'가 제대로 이루어지지 않으면 이어서 진행되는 '분석하기'와 '구현하기' 과정도 빈약한 바탕으로 인해 제대로 결과를 만들기 쉽지 않다.

포드 자동차의 임신 공감용 복대 포드의 공감용 복대는 임신부의 어려움과 요구에 잘 맞는 자동차를 만들기 위한 공감 활동 도구다. 이러한 노력이 제대로 된 타인 공감 활동으로 완성되려면 의도와 관점을 명확히 하는 것이 중요하다. '다른 사람의 관점에서 바라보기'는 편견과 성향을 버리고 사람들의 입장에 서려고 노력할 때 가능하다. 이는 대부분의 에스노그라피 연구에서 강조하는 기본 자세다.

'다른 사람의 관점에서 바라보기'는 적극적인 공감 활동을 다룰 때면 빠지지 않고 등장하며 널리 활용된다. 남성 엔지니어에게 임신 공감용 복대Empathy Belly를 착용하고 임신부의 운전 상황을 이해하고 자동차를 개발하게 했던 포드 자동차의 사례가 대표적이다. 헨리 포드는 타인의 상황에 공감하려는 적극적인 노력이 반영된 이러한 접근을 성공의 열쇠로 표현하기도 했다.

그러나 이 방법도 공감하려는 의도와 달리 타인의 관점에서 문제를 바라보지 않고 자칫하면 실험을 진행하는 자신으로 시선을 옮기게 만들

수 있다. 애덤 웨이츠Adam Waytz 노스웨스턴대 켈로그경영대학원 교수는
"잘못된 공감은 불편을 지나치게 과장할 수 있다"고 주장하며, 이를 뒷받
침하는 사례로 눈가리개를 착용하고 시력을 잃은 사람의 생활을 체험하
는 고객 되어보기 활동을 언급했다.* 이 실험에서 참가자들은 고객에 자
신을 대입하며 '시력을 잃은 사람은 어떻게 살아갈까?'가 아니라 '내가 만
일 시력을 잃으면 어떻게 될까?'로 생각했다. 그리하여 '매우 힘들다'라고
느꼈고 시력을 잃은 사람이 할 수 있는 일을 실제보다 훨씬 적을 것으로
판단했다. 고객 되어보기는 중요한 활동이지만 자신을 대입한 상상으로
변질되는 순간 고객이 처한 상황을 오판하거나 부풀릴 수 있다는 의미다.
따라서 타인에 대한 공감이 아닌 자기 자신을 기준으로 두지 않도록 주의
해야 한다.**

현장 상황은 늘 시간에 쫓기게 마련이다. 그러다 보니 프로세스를 더
서둘러 진행하고 싶다는 욕심이 늘어날수록 고객보다 자신의 가정과 생
각을 중심에 두고 이를 검증하는 쪽으로 흐르기 쉽다. 그러나 공감 활동
의 기본은 사람과 대화하고 관찰하는 것임을 기억하고 집중하자. 사람들
의 생각과 불편을 자꾸 추측하고 재단하지 말자. 프로세스 과정으로 접근
하지 않고 익숙한 생활 속 활동처럼 접근하는 순간, 우리가 필요로 하는
공감 활동이 아닌 자신의 생각을 거듭 확인하며 뻔한 제공자의 관점과 틀
에 갇히게 될 수 있음에 주의하자.

---

*   2015년 아리엘 M. 실버맨(Arielle M. Silverman)의 학술 연구 'Stumbling in Their Shoes' 인용
**《How to live & work #2. 공감》, 대니얼 골먼 외, 65쪽, 2018

3.3 빠르고 간결한 접근법2 분석하기

접근법2 는 '분석하기'다. 접근법1 '공감하기'가 고객으로부터 얻은 있는 그대로의 사실에 주로 집중했다면, '분석하기'는 고객의 맥락을 바탕으로 행동, 니즈, 불편 등을 파악하여 인사이트를 찾아내는 과정이다. '분석하기'에서는 다양한 데이터를 분류하고 연결하는 과정을 반복하여 의미 있는 정보를 찾아내는 활동을 진행한다. 6단계 서비스 디자인 씽킹 프로세스 중 '분석하기' 단계의 활동을 기민한 실행에 초점을 맞추어 진행한다. '발견 내용 정리하기', '니즈 파악하기', '여정 지도 만들기' 활동으로 크게 구성된다.

'빠르고 간결한' 프로세스는 접근법1 의 인원이 접근법2 활동에 동일하게 참여할 것을 강제하지 않는다. 물론 접근법1 을 함께 진행한 인원 그대로 접근법2 를 진행하는 것을 기존 프로세스는 권장하고 얻을 수 있는 결과도 이상적이겠지만, 여기서는 상황에 따라 가능 인원이 줄어들 수 있으며 때로는 혼자 진행해야 할 수도 있다. 따라서 기본 프로세스에서는 가볍게 넘기기도 하는 접근법1 의 '조사 내용 현장 정리'를 충실히 수행하여 '발견 내용 정리하기'에서 놓치는 내용이 없도록 하자.

활동 1 : '발견 내용 정리하기'

접근법1 에서 발견하여 작성한 내용을 본격적으로 정리한다. 포스트 잇에 작성된 내용을 필요한 형태로 정리한 후 이를 다시 분류하고 연결하고 조합하는 과정이다. '팩트 정리'와 '니즈 도출'로 주요 활동을 나누어보자. '발견 내용 정리하기'를 마무리하면 공감 활동에서 나온 팩트와 니즈를 결과로 확보할 수 있다.

첫 번째 '팩트Fact 정리'는 접근법 1 에서 찾아낸 사실 그대로에 가까운 내용을 정리하는 작업이다. 조사 활동에서 확보한 사실 그대로의 내용이 기록된 포스트잇을 확인하고 빠진 부분이 있다면 새롭게 작성한다.

① 팩트에 해당하는 내용은 고객의 행동, 만족, 불평과 불만, 희망사항 등이며, 자의적인 해석을 하지 않고 고객 목소리 그대로에 가깝게 정리하는 것이 중요하다.

- 접근법 1 의 '조사 내용 현장 정리' 과정을 진행하며 팩트를 확인하고 어느 정도 미리 구분했을 것이다. 이를 토대로 조사 과정을 진행 흐름대로 짚어 가자.
- 너무 뻔한 내용보다 인상적이거나 독특한 내용에 주의를 기울이자. 내용 정리가 필요할 때는 육하원칙을 기준으로 작성하면 도움이 된다.

② 보드를 준비하거나 빈 벽면을 활용하여 작성한 팩트를 붙여나간다.

- 조사 대상자별로 공간을 구분하여 정리하는 경우가 흔하다.
- 이용 장면, 사용 환경 등 고객 조사에서 얻은 사진이나 스케치 등과 같은 시각화 내용도 출력하여 충분히 살린다.

팩트 정리 활동 예시 빈 벽을 활용하여 조사 활동에서 확인한 내용을 해석하지 않고 고객 목소리에 가깝게 정리한다. 예시는 팀이 함께 조사 내용을 공간에 구분하여 정리한 작업 결과다.

두 번째 '니즈 도출'은 팩트로 기록된 내용을 바탕으로 니즈를 정리하는 활동이다. 여기서 찾아야 하는 니즈는 고객이 분명하게 표현한 불편과 필요에 대한 내용이 아니다. 표면에 드러나 쉽게 알 수 있는 내용보다는 고객 스스로 정확히 알아채지 못하고 있어 숨어 있는 잠재 니즈를 중심으로 찾아야 한다.

① 고객 관찰 내용을 해석하여 니즈를 뽑아내야 하는데, 여기서 기준은 '왜'라는 질문이다. 사실에 가까운 내용에 왜라는 질문을 던져 이유가

무엇일지 생각하고 구체화하자. 질문을 한 번만 던지는 것이 아니라 반복적으로 '왜'를 생각하고 고객이 정말 필요로 하는 것이 무엇일까 깊이 생각해야 한다.

② 이때 하나의 팩트에서 하나의 니즈가 나오는 것만은 아니다. 여러 팩트에서 하나의 니즈가 나오거나 또는 팩트 하나에서 여러 니즈가 나올 수도 있으므로 신중해야 한다.

- 혼자만의 생각으로 니즈를 단정짓기보다는 팀이 함께 무엇이 원인인지 생각하고 그 이유를 토론하며 발전시켜 나가는 것이 좋다.
- 팩트에서 사용하지 않은 색상의 포스트잇을 사용하면 이후 진행되는 활동에서 니즈에 해당하는 내용을 쉽게 찾고 활용할 수 있다.

활동 2 : 니즈 파악하기

니즈 파악하기는 '발견 내용 정리하기' 과정에서 발견한 니즈를 바탕으로, 비슷한 니즈를 묶고 여기에서 주요 핵심 니즈를 뽑아내는 활동이다. '주요 니즈 찾기'와 '핵심 니즈 재구성'으로 진행된다.

첫 번째 '주요 니즈 찾기'는 발견 내용 간의 관계를 식별하는 어피니티 다이어그램Affinity Diagram 기반 활동으로 진행되어 비슷한 니즈끼리 묶고 그로부터 주요 니즈를 찾아 정리한다.

① '발견 내용 정리하기'에서 찾아 벽면에 붙여 둔 니즈 중 비슷한 것

끼리 클러스터링Clustering한다. 클러스터링은 조사 활동에서 확보한 많은 정보를 동질성, 유사성, 근접성, 의존성 등의 관계에 따라 모으고 규칙을 확인해 인사이트를 찾는 방법이다. 그룹핑은 비슷한 내용을 함께 배치한 다는 내용으로 흔히 사용되며, 클러스터링과 다소 의미 차이가 있으나 구분 없이 그룹핑으로 말하기도 한다. 클러스터링은 니즈 파악뿐 아니라 아이디에이션 등에도 활용되는 프로세스 진행의 기본 활동이다.

② 그룹을 살펴보며 해당 그룹의 주요 니즈를 찾아내어 정리한다. 그룹의 주요 니즈는 그룹 전체를 대표할 수 있거나 프로세스를 진행하기 전까지 뚜렷하게 확인할 수 없었던 인상적인 내용일 때가 많다.

어피니티 다이어그램 활동 벽면이나 칠판 등 자유롭게 내용을 붙일 수 있는 공간에서 팀이 함께 활동을 진행해야 한다. 포스트잇을 활용하여 내용을 클러스터링하고 그룹의 주요 니즈나 키워드를 찾아 정리한다. 이때 포스트잇의 색상을 활용하면 내용을 쉽게 구분할 수 있다.

두 번째 '핵심 니즈 재구성'은 앞에서 찾은 주요 니즈로부터 핵심 니즈를 뽑고 이를 다시 접근법 3 의 출발점이 되는 질문 형태로 재구성하는 활동이다.

① 정리된 주요 니즈를 중심으로 프로젝트의 핵심이 되는 니즈가 무엇인지 찾는다. 핵심 니즈는 보통 프로젝트 전체에 의미 있는 인상적인 내용이거나 현재 서비스와 제품이 해결하지 못한 부분을 다룰 때가 많다. 즉 고객이 어려움을 겪고 있지만 아직까지 시장에서는 해결되지 않은 중요한 니즈다.

• 고객을 직접 만나지 않고도 쉽게 유추되는 내용이거나 고객의 일부 행동에서 끄집어낸 내용은 대부분 핵심 니즈가 아니다. 핵심 니즈는 고객을 조사하며 높아진 이해를 바탕으로 찾아낸 내용으로, 고객의 총체적인 경험을 반영한 니즈일 때가 많다.

② 핵심이 되는 니즈는 HMW 질문 형식을 활용하여 재구성한다. 이렇게 작성한 HMW 질문은 접근법 3 의 활동 방향을 제시하는 기준점이 된다. 여기서 HMW는 'How Might We'의 약자로 '우리가 어떻게 ~해볼까?'의 질문 형태로 만들어 활용하는 방법론을 의미한다.

• HMW는 P&G에서 시작되어 IDEO에 의해 확산된 것으로 알려져 있으며 구글, 페이스북 등 주요 기업에서 폭넓게 활용하고 있는 방법론이다. '우리가 어떻게 하면 ~할 수 있을까?'의 형태로 번역되어 사용되기도 한다.

• HMW의 각 글자는 문제 해결에 필요한 내용을 의미한다. How(어떻게)는 어딘가에 해결책이 있음을 암시해 자신감을 얻게 하고, Might(해볼까)는

아이디어를 마구 꺼낼 수 있다는 의미이고, We(우리가)는 창의적인 해결책을 찾기 위해 함께 할 것을 의미한다.

활동 3 : 고객 여정 지도 만들기

여정 지도는 고객의 행동과 상황을 시각화해 한눈에 명확하게 이해하도록 돕는 방법이다. 서비스 디자인 씽킹 프로젝트마다 프로세스가 조금씩 다르더라도 공통되게 활용하는 요소가 바로 '여정 지도'이다. 그만큼 중요하며 접근법 2 의 핵심 결과물이 된다는 점을 기억하자. 여정 지도를 만드는 주요 활동은 '발견 내용 위주로 지도 만들기'와 '감정선 작성하기'로 진행된다.

첫 번째 '발견 내용 위주로 지도 만들기'는 지금까지 진행한 활동을 충분히 활용하여 고객 여정 지도Customer Journey Map의 구성요소를 채우고 전체 얼개를 만들어 시각화하는 과정이다. 다음 순서로 작성하자.

① 접근법 1 에서 기록한 제품 및 서비스의 단계별 사용 과정을 토대로 고객 행동을 순서대로 구분하여 작성한다. 우선 서비스 사용 전/중/후로 크게 구분하여 표시한 후, 각 구분 안에서 인터뷰와 관찰을 통해 확인한 고객 행동을 세부 단계별로 나누어 작성한다.

② 고객 행동이 어떤 터치포인트를 통해 이루어지는지 도식화하고 그때의 인터랙션을 기록한다. 고객 접점을 의미하는 MOTMoment Of Truth라는 용어로 자주 설명된 터치포인트Touchpoint는 서비스와 사용자가 만나는 지점을 말하며 사람, 기기, 웹사이트, 앱, 공간 등 다양한 형태로 나타난다.

③ '발견 내용 정리하기'에서 정리한 팩트와 니즈를 구분된 고객 행동에 맞춰 기록한다.

두 번째 '감정선 Emotional Statue 작성하기'는 고객 여정 지도가 분석 도구로서 단지 그동안의 활동을 정리하는 것 이상의 의미를 만들어내는 작업이다. 또 이 활동을 통해 접근법 3 에 직접 도움이 되는 실마리를 얻을 수도 있다.

① 작성된 여정 지도 하단에 **감정선**을 그린다. 인터뷰와 관찰 내용을 중심으로 단계별 행동에서 고객의 감정이 어떠한지 떠올려 긍정과 부정의 높낮이를 점으로 표시하자. 그리고 이 점들을 선으로 연결하여 감정선으로 만든다. 감정선을 표시하며 관찰 활동에서 확인한 고객의 긍정 또는 부정에 대한 인상적인 반응을 함께 기록해둘 수 있다.

② 감정선을 보며 고객 경험이 긍정적이거나 반대로 부정적이었던 때를 떠올려보자. 고객의 감정과 반응이 명확했던 부분은 꼭 표시하고 기록할 내용이 없는지 한 번 더 챙기자. 고객은 '왜' 그런 감정을 느꼈는지 원인을 생각해보자. 접근법 2 를 진행하며 어떤 의견을 나누었는지 그리고 아이디어의 초기 단서가 있는지 되짚어보자. 그러한 내용이 있다면 감정을 표시한 위치에 맞춰 기록해두자. 그러면 이어질 아이디어 발산 활동 진행이 쉬워진다.

- 고객 여정 지도를 작성하는 과정은 아이디어의 본격 도출 과정은 아니지만, 조사 활동 및 분석 내용 정리 과정에 떠오른 문제 해결의 단서를 기록

해두자. 그러면 다음 아이디어 발산 단계를 수행하는 데 도움이 된다. 다만 초기 아이디어에 함몰되어 분석 과정의 초점이 임의로 맞추어지거나 또는 다음 활동의 제약 사항이 되면 안 된다. 과정 중 떠오른 아이디어 초안을 기록해두는 수준이 적절하며 본격적인 아이디어 발산은 다음 단계에서 진행됨을 잊지 말자.

고객 여정 지도

	서비스 사용 전 (Approach)	서비스 사용 중 (Process)	서비스 사용 후 (Leave)
고객 행동/ 상황			
터치포인트			
인터랙션			
감정선	Good Bad		
니즈/ 아이디어			

고객 여정 지도 템플릿   고객 여정 지도는 프로젝트 활동에 따라 차이가 있으나 기본 틀은 인터뷰와 관찰에서 확인한 고객 행동을 중심으로 터치포인트와 인터랙션 등을 순서대로 배치하여 작성한 후 감정선을 표시하는 형태다.

주요 실무 포인트

'분석하기'의 출발점인 '발견 내용 정리하기'를 원활하게 운영하려면 인터뷰 및 관찰 활동 후 '현장에서 공유하기'를 정성껏 실행하는 것이 중요하다. 즉 접근법 1 의 활동을 깔끔하게 마무리했다면 접근법 2 를 더 분명하게 시작할 수 있다.

잘 정리된 발견 내용을 바탕으로 니즈를 뽑아내는 활동을 진행할 때 집중력을 가지고 '왜'라는 관점에서 반복적이고 깊이 있게 접근해야 한다. 이때 필요한 환경 요소는 프로젝트 팀원이 함께 자료를 정리하고 분석 내용을 도출할 공간이다. 물론 처음부터 활동 공간을 별도로 마련하여 팀이 함께 일하고 공유하는 분위기를 만드는 일은 중요하다. 그러나 현실적인 이유로 마련하지 못한 채 시작할 때가 있다. 팀이 주로 외부로 나가 현장 활동이 많은 기간에는 지정 공간을 활용하지 않아도 크게 어려움이 없거나, 또는 새로운 공간을 찾아다니며 팀이 새로운 자극을 얻는 노력을 함께 기울일 수도 있다.

그런데 현장 조사 활동이 거의 마무리되고 발견 내용을 본격적으로 정리하면서부터는 팀이 함께하는 공간의 확보가 절실해진다. 특히 분석이라는 까다로운 활동에 접어들면 프로젝트 지정 공간은 단순히 모이는 장소를 넘어 팀 인원이 완전히 몰입할 수 있는 분위기를 형성하는 역할을 한다. 조사 및 분석 등 활동 내용을 게시하여 끊임없이 자극을 주고, 언제든 서로 논의할 수 있고, 중간 리포트와 최종 보고 내용을 정리해가는 등 팀이 다루고 있는 주제에 항상 집중하도록 이끈다.

분석 활동을 수행할 때는 팀원 모두가 함께 현상을 생각하고 여러 단서를 발전시켜 나가야 한다. 만약 이 단계에 도달할 때까지 팀이 의견을 내고 토론하는 활동에 있어 수평적 관계를 만들어내지 못했다면, 몇몇의 주도에 의해 주요 발견점을 정하고 니즈를 뽑게 될 수 있다. 이렇게 활동이 운영되어도 신속하게 진행은 되므로 마치 빠르고 간결한 프로세스가 이루어지는 듯 느껴질 수도 있다. 그러나 서비스 디자인 씽킹의 방향성에 맞춰 원하는 목적에 적합하게 진행되는가는 다른 부분이다. 몇몇의 주도로 일방적으로 결정되면 시간은 벌 수 있겠지만 또 다른 문제를 품게 된다. 우선 다양한 사람의 관점이 아닌 일부의 의견에 기대었으므로 그만큼 제한적인 관점을 가지게 된다. 결국 새롭고 참신한 의견을 도출해내기 어렵고, 발견점도 제공자 관점 중심으로 변질되기 쉽다. 그리고 다수의 팀원이 의견을 제대로 모으지 못한 채 진행만을 서둘렀다면 프로세스 후반으로 갈수록 주장이 분산되면서 활동 운영 시간이 오히려 점점 더 소요되기도 한다. 간결한 운영의 의미는 효율적으로 팀 의견을 집중해 모으는 과정을 원하는 것이지 몇몇 의견에 기대어 시간을 줄이는 접근은 아니라는 점을 분명히 생각하자.

서비스 디자인 씽킹 프로세스는 다양한 분석 방법을 다루고 있어 프로젝트와 팀의 상황에 맞춰 적합한 선택을 할 수 있다. 분석 방법 중 한 가지만 다루기로 했다면 고객 여정 지도를 추천한다. 얀 칩체이스 등 많은 전문가 역시 어떤 주제를 다루어도 공통으로 활용하는 서비스 디자인 씽킹 프로세스의 기본 활동으로 고객 여정 지도를 강조한다. 이 방법은 고객의 전체 여정을 단계별 경험 중심으로 구성하며 터치포인트와 감정선 등의 구성요소를 시각적으로 표현하므로 팀이 발견한 인사이트를 여정 지도 하나만으로 충분히 느끼게 하는 강점을 가진 프레임워크다. 서비스 디자인 씽킹의 분석 활동 중 프레임워크는 조사 활동에서 얻어진 주요 발견점과 핵심 인사이트를 이해하기 쉽게 전달하는 방법을 의미하는데, 고객 여정 지도는 그 목적을 충분히 만족시키는 시각화 방법이다.

'새로운 세대 이해하기' 프로젝트에서도 수집한 정보를 텍스트만으로 설명하지 않았다. 고객 여정 지도를 활용해 20대가 어디를 방문해서 무엇을 하며 그 과정에서 어떤 감정을 느끼는지 등 고객의 총체적 경험과 팀의 인사이트 발견 내용을 누구나 한눈에 살펴보고 분명히 이해할 수 있게 제공했다.

현장 조언 : 고객 경험을 여정 지도로 전달하자

기업과 조직은 고객 경험이 중요하다는 것을 이제 거듭 강조하여 잘 알고 있는 듯 보이지만 여전히 실상은 보고서와 회의실 속 글과 말의 반복에 그치는 경우가 흔하다. 그러나 정말 중요한 것은 고객 경험을 차별화하고 구체화할 수 있는 방법을 찾고 비즈니스 활동으로 실행하는 것이다.

고객 여정 지도 또는 유사 형태의 활동 방법은 고객이 겪은 경험과 그때의 상황 등을 시각적으로 명쾌하게 전달할 수 있어, 진실의 순간*이나 경험 청사진 등을 통해 개념이 알려지고 발전된 뒤 서비스 및 사용자 경험 등을 다루는 여러 영역에서 꾸준히 활용되고 있다.

---

* Moment of Truth, MOT. 실패가 허용되지 않는 결정적 순간, 즉 사용자가 받아들이거나 거절하는 의사 결정의 순간으로 고객 접점을 의미한다.

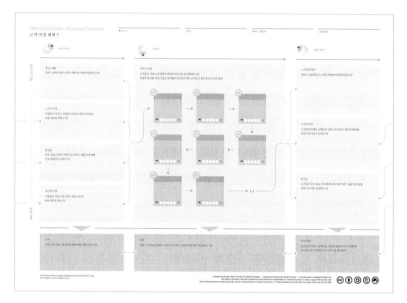

고객 여정 캔버스　고객 여정을 시각적으로 표현하는 방법 중 마르크 스틱도른과 야코프 슈나이더가 《서비스디자인 교과서This Is Service Design Thinking》에서 공개한 고객 여정 캔버스Customer Journey Canvas는 대중적으로 널리 알려지고 활용된다. 고객 여정 지도를 작성하여 서비스를 탐색하고 평가하고 프로세스에 대한 빠른 개요를 얻을 수 있다.*

　　맥킨지앤컴퍼니는 〈고객 만족의 세 가지 C〉라는 글에서 고객 여정의 중요성을 강조하며 고객 여정을 활용하면 고객 만족도를 20% 높일 수 있을 뿐만 아니라 수익은 최대 15% 높이면서 고객 서비스 비용은 최대 20% 낮출 수 있다고 설명한다.** 그렇다면 시장에서 고객 경험의 제공과 차별화를 강조하는 방법으로 고객 여정을 어떻게 다루고 있는지 기업 사례를 통해 더 자세히 살펴보자.

---

*　http://thisisservicedesignthinking.com
**　https://www.mckinsey.com

이커머스 업계는 고객 데이터가 풍부할 뿐 아니라 수집과 활용 측면에서도 활발한 산업 영역이다. 이커머스 기업이 신규 서비스를 만들며 특별히 공들인 부분은 무엇이었을까? 국내에서 이커머스 플랫폼 지마켓을 운영 중인 이베이코리아는 고객을 집요하게 관찰하는 실무 활동으로 고객 여정 지도 작업을 진행했다. 수개월 간 다수의 고객 행동을 세밀하게 조사하고 고객 반응과 감정을 파악했으며, 이를 기반으로 고객 여정 지도를 만들어 서비스에 반영할 인사이트를 도출했다. 특히 구매 결정을 이끄는 고객의 감정적 순간에 집중한 결과, 고객 관여를 높인 새로운 참여형 서비스를 만들 수 있었다.

물론 이베이코리아는 다수의 고객 및 거래 데이터를 보유하고 있으므로, 가능한 범위에서 비교적 손쉽게 정량 분석만을 수행하고 작업 시간도 단축할 수 있었을 것이다. 그러나 이베이코리아는 정량 데이터를 분석해 충분한 인사이트를 얻을 수 있을지 의문을 가지고 있었다. 또한 신규 서비스를 만드는 방법으로 업계의 유사 서비스를 벤치마킹하는 활동을 떠올리는 경우도 흔하지만 다양한 서비스가 빠르게 출시되고 경쟁이 심화되는 최근 시장 상황을 생각해야 한다. 벤치마킹에만 기대어서는 카피캣 논쟁을 피해 제대로 된 신규 서비스를 선보이기 어려울 수 있음을 쉽게 떠올릴 것이다.

이베이코리아는 사람에 밀착하여 집중할 때 경쟁력을 가진 차별화된 서비스가 나올 수 있다는 사실을 분명히 인식하고 고객 여정을 분석하고 반영한 결과로 커머스 서비스 속 재미 요소를 강조한 '클럽스탬프' 등을 만들 수 있었다. 관련하여 케빈 리 이베이코리아 부사장은 지마켓 공식 블로그를 통해 "고객들이 어떻게 행동하는지 그리고 고객이 무엇을 해야 하는지에 초점을 맞추고 이해해야만 좋은 디자인이 나올 수 있다. 고객 경험을 이해한다는 건, 고객의 일상을 세밀하게 들여다보고 무엇을 제공할 수 있는지를 찾는다는 의미이다. '고객 경험의 여정' 프레임워크는 분명 아이디어를 제공하는 훌륭한 도구가 되어줄 수 있다"고 강조했다.

이베이코리아의 여정 지도 예시   고객 경험 여정의 시각화는 고객 경험을 이해하는 가장 좋은 프레임워크라고 강조한다. 예시는 이베이코리아가 블로그에서 공개한 여정 지도 예시로 퍼소나가 겪는 하룻동안의 시간 흐름에서 주요 순간을 중심으로 표현했다.*

어도비도 이베이코리아 사례처럼 고객 여정 지도를 중요하게 다룬다. 포토샵, 일러스트레이터 등의 제품으로 잘 알려진 어도비는 탁월한 고객 경험을 제공하려면 모든 접점을 아우르는 고객 여정을 관리해야 한다고 강조한다. 스레시 비탈Suresh Vittal 부사장은 어도비 서밋 2020 발표를 소개하는 글에서 "고객 여정을 관리한다는 것은 모든 접점에서 고객에게 개인화된 브랜드 경험을 맥락에 맞게 제공하는 것"으로 설명한다. 따라서 고객 여정을 충실히 전달할 수 있다는 것은 고객을 제대로 이해한다는 것

---

* https://blog.ebaykorea.com/archives/16025

과 다르지 않으며, 이를 기반으로 고객의 니즈와 불편을 해결하는 경험을 제공할 수 있어야 한다.

기업이 고객 여정의 중요성을 충분히 이해하고 공감했다면 다음으로 이어질 활동은 당연히 실행으로 옮기는 것이다. 이때 조직 전체가 무엇을 할지 판단하여 원활하게 역할을 수행할 수 있는지가 중요하다. 어도비는 이를 해결하는 방법으로 CXM^{Customer Experience Management} 플레이북을 소개한 바 있다. CXM 플레이북은 기업이 자신의 비즈니스 환경을 직접 평가하여 고객 경험 관리 전략을 실행에 옮기도록 돕는 가이드이다. 이를 활용하면 조직 전체가 고객 경험 관리를 일관성 있게 이해하고 실행하는 데 도움을 얻을 수 있다. 물론 플레이북 자체에 초점을 맞추자는 의미는 아니다. 플레이북을 실무에 활용하는 방법은 어도비가 찾아낸 어도비만의 색깔을 담은 해결책으로 바라보아야 할 것이다.

고객에게 경험을 제공하는 측면에서 고객 여정이 중요하다는 점을 잊지 말자. 조직 전체가 이 부분에 대한 중요성을 충분히 이해하고 각자만의 방안을 찾아서 실행으로 연결해야 한다.

여정 지도 기반의 경험 분석 활동은 서비스 디자인이나 경험 디자인은 물론 여러 비즈니스 활동 영역에서 중요하게 다루어진다. 예를 들어 마케팅 활동에서 여정 지도는 소비자의 경험을 이해하고 해석하는 프레임워크로 활용된다.

지금까지 여러 기업 사례를 통해 고객 여정을 어떤 관점에서 다루고 실행할지 살펴보았다. 고객 여정을 서비스 디자인 씽킹 프로세스 활동의 주요 요소로 인식하고 반드시 활동에 반영해야 한다. 고객 여정 활동을 현장에서 운영하는 방법은 5장에서 한 번 더 확인할 수 있다.

3.4 빠르고 간결한 접근법 3 구현하기

접근법 3 은 '구현하기'다. 아이디어를 만들어 새로운 해결 방안을 찾아가는 과정이다. 6단계 서비스 디자인 씽킹 프로세스의 '발상하기'와 '제작하기' 단계에 주로 해당한다. 구현하기 단계는 '아이디어 발산하기', '해결 방안 선택하기', '결과 전달하기' 활동으로 구성된다.

프로세스의 단계별 접근법을 순서대로 진행하는 것이 물론 이상적이다. 그러나 상황에 따라 각 접근법을 따로 떼어내어 활동할 수도 있다. 특히 접근법 3 은 아이디에이션 세션Ideation Session으로 자주 활용된다. 아이디에이션 세션이란 아이디어 발산 과정을 통해 아이디어를 도출해내는 구조화된 과정을 의미한다.

활동 1 : 아이디어 발산하기

아이디어를 도출할 때는 확산 관점으로 다양한 시도를 하게 된다. 어떠한 상황에서도 아이디어는 나올 수 있겠지만 무작위로 운영하기보다는 일정한 규칙과 적절한 순서에 따라 진행할 때 더 좋은 결과를 얻을 수 있다. 원하는 아이디어를 얻기 위해 일단 아이디어를 가능한 많이 늘려보자. 이 활동은 '아이디에이션 세션 준비'와 '아이디어 꺼내기'로 진행된다.

첫 번째 '아이디에이션 세션 준비' 단계에서는 주어진 시간과 자원 안에서 많은 양의 아이디어를 끄집어낼 수 있게 해야 한다. 아이디어 발산의 분위기를 만들자. 그래야 더 풍족한 결과를 확보할 수 있다. 시간이 부족하다는 생각에 아이디에이션 세션 준비는 건너뛸까 생각이 들지도 모르겠다. 하지만 첫 단추를 잘못 꿰면 이후 단추 꿰기 과정이 쉽지 않을 것이다.

① 지금까지 진행해온 고객에 대한 인사이트가 충실히 반영된 HMW 질문은 아이디어를 도출하는 기준이자 단서가 된다. 만약 접근법 2 에서 연결되지 않고 접근법 3 만 별도 진행하는 경우라면 HMW를 만드는 시간을 반드시 마련해야 한다.

② 아이디어를 도출하는 여러 방법 중 무엇을 활용할지 정하자. 빠르고 간결한 프로세스에 어울리는 방법론은 무엇일까? 평소에 퍼실리테이션이나 아이디어 도출에 관한 서적과 영상으로 방법론을 배우고 연습해야 한다. 다만 최고의 방법론을 너무 고민하기보다는 참가자 모두 익숙하고 대부분 참여 경험이 있는 브레인스토밍을 재학습시켜 충실히 진행하는 방법이 오히려 가장 효과적일 수 있다는 점을 기억하자.

③ 아이디에이션 세션이 잘 운영되기 위한 여러 요소를 잘 챙겨야 한다. 적극적인 사람, 함께 모일 장소, 모두 참여하기 적당하고 충분한 시간, 자극을 주는 도구, 에너지 레벨을 끌어올릴 단 음식, 아이디어 시트 등이 필요하다. 진행하며 '놓쳤다' 생각되지 않도록 미리 하나하나 챙기자.

④ 아이디에이션 세션을 시작하며 참가자에게 운영 방법을 설명할 때 꼭 원칙을 알려주고 환기시켜야 한다. 평소 경험한 적이 있으니 잘 알 거라고 생각하거나 가볍게 여기고 지나치면 안 된다.

- 진행자(퍼실리테이터)는 다양한 아이디어가 주어진 시간에 많이 나올 수 있도록 유도한다는 원칙을 한 번 더 기억하고, 아이디에이션 분위기가 지속

유지될 수 있게 집중하자. 특히 **퍼실리테이터**는 단순히 세션을 진행하는 사회자가 아니라 참여 집단이 원하는 바를 달성할 수 있게 촉진 활동을 수행하여 문제를 해결하도록 돕는 사람이라는 점을 기억하고 적절한 역할을 수행해야 한다.

• 진행자가 구두로 설명하겠지만 집중하지 못하거나 놓칠 수 있다. 따라서 세션 진행 전 활동 공간에 주요 내용을 크게 프린트하여 잘 보이도록 붙여두는 것이 좋다. 경험상 반드시 포함되어야 할 내용은 '가능하면 글자보다 그림', '질보다 양', '아이디어 비판 금지'다.

두 번째 '아이디어 꺼내기'는 아이디어를 다듬고 만들기보다는 말 그대로 꺼내는 것이다. 즉 질보다 양이 중요하다는 걸 기억하자. 더 많은 양의 아이디어가 나올수록 더 좋은 아이디어가 나올 확률도 높아진다. 많은 양의 아이디어를 자연스럽게 꺼내려면 어떤 기본 자세가 필요할까? 바로 판단을 미루는 것이다. 아이디어 발산은 자유로운 생각과 제약 없는 의견에서 나오므로 기존의 경험에 따른 판단을 하지 않도록 의식적으로 강조해야 한다. 기존의 잣대를 들이대지 말고 아이디어를 자유롭게 뽑는 것에만 집중하자. 아이디어를 꺼내는 활동을 어떻게 진행할지 흐름에 따라 짚어보자.

① 아이디어를 만드는 출발은 접근법 2 에서 도출한 HMW 질문이다. 아이디어 세션에서 어떤 HMW 질문을 다룰지 명확히 알리고, 주요 배경이나 조사 활동에서 인상적이었던 부분도 함께 설명하자.

② 아이디에이션 세션에서 방법론을 어떻게 활용할 것인지, 전체 시간 운영에 대한 계획은 어떠한지, 참가자가 기억해야 할 기본 룰은 무엇

인지 등을 설명한다. 이때 전반적인 시간은 꽉 짜여진 느낌으로 운영한다. 느슨하게 운영하면 아이디어가 늘어나기보다는 비판과 딴짓만 늘어난다. 물론 주제가 바뀔 때와 같이 진행에 큰 변화가 주어질 때는 충분한 휴식 시간을 갖는다.

③ 준비된 아이디어 시트를 활용해 아이디어를 작성하자. 빠르게 도출된 아이디어 대부분은 씨앗 수준이다. 따라서 아이디어 자체보다도 이유와 배경이 더 중요하다. 아이디어를 뽑는 활동에만 집중하면 이유나 배경을 무시하기 쉽다. 아이디어 시트를 활용하면 이를 보완할 수 있다. 아이디어 시트는 글 대신 그림으로 아이디어를 표현하고, 글로 이유를 정리하게끔 자연스럽게 유도한다.

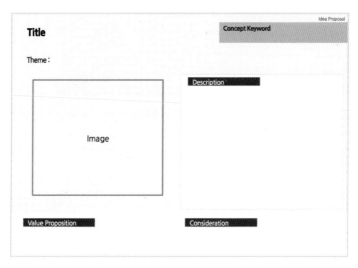

아이디어 시트 템플릿 떠오른 아이디어를 양식에 따라 작성한다. 이때 글이나 말로 표현하는 것보다 그림으로 전달하면 훨씬 효과적이며, 아이디어가 나온 이유나 배경을 함께 작성한다.

④ 아이디어 시트를 벽에 붙이며 사람들과 공유하자. 작성한 양식을 따라가며 어떤 내용인지, 아이디어가 나온 배경이나 필요성은 무엇인지 소개하자. 벽에 붙이고 공유하려면 어떻게 해야 할까? 일어서야 한다. 계속 앉은 자세를 유지하면 아이디어 발산에 방해가 되는 피로가 쌓인다. 일어서 움직여 붙이는 행동은 생각과 몸을 자연스럽게 움직이게 만든다.

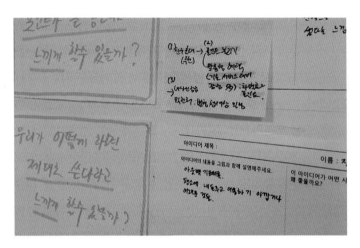

아이디어 세션 진행 예시 〔접근법 2〕에서 도출한 HMW 질문으로부터 아이디어를 도출한다. 이때 조사 활동에서 인상적인 부분이나 배경 등도 함께 설명하며 세션 활동을 활성화한다. 예시에서도 좌측에 HMW(우리가 어떻게 하면 ~할 수 있을까?)를 두고 우측으로 아이디어를 붙여두었다. 그리고 보충하고 싶은 내용은 포스트잇으로 추가했다.

- 가지고 있는 아이디어와 유사한 내용이 소개되면 차이점을 간단히 소개하고 주위에 붙여두자.

- 공유 중인 아이디어에 더할 부분이 생각나면 포스트잇에 작성하여 함께 붙여두자.

• 모든 아이디어의 공유가 끝나면 쉬는 시간을 가진다. 이때 도트 스티커를 나누어주고 가장 인상적인 아이디어에 붙이게 하자.

활동 2 : 해결 방안 선택하기

서비스 디자인 씽킹 프로세스의 기본은 발산과 수렴의 반복이다. 이제 펼쳐진 아이디어를 모아서 최종 해결안이 나올 수 있게 집중시킬 차례다. '아이디어 묶어보기'와 '아이디어 선정하기'를 통해 발산된 아이디어를 수렴하자.

첫 번째 '아이디어 묶어보기'는 아이디어 발산 과정에서 확보한 많은 아이디어 중에 유사한 속성을 가진 내용을 모으고 공통 의미를 확인해 아이디어가 가진 진짜 의미를 파악하는 활동이다.

① 아이디어 공유 후 스티커를 많이 받은 아이디어를 몇 가지 고른다. 선택된 아이디어를 다시 한번 공유하자. 기존에 보지 못해 흥미롭게 느껴진다면 어떤 부분인지, 즉시 실행에 옮기면 어떨까 생각했다면 그 이유는 무엇인지 등 아이디어의 선택 이유를 생각해보고 공유하자.

② 선택된 몇몇 아이디어를 중심에 두고 속성이 비슷해서 결합하기 쉽거나 함께 모아 더 좋은 아이디어로 발전시킬 만한 내용을 주위에 붙여보며 그룹을 만들어보자. 그 과정에서 별도의 새로운 그룹을 만드는 것이 좋다고 판단되면 추가 그룹을 만든다.

③ 그룹을 만드는 과정에서 나눈 의견을 다듬어 정리해보자. 아이디

어에 대한 설명은 물론 어떤 니즈를 반영하고 있는지, 특별히 흥미로운 부분은 무엇인지, 기존과 다르게 느껴진 부분이 있는지, 놀라운 부분이 있다면 어떤 것인지 등을 반영하여 작성한다.

두 번째 '아이디어 선정하기'는 여러 내용을 묶고 다듬어 도출된 아이디어 중에 프로세스의 결과물로 이어진다는 관점을 두고 선택하는 과정이다. 이때 직관에만 기댄 내용은 아닌지 살펴보고 고객을 이해하고 공감한 내용이 어떻게 반영이 됐는지 확인한다.

① HMW 질문으로 다시 한번 확인한 후 제시된 아이디어를 고객 관점에서 생각해보자. 다음과 같은 다양한 측면에서 살펴보자.

- 고객의 어떤 니즈를 분명히 해결해줄까?
- 고객이 느끼게 될 가치는 무엇일까?
- 아이디어만의 차별화되고 매력적인 요소는 어떤 것일까?

② 도트 스티커를 배포하여 투표를 진행한다. 상호 영향을 주지 않기 위해 서로 이야기하지 않는다. 투표가 끝나면 많은 표를 얻은 2~3개의 아이디어를 선정한다.

아이디어 선정하기 예시 아이디어를 선정할 때는 HMW 질문을 다시 한번 확인하고 여러 측면에서 살펴본 후 도트 스티커를 배포하여 투표한다. 화이트보드 상단에 HMW 질문을 작성해 확인할 수 있게 하고, 그룹으로 모은 아이디어에 대하여 도트 스티커로 투표했다.

활동 3 : 결과 전달하기

선정한 아이디어를 제품이나 서비스로 구체화하자. 다듬어가는 과정에서 아이디어를 고른 주요 속성과 의미를 놓치지 않고 반영되게 주의를 기울이자. 아이디어에 구체적인 형태와 전달 방법을 반영하여 콘셉트로 제안할 수 있다. 그리고 서비스 콘셉트를 발전시켜 프로토타이핑으로 구현해보자. '결과 전달하기'의 주요 활동은 '콘셉트 스케치'와 '프로토타이핑'이다.

첫 번째 서비스 콘셉트 활동은 아이디어를 콘셉트로 구체화하고 정교하게 다듬는 과정이다. '콘셉트 스케치'는 아이디어 세션에서 대략적으로 고민했던 시각적 이미지를 구체화하고 다듬어가며 아이디어 발전 방향을 잡아가는 활동이다.

① **서비스 콘셉트**란 서비스나 제품의 전략을 드러내는 주된 개념과 의도를 정리한 것이다. 따라서 콘셉트 스케치 활동에서도 아이디어를 선정할 때 주요했던 차별화 요소가 어떻게 반영되고 드러날 수 있을지 생각해야 한다. 그리고 고객에게 무엇을 제공하고 어떤 혜택이 있는지, 고객에게 그 혜택이 중요한 이유는 무엇인지가 표현되어야 한다.

② 콘셉트 스케치는 다음의 과정을 거쳐 아이디어를 시각적으로 구체화하게 된다.

- 선정된 아이디어를 구체적으로 스케치한다.
- 스케치된 아이디어를 살펴보며 새로운 내용을 도출한다.
- 정리하여 문서화한다.

③ 작성된 콘셉트 스케치를 보며 프로토타이핑을 진행할 아이템을 선정한다. 콘셉트를 만들고 프로토타이핑 단계로 진행된다는 것은 막연한 아이디어가 아닌 실체에 가까워진다는 현실 속 구현을 의미한다. 이 부분을 놓치지 않고 반영하여 프로토타이핑을 진행할 콘셉트를 정해야 한다. 아이템 선정을 위해 콘셉트별로 다음과 같이 질문을 던져 생각해보자.

- 고객에게 얼마나 절실한 문제를 해결해줄까?
- 기존에 잘 알려지지 않았거나 경쟁이 별로 없는가?

- 너무 뻔하거나 무리한 변화를 필요로 하는가?

- 과도한 예산을 필요로 하거나 수익성이 아예 없는 것인가?

- 현재 기술로 실행하고 보유한 자원으로 구현 가능한가?

두 번째 '프로토타이핑'은 단순히 물리적 형태를 가진 물건을 만드는 활동이 아니다. 고객 니즈와 아이디어를 거쳐 콘셉트로 정리하며 찾아낸 여러 차별화 요소를 고객 경험으로 어떻게 충실히 녹여낼지 찾아가는 과정이다. '이미지로 전달하는 스토리보드'와 '반응을 이끄는 페이퍼 프로토타입'을 중심으로 살펴보자.

① 글쓰기를 기본으로 시각화 활동을 결합한 프로토타입은 고객의 문제 해결 여정을 감성적이고 경험적인 내용으로 전달한다. **서비스 시나리오** 같이 글이 중심이 되어 고객 관점에서 서비스 이용 경험 전반을 묘사하는 가상의 이야기를 다룰 수도 있고, **서비스 스토리보드**와 같이 이미지가 중심이 될 수도 있다. 어떤 방법이든 사용 맥락 안에서 아이디어 본질을 제대로 전달하여 평가할 수 있도록 제공해야 한다. 여기서는 구성이 매우 간단한 서비스 스토리보드를 작성 순서대로 살펴보자.

- 스토리보드는 고객 관점의 이야기가 필요하며, 기본 구조는 '처음·중간·끝'이다. 이 구성에 맞춰 3개 칸을 그린다.

- 각 칸의 상단에 제목을 붙인다. '사용자와 문제 소개', '문제 발생 상황과 아이디어 적용 모습', '경험의 변화 내용'순으로 붙이면 된다.

- 콘셉트 스케치의 내용을 토대로 간단한 이야기를 만들고 제목에 어울리는 주요 장면을 생각해보자. 이때 POV^Point of View를 기반으로 살을 붙여나가도 좋다. 여기서 POV는 특정 사용자의 관점에서 인사이트를 찾아내 문제를 해결하는 관점 방정식으로 '사용자 + 니즈 + 배운 점'으로 작성할 수 있다.

- 각 내용을 칸에 스케치로 그리고 간단한 설명을 함께 붙인다. 이때 각 장면마다 시선을 끌 집중 포인트가 필요하다. 첫 번째는 사람, 두 번째는 해결 방법, 세 번째는 긍정적인 모습을 강조해 표현하면 자연스럽다.

- 콘셉트가 전달되는지 확인한 후 내용을 다듬는다. 이때 장면이 추가로 필요하다면 더해도 좋다.

② 페이퍼 프로토타입은 종이와 펜 등 손으로 작업할 수 있는 소재를 활용하여 빠르게 기본 형태를 현실화하고 기본적인 사용성 위주로 평가하는 방법이다. 정밀도는 낮지만 작업을 간단하고 유연하게 할 수 있고 사람들의 반응을 효과적으로 끌어낼 수 있어 널리 활용된다. 다음 내용을 참조하여 효율적으로 작업해보자.

- 제작에 들어가기 전, 우선 종이에 어떤 모습을 가졌고 어떻게 움직인다고 생각하는지 스케치해본다. 잘 그릴 필요는 없다. 각자 머릿 속 생각하는 현실 속 모습을 공유하여 의견을 모은 후에 만들기를 시작하자.

- 인쇄하거나 사진으로 준비할 수 있는 부분은 적극적으로 활용한다. 메뉴와 같은 인터페이스 요소는 출력하고 사용자의 환경은 사진으로 준비할 수 있다. 인쇄와 사진의 활용은 현실감과 상황에 대한 이해도를 높여준다.

• 포스트잇이나 재접착풀을 사용하면 붙였다 떼었다 할 수 있어 변화를 표현하는 데 응용할 수 있다. 박스를 활용하여 공간을 구성하면 참여자들이 사용 환경 및 경험을 이해하는 데 도움이 된다.

③ 프로토타입의 제작이 완료되면 서비스 경험 및 해결 방안을 체험하고 토론하고 평가하는 시간을 갖자. 그리고 이때 피드백받은 주요 내용은 정리하여 놓치지 않고 개선 활동에 반영하자. 특히 아이디어나 콘셉트 단계에서 긍정적으로 느껴진 부분들이 실제 현실에서도 유사하게 느껴지는지에 집중해야 한다.

프로토타입 제작 페이퍼 프로토타이핑은 종이와 펜 등을 활용해 빠르게 현실화하여 사람들의 반응을 이끌어내는 활동이다. 간단하고 단순하지만 유연하고 신속한 작업이 가능하여 꾸준히 활용된다. 프로토타이핑은 현실감 있는 결과물 확보도 중요하지만, 제작 과정을 통해 팀과 이해관계자가 자연스럽게 의견을 공유하고 상상력을 더하여 문제 해결의 실마리를 찾도록 노력해야 한다.

주요 실무 포인트

프로세스 초반의 '공감하기' 단계부터 실무 어려움을 반영하여 조사 활동에서 몇 명을 만나고 무엇을 할지 거듭 생각하며 최소화할 부분을 찾으려 노력했다. 그렇지만 무조건 시간을 줄인다고 더 빠르고 간결한 활동이 되는 것은 아니다. 특히 프로세스 속 주요 활동이 제대로 이루어지려면 준비 활동이 짧게라도 반드시 필요하다는 점을 기억해야 한다.

현장에서 아이디에이션 세션을 운영하는 모습을 지켜보면 사람을 모아 주어진 시간 동안 아이디어를 뽑아내면 된다고 생각해 준비를 소홀히 하거나 아예 생각하지 못하는 경우도 자주 접하게 된다. 그러나 어떤 주제를 대상으로 어떤 방법을 선택해서 어떤 원칙으로 진행할지가 분명히 준비되지 않은 상태에서 활동이 진행되면 시간만 흐르고 정작 아이디어 발산은 제대로 이루어지지 않게 된다. 이는 서비스 디자인 씽킹 프로세스를 떠나 어떤 일에서나 마찬가지다. 무슨 일이든 준비가 제대로 되지 않으면 만족스러운 결과를 얻어내기 어렵다. 프로세스 후반의 활동인 아이디어 도출 과정에서도 마찬가지다.

가끔 현장에서 아이디에이션 활동을 자주 해봤지만 그다지 의미 없다는 주장을 접할 때가 있는데, 그 과정을 들여다 보면 준비가 제대로 되지 않은 상태에서 명확한 원칙이 부족한 채로 진행된 경우가 흔하다. 그렇다면 아이디에이션 활동을 어떻게 준비하여 진행해야 할까? 먼저 기존에 진행한 적이 있는 아이디에이션 활동을 운영하는 경우라면 기본 운영 원칙을 다시 한번 살펴보자. 예를 들어 브레인스토밍은 익숙한 활동으로 생각되겠지만 막상 기본 운영 원칙을 살펴보면 무심결에 놓친 부분을 확인하게 될 것이다. 공간의 구성, 아이디어 양의 중요성, 시각화의 노력 등 진행 원칙을 다시 한번 확인하고 그에 맞춰 실제 세션에 사용할 자료를 사전에 꼼꼼하게 준비해야 한다.

기존 방법의 효과가 부족하다고 판단하여 프로젝트 목적에 더 어울리는 새로운 아이디에이션 방법을 찾아서 활용할 수도 있다. 이 경우에는 준비 시간을 충분히 가져야 한다. 예를 들어 브레인스토밍 대신 브레인라이팅을 진행한다고 가정해보자. 브레인라이팅*을 실행하려면 이 방법이 지향하는 목표가 무엇인지, 그 목표를 이루려면 어떻게 활동을 운영해야 하는지, 과정을 수행했을 때 어떤 결과를 얻을 수 있는지, 이런 전반의 내용이 현재의 프로젝트에 적합한지 등을 충분히 살펴보고 제대로 이해하려는 준비 과정을 거쳐야 한다. 만약 이런 준비 활동이 제대로 선행되지 않는다면 브레인라이팅이 아닌 다른 방법으로 변경하더라도 실행 과정과 결과에 만족하지 못할 것이다. 결국 어떤 방법이든 사전 준비의 중요성을 이해하고 실행 기반을 충실히 만드는 노력이 반드시 필요하다.

아이디어를 다듬고 구체화하여 결과를 효과적으로 전달하는 방법은 다양하다. 그런데 이론이 아닌 실무 단계라면 어떤 전달 방법을 선택하느냐와 상관없이 의사결정 과정에 영향을 줄지가 무엇보다 중요하다. 따라서 프로젝트 결과를 경영진 또는 고객사에 공유하거나 때로는 최고 경영자에게 직접 보고하는 전달자 역할이 매우 중요하다. 단순한 의미 전달이나 발표에 그치지 않고 팀이 발견한 인사이트와 콘셉트 등 주요 활동 결과를 조직의 실천 과제로 연결시키려 노력해야 한다.

---

* 말이 아닌 글로 작성하여 아이디어를 끄집어내는 과정을 반복하는 침묵의 집단 발상법(상세 내용은 5.4 절 참조)

청자를 확인하고, 알맞은 정보를 파악하고, 분명하게 전달하는 데 필요한 준비 시간을 충분히 마련하자. 발표 시간을 반영한 연습은 물론 현장 상황을 시뮬레이션해 어떤 질문과 답변이 있을지 생각해보자. 때로는 고객 인터뷰 편집 영상을 준비하거나 프로젝트 활동 중간 산출물을 보여주어 팀이 도출한 중요 포인트에 대한 공감을 효과적으로 이끌어내자. 발표 또는 보고 같은 결과 전달 활동은 기업이나 조직의 변화를 이끌어내는 출발점이 되는 중요한 기회라는 점을 기억하자.

현장 조언 : 다른 프로젝트 활동을 살펴보며 유의미한 요소를 반영하자

비즈니스에 영향을 주는 사회문화적 변화를 살펴봐야 한다. 각자 처한 상황과 환경이 다른 만큼 불변의 과정이 존재하거나 필요 내용이 정해진 것은 아니다. 그러나 비슷한 주제와 내용이 다른 프로젝트에서는 어떻게 진행됐는지 확인해본다면 향후 다양한 시도를 하는 데 도움이 될 것이다. 앞에서 살펴본 '새로운 세대 이해하기' 프로젝트 외 새로운 세대가 만드는 변화를 다룬 또 다른 프로젝트는 어떠했는지 간단히 살펴보며 프로세스 활동에 대한 이해도를 높여보자.

사무환경 전문 기업 퍼시스는 향후 오피스의 변화를 파악하기 위해 조직 구성원으로서의 밀레니얼 세대를 집중 연구한 바 있다. 퍼시스는 어떻게 프로젝트를 진행했을까? 해당 프로젝트는 《트렌드 코리아》의 저자 김난도 교수와 서울대 소비트렌드분석센터가 함께 약 3개월 간 다음과 같은 활동을 진행했다.

- SNS 기반 데이터 조사 : 밀레니얼 세대가 이용하는 인스타그램 이미지를 활용하여 밀레니얼 직장인의 일상 생활 조사
- FGD Focus Group Discussion : 밀레니얼과 X세대 직장인을 대상으로 집단 좌담회를 실시하여 각 세대별 생활 방식과 일에 대한 생각 등을 조사
- 전문가 인터뷰 : 기업 조직 관리자는 밀레니얼의 일하는 방식과 노력 중심으로, 오피스 공간 디자인 전문가와 공유 오피스 운영자는 사무 환경 변화를 중심으로 전문가 8명과 심층 인터뷰 진행
- 트렌드 워크숍 : 조사 내용을 바탕으로 분석하여 주요 트렌드 키워드 도출 및 사무 환경 변화에 대한 아이데이션 실시
- 결과 공유 프로그램 : 프로젝트를 통해 정의한 나중모드*, 오픈블라인드 등의 8개 키워드를 중심으로 퍼시스 사무환경 세미나, 공간 투어, 리포트 등의 활동을 진행하고 과정 및 결과를 내외부에 공유

퍼시스의 프로젝트도 크게 나누어 살펴보면, 이 책에서 다루는 내용과 마찬가지로 밀레니얼 세대를 이해하고 관찰하는 공감 활동, 발견 내용을 정리하고 키워드를 도출한 분석 활동, 해결 방안을 찾고 결과를 전달한 고안 활동으로 구성되어 있다.

물론 어떤 세부 활동을 선택할지 그리고 어떤 결과가 도출될지는 프로젝트의 목적 및 실행 환경 등에 따라 다를 것이다. 그러나 타깃 대상을 깊이 있게 살펴본 후 날카로운 인사이트를 도출한다는 점은 서비스 디자인 씽킹 프로세스가 강조하는 활동 내용과 동일하다.

---

* 세상의 중심을 '나 자신'에게 두는 생각 및 행동

성장 단계별로 다른 비즈니스 접근 방법

비즈니스는 성장 단계별로 추구하는 목표가 다르고 성공 요인을 정의하는 방법에 차이가 있다. 성장 단계에 따라 비즈니스를 살펴보는 것은 서로 다른 환경과 상황을 확인하고 활동에 반영하는 데 도움이 된다. 그렇다면 성장 단계를 어떻게 나눌 수 있을까?

사업마다 환경과 상황도 다르고 비즈니스 성장을 나누어 살펴보는 관점도 다양하겠지만, 여기서는 IBM이 EBO^{Emerging Business Opportunities} 전략을 운영하며 비즈니스의 성장 단계를 크게 세 가지로 구분한 사례를 살펴보자.

비즈니스의 성장을 3단계로 나누었을 때 각각 성공에 대한 기준이 다르며 시간과 불확실성 등의 영향에 따라 집중해야 하는 활동에도 서로 차이가 있다.

우선 첫 번째는 현재 매출을 견인하는 성숙한 기존 사업 단계다^{Mature Businesses & Markets}. 현재 관점에서 주력 사업을 어떻게 확장하고 수익을 더 높일 수 있을지 집중해야 한다. 단기 성과에 민감하므로 낮은 리스크와 효율성에 집중하여 매출과 이익을 관리하는 일이 무엇보다 중요하다.

두 번째는 점진적 혁신을 바탕으로 성장을 이끄는 단계다^{Major New Growth Businesses & Markets}. 중기 관점에서 비즈니스 모델이 성장하는 모습을 보여야 한다. 따라서 빠른 속도로 사업을 구축하고 신규 고객을 서둘러 확보할 수 있는지가 무엇보다 중요하다.

세 번째는 기존과 전혀 다른 시장을 장기적 관점에서 개척하는 단계다^{Portfolios Of Experiments For Long Term Growth}. 미래 기회를 탐색하고 투자가 필요한 비즈니스 모델을 찾아내는 장기 관점이 필요하다. 불확실성이 높고 사업성이 분명하지 않더라도 다양한 아이디어를 창출한 후 실행 가능한 사업화 방법을 제시할 수 있어야 한다.

결국 비즈니스에 존재하는 다양한 문제를 하나의 접근이나 하나의 실행 방법으로 해결할 수는 없다. 유연한 태도로 프로세스를 살펴보고 실행 가능한 운영 방안을 마련해야 한다. 이 책이 가급적 다양한 비즈니스 상황을 살펴보며, 각 사례에 맞추어 서비스 디자인 씽킹 프로세스를 현장에서 어떻게 적용할 수 있을지 다양한 접근 방법으로 나누어 소개하는 이유다.

빠르고 간결한 프로세스를 진행하느라 놓쳐서는 안 되는 부분이 있다. 바로 다시 원점으로 돌아가지 않기 위한 점검 활동이다. 답을 얻었다는 생각이 들면 대부분 새로운 노력을 멈추고 익숙한 기존 방법으로 다시 돌아가고 싶어 한다. 그러나 이제 새로운 변화를 만들기 시작한 때이므로 과거로 회귀해서는 안 된다. 빠르고 간결한 프로세스가 모두 마무리된 후에는 앞으로 후속 활동을 어떻게 이어갈지 계획하고 실행해야 한다.

우선 문제 해결의 돌파구를 어디에서 얻었는지 살펴보자. 그리고 프로세스 진행이 성공적이었다고 판단된다면 새로운 후속 활동을 통해 서비스 디자인 씽킹 프로세스를 초반부터 짜임새 있게 적용할 방법을 검토하고 제안하자.

지속적인 성장을 반영한 프로세스 3단계 3장을 시작하며 살펴본 선형 프로세스 구조에 꾸준히 학습과 실천을 반복하도록 반영하면 지속적인 성장을 만드는 프로세스 모습이 된다. 프로젝트 중에는 배움이나 단기 목표 달성을 목표로 하는 일회성 활동도 있다. 하지만 대부분의 실무 활동은 지속적인 변화와 성장을 원한다. 따라서 한 번의 실행으로 프로세스를 마무리하는 것이 아니라, 학습과 점검을 거쳐 지속적으로 실천해야 한다.

지금까지 현장에서 서비스 디자인 씽킹 프로세스를 어떻게 직접 빠르고 간결하게 실천할 수 있을지 3단계로 구성된 문제 해결 활동 중심으로 살펴보았다. 이 장을 마무리하며 널리 알려진 방법론인 인간 중심 디자인 툴킷Human Centered Design Toolkit을 통해 3단계로 구성된 프로세스의 흐름을 한 번 더 점검해본다. IDEO 재단의 인간 중심 디자인 툴킷은 사회 변화를 원하는 사람이면 모두 활용 가능한 디자인 씽킹 기반 방법론이다. 빌 & 멀린다 게이츠 재단Bill & Melinda Gates Foundation의 지원을 받아 세계적으로 널리 확산되었다. 현장에 있는 사람이 디자인 씽킹을 수행할 전문가라고 생각하고 접근한 이 방법론 역시 활동을 크게 '듣기', '창작하기'. '전달하기'로 구분하여 제안한다. 인간 중심 디자인 툴킷을 통해 3단계의 프로세스 흐름을 한 번 더 살펴보자.

- 1단계 듣기Hear : 조사 방법을 정하고 실행하여 현장의 이야기를 수집한다.

- 2단계 창작하기Create : 듣기 단계에서 수집한 자료를 통해 기회 영역과 핵심 문제를 파악하고 아이디어를 구체화한다.

- 3단계 전달하기Deliver : 솔루션을 기반으로 수익 모델을 개발하고 프로토타입을 만들고 실행 계획을 세워 결과를 평가한다.

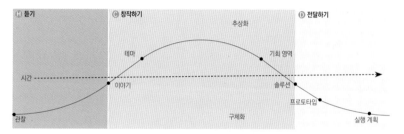

IDEO 재단의 인간 중심 디자인 툴킷의 HCD 프로세스　IDEO 재단이 공개한 인간 중심 디자인 툴킷의 프로세스는 '듣기', '창작하기', '전달하기' 3단계 구성이다.[*]

　만약 사회 변화와 혁신에 대한 관심으로 인간 중심 디자인 툴킷에 대한 더 자세한 정보를 살펴보고 싶다면 IDEO 재단의 디자인 키트(https://www.designkit.org)에 방문하기 바란다. 인간 중심 디자인 툴킷의 HCD 프로세스뿐만 아니라 디자인 방법론, 프로토타이핑 디자인 키트, 퍼실리테이터를 위한 가이드 등 인간 중심 디자인을 구현하는 다양한 핵심 정보 또한 공개되어 있다.

---

[*]　https://www.designkit.org/human-centered-design

묘수 활용하기

신사업 구축 및 확장에 필요한 기회 탐색

"새로운 서비스나 제품을 개발할 때면 더 다른 결과를 얻고 싶은 생각에 기존과 다른 프로세스를 찾아보고 반영해보고 싶습니다. 이번에 진행할 새로운 서비스를 준비할 때 서비스 디자인 씽킹 프로세스를 적용할 생각입니다. 다만, 새로운 프로세스 적용에 따른 결과에는 비교적 열려 있지만 활용 가능한 자원이나 주어진 기간은 제한적이에요. 이런 상황에 맞춰 서비스 디자인 씽킹 프로세스를 활용할 팁을 얻고 싶어요."

프로세스의 모든 단계별 활동을 더 빠르고 간결하게 운영하는 방법의 핵심은 3장에서 살펴본 바와 같이 프로세스 전반의 흐름은 유지하되 우선순위를 판단해 축소 가능한 활동을 최소화하는 접근이다. 그런데 이런 접근이 쉽지 않은 상황에서 서비스 디자인 씽킹을 활용해야 할 때가 있다. 새로운 사업을 구축하거나, 확장하며 빠르게 성장할 것으로 예상되는 새로운 혁신의 기회를 탐색하는 경우가 대표적이다.

일부 전문가는 이러한 상황이라면 차라리 처음부터 서비스 디자인 씽킹 프로세스를 고려하지 말라는 의견을 제시한다. 프로세스가 제시하는 활동을 충분히 진행할 수 없는 상황에서 좋은 결과를 얻어내기 어렵다는 것이다. 그럼에도 실무 현장에는 서비스 디자인 씽킹이 필요한 상황이 분명히 있다. 사업 초기 궁금증을 해결한다는 측면에서 아이디어가 어떻게 시장에서 동작할지 기회를 살펴보거나, 유행하는 트렌드가 자신의 서비스 환경에서 어떤 의미를 가지는지 빠르게 확인해보는 등의 경우다.

단계별 프로세스라는 원칙에 가까운 이야기를 꺼내는 것조차 쉽지 않을 때 담당자는 어떤 선택을 할 수 있을까? 시급성이 강조되어 정석을 따를 수 없을 때 참고할 내용과 방법을 지금부터 살펴보자. 3장에서 소개한 프로세스를 비즈니스 환경과 진행 상황에 맞추어 더 간단하고 더 빠르게 접근할 수 있게 구성했다. 여기서 다루는 내용은 정답이라기보다는 막다른 상황에서 찾아낸 궁여지책일 수도 있다. 각자의 환경에 활용 가능한 방법을 찾는 참고 예제로 생각하고 유연하게 받아들이자.

4.1 시장 변화에 따른 비즈니스 가능성 살펴보기

시장 흐름을 반영한 새로운 아이디어가 어떤 사업 가능성을 만들 수 있을지 신속하게 살펴보아야 하는 경우가 있다. 새로운 비즈니스 계획을 수립하는 활동일 수도 있고, 어느 정도 생각해둔 콘셉트 기준으로 시장 환경을 확인하고 싶을 수도 있다. 또 아이디어를 단순히 검증해야 할 때도 있고, 아이디어의 가능성을 중심으로 중장기 계획을 마련해야 하는지 판단하려는 때도 있다. 직면한 문제를 해결하는 데 필요한 초기 궁금증을 해결하고 앞으로 만들어나갈 활동의 기초를 다지는 결과물을 기대할 수도 있다. 이러한 활동이 공통으로 원하는 건 시장의 기회를 놓치지 않고 빠르게 새로운 비즈니스를 구축하고 확장하는 것이다. 그리고 이때 필요한 태도는 유연하게 접근하고 속도감 있게 실행하는 모습이다.

일단 앞에서 살펴본 '더 빠르고 간결한 프로세스'를 실행할 수 있는지 판단해야 한다. 그 결과 시간과 자원 등에 여유가 없고, 진행에 필요한 활동도 제한적인 상황이라면 어떻게 서비스 디자인 씽킹을 반영한 프로세스를 운영할 수 있을까?

우선 탐색과 검증 활동에 집중할 수 있도록 프로젝트를 계획하자. 이를 통해 사업을 본격적으로 진행하게 됐을 때 무엇에 집중할지 전략 방향을 찾고 판단 근거를 마련한다. 그리고 사업 방향 제시와 함께 연구해볼 만한 콘셉트나 예상 결과물의 모습을 가늠하여 간단하게라도 보여주자. 즉 프로젝트를 통해 아이디어의 가능성을 다양한 각도로 검토하여 사업과 서비스가 본격적인 구체화 과정으로 넘어갔을 때 성공 가능성을 높이는 데 집중하자는 의미다. 시장 내 성공 가능성을 가늠해볼 근거를 제공할 수만 있다면 제한된 리소스 안에서 프로젝트를 실행한 의미를 찾게 될 것이다.

먼저 프로젝트 사례를 간단히 살펴본 후 주요 내용을 확인해보자. 이 프로젝트에서는 시장에서 변화를 만들기 시작한 신규 기술을 중심으로 새로운 사업과 서비스 기회가 만들어질지를 살펴본다.

Project 소개

스마트 기술 변화에 맞춰 비즈니스 전략 점검하기

스마트 기기의 발전은 사용자에게 새롭고 다양한 이용 방법을 제공한다. 음성 인식, AR, VR 등과 같은 새로운 기술 기반의 서비스는 전용 기기 위주의 활용에서 점차 스마트폰, 태블릿, 스마트글래스 등 다수가 보유한 스마트 기기로 이용 범위를 넓히며 사용자의 진입 허들을 낮추고 있다.

이처럼 시장에 새로운 기술 또는 익숙한 듯하면서도 여전히 낯선 기술을 제품과 서비스에 반영할 때 서비스 디자인 씽킹 프로세스를 어떻게 활용할 수 있을까? 차별화된 새로운 사업 기회를 만들고 싶은 IT 서비스 기업이 시장 변화에 대응할 방법을 찾으려 어떤 비즈니스 전략 점검 활동을 진행했는지 단계별로 확인해보자.

● 프로젝트 진행 배경

이 프로젝트는 시장에서 새로운 기술이 주목받는 상황을 기업 차원에서 어떻게 바라보고 대응해야 할지 서둘러 답을 얻고 전략 방향을 정하는 데 도움을 얻고자 시작됐다. 빠르게 활성화되고 있는 음성 인식 서비스를 중심으로 프로젝트 범위를 정했다. 제한된 인원으로 비교적 짧은 기간 내에서 프로젝트를 진행하여 사업 전개에 대한 의사결정을 돕는 기초 내용을 확보하는 것이 목표였다.

프로젝트 초기에는 데스크 조사 중심의 세컨더리 리서치가 주로 진행됐다. 내부에서 먼저 진행된 활동이 있는지 살펴보았고 기업 연구소의 조사 내용을 확보해 확인했다. 하지만 대부분은 기술의 변화와 연구에 무게중심을 둔 자료 위주로 사용자나 시장 상황을 살펴보기는 어려웠다. 대신 연구 진행자에게 몇 가지 조언을 얻었는데, 그중 '이제 국내 시장이 막 활성화되기 시작한 영역을 조사하는 상황이므로 해외 자료 위주로 진행하면 좋겠다'는 의견이 있었다. 해외 주요 서비스는 주로 영어를 사용하고 있어 분명한 차이가 존재할 수밖에 없다. 우선 우리말에 비해 영어는 다양한 연구 결과와 많은 데이터를 이미 확보한 언어라는 점에서 서비스 개발 및 구현 상황이 크게 다르고, 국내와 해외는 고객의 서비스 이용 환경도 다르다. 그렇다 보니 해외 자료는 일반적인 정보 확인 수준에서 그치게 된다는 사실을 사전 검토를 통해 알 수 있었다. 또 국내 세컨더리 리서치 내용은 해외 기업 소개나 수치 중심의 단순 이용 지표 전달에 그쳐, 이를 토대로 서비스를 이용하는 국내 고객의 행동과 의견을 가늠하기란 쉽지 않았다.

상황이 이렇다 보니 국내 시장을 대상으로 하는 새로운 사업 아이디어를 살펴보려면 서둘러 고객 목소리를 듣고 판단해야 한다는 쪽으로 의견이 모였다. 이를 해결할 방법으로 고객 관점이 반영된 서비스 디자인 씽킹 프로세스가 제안됐다. 단, 빠른 상황 판단에 기반한 시장 대응이 요구되는 만큼 시간과 자원을 효율적으로 운영하는 활동이 필요했다. 단계별 활동을 빠짐없이 수행하는 것보다는 프로젝트를 가급적 빠르고 간결하게 운영하는 것이 주요 실행 포인트였다.

● 프로젝트 접근 방법

제한된 자원을 고려하여 다음과 같이 더 빠르고 간결하게 프로젝트를 진행하는 또 다른 접근 방법을 논의해 구성했다. 여기서 집중한 활동 방향은 크게 두 가지였다. 조사 방법에 유연성을 부여하여 고객과 시장의 목소리를 빠르게 확인하고, 분석과 콘셉트화 과정에 고객 관점을 계속 반영하는 것이다.

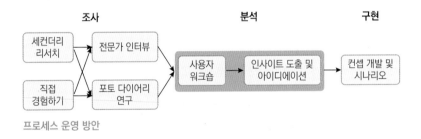

프로세스 운영 방안

● 첫 번째 : 조사 단계

기존에 경험하지 못한 새로운 서비스 기회를 포착하는 조사 단계에도 고객과 시장의 목소리를 꾸준히 확보하고 반영해야 한다. 서비스 디자인 씽킹 프로세스의 다양한 활동 중에서 새로운 기술 기반의 시장 흐름을 파악하고 사용자 초기 행동을 살펴볼 수 있는 효율적인 방안을 각자 여건을 고려해 찾아야 한다. 그리고 참여자 모두 각자 진행할 활동과 서로 협력할 부분을 충분히 이해하고 공유하여 프로세스 계획을 조율해야 한다. 특히 프로젝트 리더는 일정에 따라, 할 일과 한 일 등을 명확히 체크하고 운영해야 한다.

실제 프로젝트에서는 전체 프로젝트 운영 관점에서 기민하게 움직여야 한다면 제한된 자원과 시간 내에서 프로세스를 어떻게 운영할지 분명히 판단해야 한다. 이 프로젝트는 프로세스 활동 전반을 빠르고 효율적으로 진행하는 아이디어와 노력이 필요했다. 그 실행 방안으로 시작 단계에서 서비스 디자인 씽킹이 제안하는 여러 활동 중 인원과 일정을 고려하여 병렬로 운영하기로 결정했다.

① 데스크 조사 기반의 세컨더리 리서치 방법을 효율적으로 운영하여 제한된 자원과 시간 안에서 프로젝트의 방향을 설정하고 출발점을 만들 수 있었다. → 세컨더리 리서치는 서비스 관련 시장의 변화와 고객 흐름 등을 신속하게 수집하고 정리할 수 있어 프로젝트의 기초 조사 내용을 비교적 빠르게 만들 수 있다. 비용 부담이 없어 기업이 우선적으로 선택하는 조사 방법으로써 주제에 대한 최신의 관점을 놓치지 않는 데도 효과적이다.

② 세컨더리 리서치가 진행되는 동안 '직접 경험하기'를 비교적 부담 없이 병렬로 진행할 수 있으므로 함께 수행했다. 이를 통해 정해진 인원과 짧은 일정에 맞추어 효과적으로 대응 가능했다. → 세컨더리 리서치는 프로젝트를 시작하는 '공감하기' 단계에서만 진행하는 것은 아니다. 프로

젝트 기간 동안 지속적으로 수행하여 문제 해결에 필요하지만 직접 조사하기 어려운 부분을 보완한다.

③ 전문가 인터뷰를 통해 짧은 시간에 시장 흐름을 세밀하게 파악하고, 트렌드 관련 이슈에 대한 의견을 얻고, 추가로 파악해야 할 정보를 얻었다. → 진행하는 주제에 적합한 신뢰할 만한 전문가를 선정해야 객관적 정보와 주관적 의견을 구분할 수 있으니 주의하자.

④ '세컨더리 리서치'와 '직접 경험하기'의 병렬 진행처럼 '포토 다이어리 연구'도 인원과 일정 등을 조율해 '전문가 인터뷰'와 함께 효율적으로 운영했다. 특히 이 프로젝트에서는 전문가 인터뷰 시점부터 포토 다이어리 연구를 준비했다. 새로운 기술을 사용해본 사용자가 흔치 않은 상황이므로 사용자 워크숍과의 연계 여부도 미리 파악했고, 다이어리 내용을 토대로 적절한 대상자를 확인하여 다음 활동을 함께하도록 준비했다.

⑤ 포토 다이어리 연구를 수행하여 사용자 관점에서 서비스 관련 행동 및 생각 등을 파악할 수 있었다. 사용자의 실제 이용 환경 및 상황을 텍스트뿐만 아니라 사진이나 동영상으로 공유했다.

● **두 번째 : 분석 단계**

분석 단계의 워크숍 전반에는 사용자의 서비스 사용 행동을 공유하고 나서 그 과정에서 사용자가 느끼는 감정과 생각을 확인한다. 그리고 워크숍 후반에는 사용자가 생각해온 불편과 니즈를 작성해보며 기초 아이디어를 발전시킨다. 새로운 제품과 서비스라는 프로젝트 요소가 워크숍 활동을 준비하고 실행하는 과정에 지속 반영되게 챙기자.

조사 활동부터 사용자 워크숍을 거치며 확인한 내용을 토대로 인사이트를 도출하고 정리했다. 그리고 그 내용을 바탕으로 더 정교한 아이디어를 만들었다. 도출한 인사이트에서 새로운 아이디어를 찾아낼 수도 있고 사용자 워크숍에서 얻은 초기 상태의 아이디어를 발전시킬 수도 있다.

① 워크숍 준비 단계에 기기와 서비스를 미리 준비하고 세팅해 실제와 가까운 행동을 하도록 진행했다. 대중적으로 보편화되지 않은 기기와 서비스에 대한 행동과 의견을 언어에만 의존해 표현하고 공유하기란 쉽지 않으므로 이는 중요한 준비 활동이었다. 만약 현장 상황이 까다롭거나 개인 세팅이 많을 때는 다이어리 연구 활동에서 직접 기록한 동영상을 활용하면 진행상 혼선을 줄일 수 있었다.

사용자 워크숍 실행   사용자 워크숍은 조사 내용 확인, 의견 공유, 아이디어 발견 등이 이루어진다. 이때 기기, 서비스, 동영상 등 다양한 내용을 활용하면 워크숍 참석자의 몰입과 이해에 도움이 되어 원활한 활동 진행 및 만족스러운 결과 도출에 도움이 된다.

                                                   PART 2 • 현장 상황에 맞춰 프로세스를 적용하라

② 시각화 활동에 부담을 느끼거나 익숙하지 않은 경우도 적지 않으므로 진행 초반부터 시각화의 필요에 대해 참석자와 충분히 공감대를 형성했다. 특히 새로운 주제와 대상을 다루는 프로젝트라면 시각화를 통해 각자의 생각과 의견을 더 정확하고 구체적으로 전달할 수 있으므로 무엇보다 필요하고 중요한 접근 방법이었다.

● 세 번째 : 구현 단계

구현 단계에서는 워크숍과 아이디에이션 세션을 통해 확보한 아이디어를 다수의 콘셉트와 시나리오로 발전하여 해결 방안을 제시하게 된다. 이때 완결된 사업 모델보다는 새로운 변화 가능성을 확인하고 앞으로 나아갈 방향을 탐색하려는 프로젝트 목적을 상기해야 한다. 자칫 프로젝트 목적이 흐릿해지면 다소 제한된 자원과 기간이라는 제약 안에서 이루어진 프로젝트의 산출물에 기대어 모든 것을 판단하려는 실수를 하게 될 수 있다.

그래서 아이디에이션 세션과 콘셉트 개발 과정 또한 프로젝트가 지향해온 관점 안에서 진행해 유의미한 사업 가능성을 살펴보는 것이 중요했다. 확보한 결과를 토대로 다음 프로젝트가 원활하게 이어질 수 있게 진행하는 데 집중했다.

① 발산된 여러 해결 방안이 어떤 방향성을 보이는지 확인하기 위해 2×2 매트릭스 형태로 분포를 살펴보았다. 2×2 매트릭스는 기본 형태이지만 해결 방안에 대한 분포를 검토하는 과정이 낯설 수 있어 IDEO 재단

이 인간 중심 디자인 툴킷 중 전달하기 과정에서 제안한 2×2 매트릭스 기반 활동 중 해결 방안 분포 매트릭스를 참조했다.

해결 방안 분포 매트릭스

해결 방안 분포 매트릭스는 우선 두 축을 사용자 관점에서 기존 사용자인지 새로운 사용자인지, 제안 측면에서 기존 제안인지 새로운 제안인지에 따라 나눈다. 그리고 각 솔루션을 적당한 위치에 배치한 후 분포를 살펴본다.

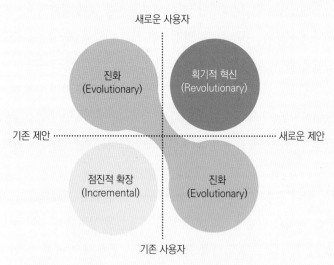

해결 방안 분포 매트릭스 IDEO 재단이 제시한 해결 방안 분포 매트릭스. 사용자와 제안 항목이 모두 새로운 우측 상단은 디자인과 기술 중심의 '획기적 혁신'으로, 모두 기존인 좌측 하단은 시장 중심의 '점진적 확장'에 해당한다. 사용자와 제안 중 한쪽만 새로운 경우는 디자인 중심의 아이디어 진화를 나타낸다.[*]

---

[*] IDEO 인간 중심 디자인 툴킷. https://www.designkit.org/resources/1

분포된 내용은 각 조직의 상황이나 목표에 따라 다를 수 있으므로 어떻게 해석할지 팀이 충분히 논의해야 한다. 이때 '다수의 조직이 획기적인 혁신 아이디어에 우선 매료된다. 그렇지만 현실적으로는 기존 고객과 역량을 놓치지 않는 확장 및 진화 중심의 단기적 실행이 더 강력한 전략이 될 수 있다'는 IDEO 재단의 의견을 놓치지 말자.

② 팀 활동 기반으로 도출한 아이디어를 상황별 시나리오로 작성했고, 시각화를 통해 이해하기 쉽고 명확한 프로젝트 산출물로 제작했다. 이때 구현 단계의 시나리오는 흥미 위주로 이야기를 표현하는 방법이 아니므로 문제 해결 방안과 사업 가능성을 설득력 있고 쉬운 스토리텔링으로 전달하여 듣는 사람이 명확히 이해할 수 있게 만들었다.

③ 도출한 콘셉트와 시나리오를 더 정교화하기 위해 전문가와 추가 평가 활동을 운영했다. 이 과정을 통해 프로젝트 멤버가 미처 생각하지 못한 콘셉트와 시나리오의 장단점이나 보완점을 점검하고 추가 의견을 확보할 수 있었다.

④ 사용자와 추가 평가 과정을 함께 진행하여 사용자 관점의 내용을 보완할지 검토했다. 이때 살펴본 기법으로 복잡한 실제 구현 없이 운영되는 '오즈의 마법사'가 있다. 오즈의 마법사는 현실적으로 구현되지 않았지만 실험 공간 뒤에서 마법사 역할의 전문가가 상황에 따라 필요한 요소를 수행 활동마다 적절히 제공하는 방법을 의미한다.

신규 서비스 아이디어의 시각화   도출된 아이디어를 이미지 중심의 상황별 시나리오로 시각화하면 어떤 서비스와 가치를 제안 하는지 명확하게 전달할 수 있다. 상황과 내용 전달이 중요하므로 특정 부분을 강조하거나 또는 제외하여 핵심에 집중할 수 있도록 표현할 수 있다.

Project 소개

조사 방법의 변화에 대응하기

온라인과 모바일 환경이 보편화되면서 새로운 기술을 활용한 조사 활동이 꾸준히 소개될 뿐 아니라 활용 방법도 쉽게 다양해지고 있다. 예를 들어 모바일 에스노그라피Mobile Ethnography는 스마트 기기와 모바일 기술을 이용해 참가자가 언제 어디서든 실시간으로 고객 관점을 제공하는 연구 방법이다. 전통적인 에스노그라피가 가진 물리적 공간이라는 제약을 온라인으로 확장하며 공간의 한계를 넓힌다.

물론 새로운 조사 방법은 기존 방법과 비교하여 다소의 제약이 있기도 하지만 그 단점을 상쇄할 만큼의 장점도 있다. 하지만 이러한 조사 방법의 변화에도 정성 조사는 여전히 오프라인 활동을 우선적으로 검토한다. 직접 대면하여 인터뷰를 진행하고 실제 현장을 관찰하는 것의 효용성은 누구라도 인정할 것이다.

과거에는 물리적 제약이 있어 꼭 필요한 경우에만 온라인 집단좌담회Online FGI 등을 진행했다. 이제는 화상 커뮤니케이션에 필요한 환경이 개선되고 가상 기술도 빠르게 도입되면서 직접 만나지 않지만 생생하게 조사 활동을 할 수 있는 여건이 제공되어서 줌이나 마이크로소프트 팀즈 등을 사용한 온라인 커뮤니케이션 기반 조사 활동에 대한 수용도가 상당히 높아졌다.

앞에서 살펴본 '스마트 기술 변화에 맞춰 비즈니스 전략 점검하기' 프로젝트는 사용자와 전문가 수가 적은 문제가 있어 거리와 시간 제약을 극복하는 조사 방법이 필요했다. 또 해외 내용을 반영하여 글로벌 동향이나 향후 가능성에 대해서도 다루고자 했다. 이런 상황에서 팀은 프로젝트 목적과 상황 등을 다각도로 살펴보고 조사 활동에 변화가 필요하다고 판단했다. 여기서 다루는 모바일 화상 인터뷰, 모바일 서비스 기반 다이어리 작성 등을 활용하여 활동 범위를 더 넓히고 프로젝트가 원하는 방향에 좀 더 가까워질 수 있었다.

프로세스 활동의 변화와 확장이라는 측면에서 최근 변화한 환경과 요구에 발 맞춘 새로운 조사 활동에 대한 3가지 방법을 살펴보자. 조사 시간과 자원 측면에서 효율적 대안이 될 수 있는지, 기존에 확인하기 어렵던 부분을 살펴볼 수 있는지를 고려한 더 빠르고 간결한 프로세스 측면에서 확인해볼 만한 방법이다.

1. 최신 기술과 서비스를 활용한 리서치 한계 확장
2. 존재하는 서비스 기반으로 유연성 부여
3. 새로운 트렌드를 반영하여 조사 품질 높이기

실행을 염두에 두고 있다면 비교적 어렵지 않을 활동이 다수이므로 직접 운영해봐도 좋다. 필요하다면 전문 조사 기관의 도움을 받자. 각자 주어진 리소스를 생각해 운영 방향을 정하면 된다.

1. 최신 기술과 서비스를 활용한 리서치 한계 확장하기. 최신 기술을 사용해 리서치 한계를 확장한 활동으로는 '모바일 화상 인터뷰 진행'과 'AR, VR 등을 활용한 관찰 활동 보완' 방법이 있다.

'모바일 화상 인터뷰 진행'부터 알아보자. 과거에는 고객과 직접 대면이 어려울 때 전화를 활용한 음성 통화 기반의 원격 조사를 흔히 진행했다. 하지만 고객의 비언어적 커뮤니케이션을 관찰하기 어렵고 목소리만으로는 실제 참여 확인이 쉽지 않은 등의 제약이 있었다. 물론 과거에도 화상 기반의 원격 조사 방법이 있었지만 조사 참여자 입장에서 별도 장비를 설치해야 하고 전용 프로그램은 전문가용에 가까워 사용하기 어려웠다. 운영 측면에서도 네트워크 환경의 제약이나 유지 비용 이슈가 있었다. 결국 이러한 상황에 대응하느라 정작 조사 활동에 집중하지 못하는 일이 흔해 진행이 쉽지 않았다. 이제 화상 커뮤니케이션에 필요한 환경과 서비스가 크게 개선됐다. 특히 사용자가 스마트폰 등을 활용한 화상 커뮤니케이션에 익숙해졌다. 고객이 원격 화상 커뮤니케이션을 자연스럽게 느끼고 쉽게 수용하게 되었으므로 이제 실무 활동에 반영하는 것을 적극 고려해도 좋다.

- 모바일 화상 인터뷰는 방문 조사에 비해 여러 장점이 있다. 우선 시공간 제약을 손쉽게 극복할 수 있다. 참여자 입장에서는 딱딱한 조사 공간(예를 들어 리서치 기업의 인터뷰 룸)과 불편한 시간(예를 들어 업무 후 고된 저녁 시간)에서 벗어나게 되므로 심적 부담을 덜게 된다. 그만큼 더 솔직하고 성실한 답변과 의견을 제시하게 될 것이다.

- 프로젝트의 효율적 운영이라는 점에서 조사 활동에 강점을 부여할 수도 있다. 만약 사진, 그림 등 보조 자료가 있다면 미리 전달한다. 이때 먼저 확인하는 것을 피하고 싶다면 압축 파일에 비밀번호를 설정한 뒤 진행 시간에 비밀번호를 알려주기도 한다. 대부분의 대면 조사는 미리 질문 내용을 알리지 않지만, 화상 인터뷰는 운영 효율 측면에 집중하기 위해 질문지를 먼저 제시할지 선택하는 경우도 있다. 대신 질문지를 먼저 전달해 얻으려는 조사운영팀의 목적이 분명해야 한다.

- 녹음과 녹화가 필요한 경우 기능을 미리 확인하고 테스트해 당황하지 않도록 하자. 특히 직접 현장에서 만나는 것이 아니므로 반드시 시작 전 고객의 준비 상황을 확인해야 한다. 서비스 사용 방법이 익숙하지 않다면 미리 관련 자료를 제공하고, 카메라 위치나 밝기 등 조사 활동에 적합한 환경을 구성하도록 먼저 안내하고 시작 전에 확인한다. 불안한 네트워크 환경이나

서비스 오류 등으로 활동이 중단되는 경우도 생각해야 한다. 이런 경우를 대비해 다시 연결하는 방법을 알려주고, 긴급 연락처를 안내한다. 이와 같은 일련의 내용을 매뉴얼로 정리하여 조사 참여자에게 놓치지 않고 공지해야 한다. 특히 그룹으로 진행할 때는 참가자 인원별로 상황이 다를 수 있으니 사전에 개별 안내하고 점검하자.

- 원격으로 진행되는 화상 커뮤니케이션은 관찰 측면에서도 장점이 있다. 카메라를 통해 정면으로 바라보는 상황이 연출되어 얼굴 표정이나 손 동작 등 비언어 표현을 확인할 수 있다. 다만 원하는 화면이 보이도록 참석자의 위치나 카메라 세팅 상태 등을 미리 확인해야 한다.

- 홈 비지트 등 직접 방문해 인터뷰와 관찰을 진행하는 방법의 대안으로 활용할 수 있다. 모바일 기반 화상 커뮤니케이션은 고객의 생활 공간에서 진행되므로 별도의 공간에서 대면 조사를 진행할 때와 비교해 고객의 환경이나 사용 방법을 더 자연스럽게 보여줄 수도 있다. 물론 원격으로 진행되는 조사가 직접 방문을 대체할 수 있다고 이야기하는 것은 아니다.

이어서 'AR, VR 등을 활용한 관찰 활동 보완' 방법을 살펴보자. AR과 VR로 대표되는 가상 체험 기술은 과거와 비교하여 충분히 놀랄 만큼 발전했고 점진적으로 대중화되고 있지만, 한편으로는 여전히 실험이나 도전에 가깝다. 아직 변화를 만들어가는 과정 속에 있는 기술이지만, 활용성이 높아진 일부 영역을 중심으로 조사 활동에 AR, VR 등을 반영하려는 새로운 시도도 꾸준히 늘어나고 있다.

건축, 인테리어 등이 중요한 프로젝트는 사용자의 체험을 반영한 피드백이 무엇보다 중요하다. 하지만 비용이나 시공간 등의 제약으로 직접 구현해 관찰하기가 쉽지 않다. 이처럼 직접 구현은 까다롭지만 체험할 필요가 있는 상황에 가상 기술은 유연한 대안이 될 수 있다. 특히 가상 기술은 기능이나 구조 변경이 용이하다. 따라서 여러 가상 체험을 제공해 각 체험마다 사용자 경험에 어떤 변화가 있는지 확인하기도 수월하다. 이러한 장점으로 인해 가상 체험 기술의 관찰 활동 응용은 서비스 디자인 활동 도구로 여러 가능성을 보이고 있다. 아직 보완이 필요한 요소가 존재하지만 꾸준히 조사 활동에 활용한 사례가 공개되고 있어 향후 다양한 현장 활용이 기대된다.

2. 존재하는 서비스 기반으로 유연성 부여하기. '모바일 서비스 기반 다이어리 연구'와 '메신저를 활용한 그룹 커뮤니케이션 진행' 방법을 알아보자.

먼저 모바일 서비스 기반 다이어리 연구를 소개한다. 일기 작성과 유사한 다이어리 연구Diary Study는 오프라인은 물론 온라인에서도 꾸준히 활용되어왔다. 모바일 앱이 일상 생활에 자리잡기 시작한 이후로 사진과 글을 기록하는 여러 서비스가 등장하면서 다이어리 연구 활동에 활용하는 경우가 늘어났다. 정해진 템플릿 문서를 파일 형태로, 또는 온라인 다이어리 작성 도구로 제공하면 작성자가 조사 방향에 맞춰 작성한다. 파일보다는 적절한 모바일 서비스를 조사 활동에 활용해보자. 조사 활동의 운영 방법이 유연해질 뿐 아니라 조사 대상자 입장에서도 일반 모바일 서비스를 활용하면 설치 등 불편을 줄일 수 있다.

- 모바일 서비스를 활용한 다이어리는 처음 이용하더라도 온라인 게시판에서 텍스트 위주의 글을 작성하는 방법은 비슷하므로 별도의 안내가 필요

없다. 사진이나 동영상 첨부 등 글쓰기 외 과제 수행에 필요한 사안은 반드시 별도로 안내를 해주는 것이 좋다.

- 인쇄물을 제공하고 지정된 날짜에 수거하던 기존 다이어리 연구와 비교하면 모바일 기반의 활동이 훨씬 유연하다. 예를 들어 모바일 다이어리는 정해진 양식에 맞춰 작성하는 부분 외에도 진행자가 작성된 내용을 참조해 새로운 질문을 제시할 수도 있다. 댓글 기능을 이용하여 더 궁금하거나 확인하고 싶은 내용을 간편하게 커뮤니케이션할 수도 있다. 답변에 방해가 될 정도의 개입이 아니라면 모바일 기반 다이어리 활동은 참여자의 진행 사항을 꾸준히 확인하고 가이드에 벗어나지 않게 하는 데 유용하다. 모바일 서비스의 장점을 충분히 활용하면 조사 목적에 부합하는 발견점을 더 잘 찾아낼 수 있는 활동으로 이끌 수 있다.

- 다이어리 작성 방법이 쉽다고 해서 참여자가 활동을 가이드대로 어렵지 않게 수행한다는 의미는 아니다. 따라서 참여자가 활동 가이드에 따라 과제를 잘 수행하고 있는지 확인하고 독려하는 부분을 잊지 않고 적절히 수행해야 한다.

- 모바일 조사 역시 전문 조사 업체를 통하면 연구의 구성이나 분석 방법 등에 있어 더 개선된 방향으로 진행할 수 있다. 하지만 여기서는 제한된 자원으로 시간을 단축해 활동을 확장하는 데 초점을 맞췄다. 다소 아쉬움이 있어도 직접 모바일 서비스를 활용해 조사 활동을 진행하면 신속하게 목적에 부합하도록 프로젝트를 관리할 수 있다.

두 번째로 '메신저를 활용한 그룹 커뮤니케이션 진행' 방법을 알아보자. 메신저는 모두에게 익숙한 도구인 만큼 신속하고 간단한 조사 활동이 가능하며, 사용자 의견 청취나 도출, 아이디어에 대한 반응 확인 등에 자주 활용된다. 텍스트, 음성, 화상 등을 활용해 1:1은 물론 다수가 대화를 할 수 있다. 비공개 그룹 대화, 오픈 그룹 등 자세한 기능을 열거하지 않아도 모두 알고 있으리라 생각한다. 그룹 기능 중심으로 살펴보자.

- 여러 사람의 의견을 빠르게 청취하는 조사에 그룹 대화 기능을 활용할 수 있다. 메신저 기반의 그룹 대화는 참여자의 정보 공개 여부를 선택할 수 있어 실시간으로 익명의 의견을 쉽고 간단히 확인할 수 있다. 그룹 대화 활동에서는 진행자와 참여자 모두가 집중력을 유지하도록 주의를 기울여야 한다.
- 특히 참여자가 질문을 놓치지 않도록 진행자는 꼭 확인해야 할 주요 내용에 말머리나 문장 부호 등을 표시하도록 사전에 약속해두자. 공지 기능을 활용하여 토론 주제, 대화 규칙, 진행 시 주의할 점 등을 제공해주면 참여자가 필요할 때 편리하게 확인할 수 있다.
- 투표나 링크 공유 등의 기능을 활용하면 의견을 쉽게 모으고 점검할 수 있다.

3. 새로운 트렌드를 반영하여 조사 품질 높이기. 스마트폰과 360도 카메라 같은 개선된 장비를 활용한 관찰 활동을 알아보자.

스마트폰에 카메라가 결합되고 꽤 시간이 흘렀다. 이제는 별도로 카메라와 녹음기를 마련할 필요가 없을 정도로 스마트폰 성능과 기능이 향상되었다. 전문장비 없이 스마트폰으로 사진을 찍고 레코딩을 하는 일이 일상에서 자연스럽다. 이는 조사 활동에서도 마찬가지다. 물론 카메라, 녹화기기, 녹음기 등을 따로 준비한다면 결과물의 품질을 개선할 수 있을 뿐 아니라, 참여자가 진행 과정에서 조사 활동을 더 분명히 인식하게 만드는 효과가 있다. 그러나 비교적 짧은 기간의 조사에서 사용할 자료를 마련하는 용도라면 스마트폰으로 충분하며, 활동에 필요한 비용과 사용 방법을 익히는 시간까지 줄일 수 있다. 이 익숙한 만능 도구를 적극적으로 활용하자.

- 파노라마 기능을 활용해 촬영을 해보자. 방문한 장소를 부분 부분 나누어 촬영해 소개하면, 직접 가보지 않은 사람은 전체 공간을 이해하기가 어렵다. 파노라마 영상(사진)은 전체 공간을 연결하여 보여주므로 관찰한 내용에 대한 이해를 높일 수 있다. 스마트폰에서 기본 제공하는 기능만으로도 충분하지만 별도 앱을 설치한다면 더 다양한 기능을 활용할 수 있다. 평소 관심을 가지고 여러 상황을 가정해 살펴본다면 필요할 때 현장에서 도움이 될 것이다.

- 블루투스 스피커, 외장 모니터 연결 젠더, 보조 배터리 같은 보조 도구를 활용하자. 사소하지만 조사 활동을 진행하기 전에 스마트폰과 보조 배터리를 완충해두자. 충전기를 항상 소지하고 다니자.

- 360도 카메라를 활용한다면 더 높은 몰입감을 가져올 수 있다. 영상을 이어붙이는 스티칭 과정 등 몇 가지 기능을 익혀야 하지만 다양한 각도에서 환경을 확인할 수 있어 관찰자가 조사 활동에서 느낀 현장감을 더 분명히 전달할 수 있다.

프로세스 활동에 새로운 기술이 도입되면서 시공간 제약은 줄고 기존에 확인이 어려운 측면도 확인할 수 있게 됐지만 비용과 자원에 대한 부담은 오히려 줄었다. 정보통신기술의 빠른 발전은 앞으로도 변화에 가

속도를 부여할 것이다. 단순히 기존 조사 활동의 대안으로 새로운 조사 방법을 살펴보는 것은 아니다. 막연한 익숙함에 갇히기보다는 다양한 가능성을 보이는 새로운 환경과 활동 방법에 꾸준히 관심을 갖고 적용해보는 것이 중요하다.

아이디어의 가능성에 다양한 관점 투영하기

아이디어의 가능성을 판단하는 절대적 기준이 정해져 있는 것은 아니다. 그러나 시간과 자원이 극히 한정된 상황에서는 여러 기준을 적용한다면 경우의 수만큼 필요한 시간과 비용이 늘어나 부담이 될 수밖에 없다. 그럴수록 믿을 만한 절대적 기준이 간절할 것이다. 서비스 디자인 씽킹 관점에서 가장 중요하게 다루는 기준은 분명하다. 바로 고객 또는 사용자다. 고객 또는 사용자를 통해 새로운 기회를 파악하고 그들의 행동과 특성을 중심으로 아이디어의 가능성을 판단해야 한다.

일련의 프로세스 과정에 사용자를 참여시켜 사용자가 직접 해결책을 찾아가는 방법이 있다. 이를 사용자 참여User Participation라고 한다.

참여 활동을 직접 수행할 때 아이디어에 대한 토론은 특히 신경 써야 한다. 참여자가 충분히 생각하고 자신의 이야기를 꺼낼 수 있도록 배려해야 한다. 이 부분이 아이디에이션의 성공 여부를 좌우한다. 사용자의 관점이나 생각이 프로젝트팀과 크게 다르거나, 예상하지 못한 새로운 아이디어를 전달할 때도 있다. 참여 활동을 진행하면 팀 논의에서 찾을 수 없던 내용을 고객의 시선을 통해 발견할 수 있다. 참여 활동에서 단지 궁금한 부분만 확인하면 된다고 오해하는 경우도 흔하다. 이런 모습은 아이디어나 가설에 대한 믿음이 클수록 더 자주 보이는데, 고객과 사용자의 참여를 반영한 활동 진행의 이유를 다시 한번 되짚어본다면 그들의 목소리에 더 귀 기울이기 위해 노력해야 한다는 점을 놓치지 않게 될 것이다.

여러 참여자가 함께 진행하는 활동이라면 모두가 골고루 의견을 제시하도록 주의를 기울여야 한다. 물론 의견을 가진 사람이 자유롭게 이야기할 수도 있고 또 순서를 정해 차례대로 돌아가며 의견을 낼 수도 있다. 그러나 어떤 형태로 운영되더라도 모두가 다양한 의견을 제시할 수 있게 신경 써 체크하고, 필요에 따라 참여자를 지칭하고 여러 의견을 명확하게 이야기하고 확인할 수 있는 기회를 만들어야 한다.

때로는 트렌드 변화에 대응해 의사결정자가 가지고 있는 궁금증을 해결하거나 사업 운영 근거를 마련할 때도 고객 중심의 프로젝트 접근이 필요하다. 이런 상황에서는 특정 결과의 도출보다 시장 흐름을 제시하고 변화에 교감하는 분위기를 만들어 다음 비즈니스 활동으로 이어질 수 있게 만드는 의사결정 근거를 제공해야 한다. 고객 중심의 변화 상황을 신속히 파악하여 인사이트와 아이디어를 의사결정에 활용할 수 있게 제시하자.

이와 함께 실무 활동의 연구자 관점에서 시장 내 새로운 가능성을 찾고 다루어야 할 때도 있다. 빠른 시일 내 사업 답안을 소개하는 것이 아니므로 앞으로 서비스가 지향해야 할 방향의 실마리를 고객에게서 찾는 데 집중해야 한다. 이 과정에서는 새로운 서비스 아이디어를 다양하게 준비하는 것이 주요 성과가 될 수 있다. 특히 이때 날것의 느낌이 커서 당장은 실현하기 어려워 보이는 아이디어도 향후 가능성이 큰지 주의 깊게 살펴보고 반영해야 한다.

모든 프로젝트에서 내일 필요한 답을 당장 콕 집어내는 것이 바람직한 결과는 아니다. 때로는 즉답을 내놓기보다는 향후 사업 및 서비스의 성공 가능성을 축적한다는 부분에 초점을 맞추는 것이 중요할 수 있다. 서비스 디자인 씽킹 기반의 고객 중심 활동을 통해 장기적 관점에서 소기의 성과를 얻을 수 있는 다양한 아이디어를 제시해보자.

4.2 트렌드가 만드는 변화 요소 확인하기

어떤 산업에 종사하든지 연말연시에는 비즈니스 트렌드의 변화에 관심을 가지고 향후 사업 및 서비스를 준비한다. 트렌드의 변화를 직접 확인하고 각자의 비즈니스 관점에서 시사점을 찾아내 서비스에 반영해야 한다.

트렌드 예측을 업무에 활용하는 예로는 트렌드 전망 리포트나 서적 등에서 제시한 키워드를 소셜 미디어와 앱 내 광고 카피로 사용하거나 이커머스 서비스에서 이벤트 운영 타이틀로 이용하는 경우를 들 수 있다. 트렌드 예측은 여러 사례를 살펴본 후 잘 정리한 주장이다. 그러나 내용이 짜임새를 잘 갖추었다고 여과없이 받아들여서는 안 되며 각자의 사업 영역에 딱 맞을 거라는 의미도 아니다. 기계적으로 예상 트렌드를 사용하면 트렌드 예측자가 제시한 생각이나 주장에 갇히게 된다. 트렌드 전망을 주요 의견으로 두고 각자의 관점에서 재해석하고 판단하는 과정이 필요하다.

트렌드와 연결해 서비스 및 제품에 반영할지 살펴보고 가벼운 아이디어 수준이라도 구현 가능한 내용을 확인하고 싶은가? 즉 트렌드에 대한 고객의 요구Wants나 니즈Needs가 있는지, 시장의 실제 분위기는 어떠한지, 사업을 얼마나 빠르게 움직여야 할지 등을 확인하고 싶은가? 이때는 구체적인 답을 찾아내는 것도 중요하지만 비즈니스 의사결정에 놓쳐서는 안 되는 내용이 무엇인지 찾아서 제품과 서비스에 반영되게 이끌어내는 것이 더 중요하다. 즉 트렌드가 의미하는 바를 산업 현장 중심으로 파악하고 고객 관점에서 신경 써야 할 요소는 무엇인지 찾아서 사람들이 충분히 이해하도록 전달해야 한다.

특히 기업이 보유하고 있지만 중요하게 다루지 않거나 또는 가지고 있지 않아 외부에서 확보해야 하는 요소에 주목할 필요가 있다. 현재 비즈니스 상황에서 의외라고 판단되더라도 고객 인사이트 기반의 프로젝트 출발점이 되어 향후 기업의 새로운 성장 옵션이 될 수도 있다. 영상 미디어가 활성화된 변화 요소는 무엇인지 탐색한 프로젝트 사례를 살펴보자. 그리고 진행 과정에서 확인하게 된 몇 가지 활동 포인트를 점검해보자.

Project 소개

영상 콘텐츠의 서비스 활용 기회 탐색하기

서비스나 제품과 연계한 콘텐츠를 전달하는 주요 방법은 글에서 이미지로, 이미지에서 영상 중심으로 변화했다. 물론 과거에도 엔터테인먼트 산업은 영상 중심으로 이루어졌다. 이제 그 영역이 확장되어 텍스트가 주로 활용되어온 정보 검색과 같은 영역에서도 이미지와 영상 중심으로 콘텐츠 소비 행태가 빠르게 바뀌고 있다. 현재 서비스를 제공 중이라면 누구나 영상 콘텐츠 활용 방향에 대한 검토와 논의 시간을 가져 보았을 것이다. 이번 프로젝트에서는 갑작스럽게 주어진 비즈니스 환경 및 소비자 행동 변화 상황에 서비스 디자인 씽킹 관점의 활동을 어떻게 반영할 수 있을지 살펴본다.

● **프로젝트 진행 배경**

영상 활용이 비즈니스의 주요 관심사가 되면서 패션 서비스 분야에서도 활발한 논의가 이어졌다. 하지만 패션 서비스의 담당자는 운영 중인 서비스에 영상 콘텐츠를 언제 적용해야 할지, 어느 정도 범위에서 운영할지, 어떤 방향이 적절한지 확신이 없었고 서둘러 파악하길 원했다. 이런 현장의 어려움을 해결하는 방법으로 서비스 디자인 씽킹 프로세스가 언급됐고 '영상 콘텐츠의 서비스 활용 기회 탐색하기' 프로젝트가 시작됐다. 요청자가 원하는 프로젝트의 진행 방향은 비교적 분명했다. ① 가급적 빠르게 진행하고 ② 넓은 시각에서 가능성 위주로 검토해야 했다.

● **프로젝트 접근 방법**

먼저 트렌드를 이해하고 새로운 아이디어를 확인할 필요가 있었다. 프로젝트팀은 논의를 진행해 고객 기반으로 콘텐츠 중심의 니즈를 파악하고 전문가 기반으로 시장 흐름을 파악하여, 서비스에 필요한 활용 방향을 도출하고 문제 해결에 접근하는 프로세스 운영 방향을 세웠다.

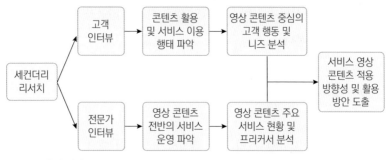

프로세스 운영 방안

● 프로세스 활동 진행

① 콘텐츠 이용에 대한 전반적인 트렌드를 세컨더리 리서치를 기반으로 확보할 수 있었다. 어느 정도 트렌드라고 느껴지는 주제를 다룬다면 그에 대해 조사 기관도 관심을 가질 때가 많고, 관련 조사 보고서나 자료를 통해 예상 질문에 대한 결과를 이미 제시한 경우도 적지 않다. 또한 검색으로도 문서, 영상 등의 자료를 비교적 손쉽게 찾을 수 있다. 이 프로젝트에서도 영상 콘텐츠가 운영되는 플랫폼별 차이, 카테고리별 영상의 특징 등과 같은 일반적인 궁금증에 대한 답은 세컨더리 리서치를 통해 생각보다 쉽게 찾을 수 있었다.

• 영상 콘텐츠가 많은 관심을 받고 비교적 트렌디한 형식으로 느껴지는 과정에서 세컨더리 리서치가 진행되었다. 시장 내 관심이 높은 만큼 인터넷 조사 외에도 연간 단위로 소개되는 트렌드 서적과 뉴스를 비롯한 방송 영상 등에서도 크고 작은 정보를 얻을 수 있었다. 그리고 영상 콘텐츠는 여러 플

랫폼에서 다양한 형식으로 소비되고 있으므로 조사 내용을 더 분명히 이해하려면 유튜브, 인스타그램, 페이스북 등 각 서비스별로 다시 살펴보고 확인하는 과정이 필요했다.

- 세컨더리 리서치는 접근이 쉽지만 한편으로는 흥미를 자극하는 엉뚱한 주제에 휩쓸려 시간을 낭비할 수도 있으므로, 프로젝트팀은 논의를 통해 '세대별 사용자의 영상 콘텐츠 활용'과 '영상이 반영된 다양한 서비스의 공개된 고객 정보 확인'에 더 관심을 가지고 활동했다. 물론 현상의 여러 측면을 보는 것은 필요하지만 프로젝트의 목적과 방향을 분명히 하고 진행할 필요가 있었다.

② 트렌드와 연계된 세컨더리 리서치를 기반으로 프로젝트 운영의 큰 방향을 잡은 후 고객 인터뷰와 전문가 인터뷰 활동을 진행했다. 이때 전문가 인터뷰는 시장에서 주목받는 내용이나 전후 상황의 변화 등을 빠르게 학습할 수 있어 도움이 되지만, 그 과정에서 전문가의 주장과 견해에 휩쓸리지 않도록 주의해야 했다.

- 프로젝트팀은 고객 인터뷰 활동을 중심으로 고객의 행태와 니즈를 파악하여 프로젝트 운영의 큰 흐름을 잡았다. 주요한 연구의 시사점을 뽑는 방법과 전문가 인터뷰를 통해 시장에서 감지되는 움직임을 포착하고 주요 사례를 파악하는 방식이었다.

- 프로세스 활동을 통해 보편적인 사용자의 서비스 이용 여정을 직간접으로 확인하고 템플릿의 기준 축으로 활용하여 조사 내용을 단계별로 시각화하여 정리하기로 했다. 이렇게 만들어진 결과물은 새로운 트렌드가 낯설게

느껴지는 사람에게도 여정의 흐름을 따라가며 비교적 쉽게 발견점을 파악하도록 돕는 구분자 역할을 할 수 있었다.

③ 조사 결과를 파악하는 과정에서는 사람과 시장을 중심으로 의식적으로 넓은 관점에서 생각하고 접근할 필요가 있었다. 이 단계에서 결과 도출에 대한 조급함을 가지면 너무 미시적인 관점으로 살펴보기 쉽다. 그러면 가능성이 조금만 보여도 작은 것을 크게 확대하거나 집착하는 일이 생길 수 있으니 주의해야 했다.

- 프로젝트의 조사 내용이 갖는 의미를 큰 시각에서 접근해보는 과정을 진행했다. 이를 통해 서비스와 영상 콘텐츠 간의 관계를 살펴보고 연계 가능성을 생각할 수 있었다.

④ 다음 단계에서는 핵심 키워드를 추출하고 디자인 원칙Design Principle을 만들었다. 먼저 사람들이 보여준 다양한 행동과 니즈를 기반으로 그룹핑해보며 주요 요소를 키워드 단위로 추출했다. 그리고 이를 기반으로 핵심 키워드에 적합한 디자인 원칙을 세웠다. → 디자인 원칙은 인사이트로부터 도출된 디자인을 위한 기준점이다. 아이디어를 발전시키고 서비스의 핵심 가치를 달성하는 출발점을 제시한다.

- 고객에게서 찾은 '구체적인 정보가 필요하다', '다른 사례를 확인해 실패를 피하고 싶다', '날것 그대로의 이미지로 정확하게 판단하고 싶다' 등의 조사 결과를 기반으로 '완전한 디테일'을 비롯해 몇 가지 핵심 키워드를 뽑아

내었다. 도출한 핵심 키워드에서 '영상으로만 표현 가능한 세부 내용을 제공하라'와 같은 디자인 원칙으로 재구성되어 아이디어로 이어질 수 있게 제공했다.

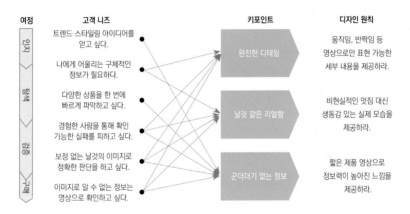

고객 여정을 기준으로 니즈로부터 디자인 원칙 표현 온라인 쇼핑에 대한 조사 활동 내용을 분석해 영상 활용의 키 포인트로 완전한 디테일, 날것 같은 생동감 등을 찾아서 디자인 원칙을 도출했다.

⑤ 도출한 디자인 원칙을 중심으로 아이디어 발상 과정을 거쳐 활용 방안을 제안했다. 이때 제시하는 활용 방안이 문제 해결의 확정안이 될 수는 없다. 때로는 프로젝트의 진행 시간이나 조사 깊이와 범위 등을 고려하여 시장 가능성을 공유하고, 시장 가능성을 기반으로 추가 검증에 도움이 되는 길잡이를 제안하는 측면을 놓치지 않는 것이 더 중요할 수 있다.

- 프로젝트 활용 방안에 프리커서 분석과 고객 목소리 인용을 적절히 반영하여 의사결정자를 대상으로 내용을 전달 과정에 설득력과 현장감을 부여했다. 시장에서 실제 동작하는 트렌드의 실현 모습을 보여주고 싶다면, 사례 파악 과정에서 찾은 프리커서 분석 내용을 프로젝트에서 도출한 원칙과 매칭하여 제시하자. 그리고 조사 과정에서 들은 주요 고객 의견을 인용문 형태로 함께 보여주면 시장 내 사용자 의견을 부각시킬 수 있으며, 향후 추가 검증을 할 때 고객 관점의 출발점으로 활용할 수 있었다.

Project 소개

트렌드의 겉모습이 아닌 본질 파고들기

서비스 디자인, 사업 기획, 기술 전략 등 비즈니스 방향 수립과 직접 연계된 업무를 수행하는 담당자라면 반드시 각자의 관점에서 트렌드를 재해석하는 시간이 필요하다. 그리고 그 과정에서 찾은 인사이트를 제품 및 서비스에 반영해야 한다. 트렌드 전망 리포트나 서적 등이 어떤 과정을 거쳐 만들어지는지 짚어보면 이 과정을 효과적으로 수행하는 데 도움이 된다.

주로 연간 단위로 이루어지는 다수의 트렌드 전망은 짧게는 수개월 길게는 반년 전부터 다루어진 정보를 바탕으로 내용을 구성한다. 예지력을 바탕으로 순간 떠오른 번뜩이는 주장을 정리한 것이 아니다. 오히려 점진적으로 확인하며 쌓인 풍부한 내용을 잘 정돈하여 이해하기 쉽게 풀어낸 의견인 경우가 더 흔하다. 그러다 보니 세상과 비즈니스의 변화에 꾸준히 관심을 가져왔다면 트렌드 전망이 일종의 잘 정리된 정보 모음처럼 느껴지기도 할 것이다. 이와 같이 크고 작은 변화가 꾸준히 발생하더라도 넓은 시각에서 확인 가능한 변화를 '메가 트렌드'라 부른다. 연결된 공통의 큰 흐름인 메가 트렌드를 기준으로 하는 예측 내용도 트렌드 전망의 한 축을 차지한다.

꾸준히 트렌드를 공부해두면 좋다. 각자가 속한 산업과 관심 분야에 대한 세컨더리 리서치 활동을 꾸준히 진행하여 자신만의 시선을 마련해두어야 한다. 독서나 수업 등 긴 호흡에 의존한 방법뿐 아니라 테드TED 같은 짧은 영상, 이슈를 다루는 뉴스레터, 주제 중심의 오디오 클립 등으로 트렌드를 살펴볼 수 있다.

'영상 콘텐츠의 서비스 활용 기회 탐색하기' 프로젝트에서처럼 자원과 일정에 무리를 주지 않는 규모의 프로젝트를 기업의 비전, 관심사, 니즈 등에 맞춰 운영해보자. 트렌드에 대응한 변화 가능성을 두드려보는 활동은 내부 역량 중심으로 충분히 진행할 수 있으며 의미 있는 성과도 확보할 수 있다. 트렌드의 패턴을 확인하고 미래 변화의 방향을 제시하는 활동이 프로젝트 진행 중 필요하다면 트렌드 매트릭스Trend Matrix를 활용해보자.

트렌드 매트릭스는 가로축을 과거, 현재, 미래로 두고, 세로축을 기술, 비즈니스, 시장, 사람, 문화 등으로 둔다. 그리고 가로축과 세로축의 각 항목이 해당하는 위치에 프로젝트와 관련된 트렌드를 찾아서 기입한다. 이렇게 채워진 매트릭스를 두고 팀이 함께 각 영역의 트렌드 변화가 서로 어떤 영향을 주며 진화해가는지 논의한다. 이 과정에서 트렌드의 변화 방향과 패턴을 이해하고 앞으로 어떻게 발전할지에 대한 인사이트를 확보할 수 있다.

트렌드를 전망할 때도 고객이라는 중요한 판단 기준을 놓치면 안 된다. 더 실무적으로 말하자면 크고 작은 고객 조사를 염두에 둬야 한다. 각자가 속한 비즈니스와 산업 중심의 시선에 갇혀 세상 전반의 흐름을 놓치면 당장의 활동은 잘 진행되지만 장기적으로는 어려움을 겪을 수 있다. 트렌드 전망에 관심을 가져야 하는 주요한 이유가 이러한 문제점을 미리 보완하는 데 있다. 즉 비즈니스 중심의 시선에 갇혀 변화 속에 숨은 사용자와 고객의 진짜 모습을 놓쳐서는 안 된다. 알려진 정보를 잘 다듬어 이해하고 사람 중심의 관점으로 살펴보는 활동을 지속적으로 수행해야 한다.

세컨더리 리서치를 통해 고객의 변화 모습과 행동을 어느 정도 확인할 수 있지만, 이는 보편적 내용일 뿐이다. 더 적절한 변화를 가늠하는 데 각자의 관점이 반영된 별도의 조사 활동이 필요하다. 이를 수행하는 원칙적인 방향은 서비스 디자인 씽킹에서 강조하는 방법을 반영하면 된다. 비즈니스에 어떤 변화가 생기는지 꾸준히 살피고 현상을 생각해본 후 고객에게서 무엇을 채워야 할지 판단해 적절한 사람을 선정하고 직접 만나야한다. 그리고 이야기를 듣고 행동을 관찰하는 활동 기반으로 확인한 내용을 판단하고 해석하여 비즈니스 전략 및 활동에 반영해야 한다.

트렌드 내용을 확인하고 해석한 후 더 큰 의미를 만들려면 단순히 세상의 변화에 대한 확인에 그치지 말고 사업 및 서비스에 반영 가능한 모습으로 만들어야 한다. 그러한 측면에서 서비스 디자인 씽킹 활동을 반영한 프로세스 수행 과정을 통해 무엇을 놓치지 않고 어떤 부분을 활동에 반영해야 할지 생각해보자. 이해를 돕기 위해 건강 관련 사업에 적용해서 소개한다. 건강 사업을 예로 들었지만 트렌드와 엮인 대부분의 다른 아이템도 유사하게 접근하고 다룰 수 있으므로 전반의 흐름에 집중해 살펴보자.

건강은 모든 사람의 관심사다. 따라서 트렌드를 조망할 때면 건강이나 헬스케어 등에 초점을 맞춘 내용과 그에 대응한 사업 아이템이 꾸준히 등장한다. 상황이 이렇다 보니 신규 사업 및 서비스 기획 단계에서 다양한 건강 관련 아이디어를 쉽게 만나게 된다. 헬스케어 관련 아이디어 대부분이 겉모습은 다르지만 핵심은 새로운 건강 서비스의 가능성에 대한 제안으로 귀결된다. 상황이 이렇다 보니 새로운 비즈니스 안건으로 수많은 건강 관련 아이디어가 반복해 등장한다. 이를 대상으로 프로세스를 차근차근 진행하기란 현실적으로 쉽지 않고, 업무상 제안된 사안을 마땅한 연구나 확인도 없이 짐작만으로 지나치거나 대상으로 고르기도 어렵다.

이러한 상황에서는 먼저 진행 방향과 목표를 분명히 설정하고, 그에 맞춰 가용 자원을 집중해야 한다. 시장 기회를 살펴보고, 사업 가능성을 확인하고, 확장 가능한 연계 아이디어를 찾는 활동에 집중해야 한다. 대신 콘셉트를 구체화하고 검증하는 활동을 과감히 제외한다.

물론 아이디어를 발전시킨 구체적인 해답을 제안하면 모두가 기대하는 최선의 결과가 될 수 있으므로 당연히 욕심이 날 것이다. 하지만 그렇지 않더라도 서비스 전략 방향과 구현의 기반이 되는 디딤돌을 만들어 제공하는 것으로 충분히 의미 있고 중요한 사업 활동이 된다. 자원의 집중이 단순히 참여 인원의 시간을 조절하는 면뿐 아니라 프로젝트 목표에 맞는 효율적 운영을 의미한다는 점도 잊어선 안 된다.

새로운 건강 서비스를 다루면서 광범위한 건강 아이템을 프로세스 활동 내내 모두 훑을 수는 없다. 경제력과 시간의 여유가 있는 5060세대에 집중하거나, 반려 동물을 가족 범주에 포함하여 건강 관리를 제공하는 등 집중해야 할 프로젝트와 사업 방향을 분명히 제한해 아이디어를 소개하는 편이 낫다.

경험 디자인 측면에서 프로세스 점검하기

프로세스는 단계별 활동의 조합이다. 프로세스를 신속하고 짜임새 있게 운영하려면 진행 과정에 필요한 활동을 적절히 선택하여 실행해야 한다. 만약 어떤 활동이 지금 필요한지 선택하기 어렵거나 또는 프로세스 전반을 점검하는 시간을 가지고 싶다면, 경험 디자인 방법론 측면에서 진행 과정을 한 번쯤 살펴보는 것도 도움이 될 것이다.

경험 디자인은 사용자가 제품 및 서비스를 이용하는 경험 전반을 분석하여 디자인하는 것으로, 사람 중심의 관점에서 프로젝트를 더 효과적으로 수행할 수 있는 기준이자 구현 방안이다. 경험 디자인에는 다양한 실행 방법이 존재하는데 각자 주어진 상황이 다르고 프로세스 진행 환경과 현실적인 운영 역량 등에도 차이가 있으므로 상황별 정답을 제시할 수는 없다. 그렇더라도 실무 활동을 운영하는 입장에서는 참조할 만한 가이드가 있다면 분명 도움이 될 것이다.

닐슨노먼그룹은 경험 디자인 관점에서 제품과 서비스의 디자인 과정 중 어떤 방법론을 반영할 수 있을지 단계별로 설명했는데, 사용자 경험 전문가들이 가장 자주 사용한다고 밝힌 방법론을 중심으로 구성했다. 그만큼 일반적으로 사용되고 잠재력 있는 방법을 선별하여 정리한 내용이다. 실무자에게 익숙한 내용이므로 빠르고 간결한 실행이라는 측면의 활동 선택이 필요할 때도 유용하다. 그대로 수행할 수도 있고 점검의 관점에서 살펴볼 수도 있어 향후 경험 디자인 관점을 놓치지 않고 프로세스 실행 활동을 선택하는 데 도움이 될 것이다.

프로세스 단계	주요 활동		
발견	• 현장 관찰 및 연구 • 고객 인터뷰 • 필요 및 제약 사항 수집 정리	• 다이어리 연구 • 이해관계자 인터뷰	
탐구	• 퍼소나 제작 • 여정 지도 작성 • 유저 스토리 작성	• 과제 분석 • 프로토타이핑	
평가	• 사용성 테스트	• 벤치마킹	• 접근성 평가
경청	• 설문 • 검색 로그 분석	• 분석 도구 결과 리뷰 • FAQ 리뷰	

닐슨노먼그룹의 단계별 경험 디자인 방법론 　프로세스 단계 구분 및 보편적으로 진행되는 주요 활동이다. 물론 프로젝트마다 주어진 상황이 다르므로 표의 순서나 내용이 그대로 적용되지 않을 수 있다.*

　　이제 비즈니스 활동에서 사용자 경험을 강조하는 모습은 익숙하고 자연스럽다. 사용자 경험을 논할 때의 사용자User는 서비스나 제품을 이용하는 사람을 의미하며, 고객은 일반적으로 서비스나 제품을 구입하는 사람을 말한다. 사용자는 고객일 수도 있지만 고객이 아닐 수도 있다. 예를 들어 초등학생용 키즈폰의 주 사용자는 아이겠지만, 이를 구매한 고객은 부모다. 이처럼 사람들에 공감하여 접근한다는 점에서 유사하더라도 '사용자 경험의 사용자'와 '고객 경험의 고객'은 차이가 있음을 이해하고 주어진 프로젝트 성격에 맞추어 활동을 진행해야 한다. 광고 플랫폼 기업 몰로코Moloco의 박종천 헤드 오브 솔루션스 아키텍처Head of Solutions Architecture 가 제시한 사용자 경험과 고객 경험 비교 표를 살펴보면 이해하는 데 도움이 될 것이다.

---

* 　https://www.nngroup.com/articles/ux-research-cheat-sheet/

	사용자 경험	고객 경험
정의	제품을 이용하는 사용자의 인지 반응 또는 기대하는 바	서비스를 이용하는 고객이 체험하는 모든 경험 총체
대상	이용자. 고객일 수도 아닐 수도 있음	고객이거나 잠재 고객
접근 방식	• 사용자 니즈 분석 • 사용 접점 정의 • 접점 설계 • 테스트 및 검증	• 고객에 대한 이해 • 고객 접점 정의 • 비즈니스 사례 도출 • 전략 수립 • KPI 수립 • 서비스 구조 확립

사용자 경험 vs 고객 경험 《개발자로 살아남기》에서 소개한 비교 내용으로, 사용자를 대상으로 하는 사용자 경험과 고객을 대상으로 하는 고객 경험의 차이를 이해해야 한다.

사용자 경험 디자인 관점으로 접근하기

이제 기업 대부분이 서비스와 제품의 사용자 경험을 주요 경영 활동으로 다루고 있다. UX 전담 조직을 구성하고 전략을 세워 업무를 진행하고 별도의 프로젝트를 운영하는 등 실무 측면에서 다양한 활동을 강화하고 중요성을 강조한다. 디자인 프로세스 측면에서 UX 디자인은 서비스 디자인 씽킹과 다수의 공통점을 가지며, 학습이나 업무 등에서 활동이 겹치고 협업이 필요한 경우도 자주 있다.

예를 들어 조사 활동 부분을 살펴보자. 오픈서베이는 기업에서 UX 리서치 업무를 수행한 사람을 대상으로 조사한 2021년 보고서에서 서베이, 세컨더리 리서치, 심층 인터뷰, 고객 여정 파악, 퍼소나 설정 등을 다수가 활용한 UX 리서치 방법으로 소개하는데, 이는 서비스 디자인 씽킹 프로세스에서 강조해 다룬 부분이기도 하다. 이처럼 상호 간 디자인 프로세스 활동측면의 동일 또는 유사 부분은 어렵지 않게 확인할 수 있다. 따라서 사용자 경험 관련 내용을 기계적으로 받아들이기보다는 어떤 관점과 기준에서 살펴보아야 할지 생각해 접근할 필요가 있다.

앞서 살펴본 바와 같이 사용자 경험과 고객 경험은 프로세스 활동 과정에서 공통점과 유사점이 다수 있지만, 활동 범위와 함께 지향하는 목표나 원하는 산출물 등에서 차이가 있다. UX(사용자 경험)와 UI(사용자 인터페이스)도 실무 활동에서 구분 없이 자주 언급되지만 같은 의미가 아니다.

이처럼 사람에 대한 공감을 기반으로 프로세스를 진행한다는 공통점이 있지만 미묘한 차이도 있는 여러 유사 활동이 있다. 이들의 관계를 들여다보고 세부 내용을 파악하는 것은 과업을 더 명확히 수행하는 데 도움이 된다.

그중에서도 UX 디자인은 불과 몇 해 전까지 기업을 돋보이게 하는 차별화 활동으로 다루어지기도 했으나 이제 당연히 수행해야 하는보편적 방법론이 됐다. 따라서 UX에 대한 의미나 활동을 더 분명히 이해하도록 하자.

서비스 청사진으로 살펴본 사용자 경험과 서비스 디자인의 관계　닐슨 노먼 그룹이 서비스 청사진을 통해 UX와 서비스 디자인의 관계를 나타낸 그림이다. UX, 즉 사용자 경험은 최종 사용자가 마주하는 활동과 상호작용에 초점을 맞춘다. 서비스 디자인은 이러한 사용자 경험을 구현하는 데 필요한 비즈니스 자원과 내부 활동 등을 다룬다.

서비스가 제공되려면 사용자 중심의 UX는 물론 서비스 디자인에서 다루는 프론트스테이지 활동과 백스테이지 활동 요소 모두가 중요하다. 닐슨 노먼 그룹의 'UX vs. 서비스 디자인'에 따르면 UX는 최종 사용자^{End User}가 맞닥뜨리는 부분에 집중하는 반면, 서비스 디자인은 사용자 경험이 내부적으로 어떻게 형성되는지에 집중한다. 그리고 서비스 청사진을 통해 사용자가 특정 목적을 달성하려고 수행하는 표면 활동부터 직원 중심의 내부 활동 요소까지 서비스 구현에서 동급으로 다루어야 함을 알 수 있다.*

트렌드가 만드는 비즈니스 전략 변화나 새로운 기술에 따른 서비스 확장 등을 살펴보는 과제를 자주 요청받지만, 프로젝트를 제한된 시간과 자원으로 수행하는 경우가 대부분이다. 자칫 적용 가능한 프로세스 활동마저 지나쳐버릴 수 있으므로, 프로세스 운영에 대한 학습과 연구를 선제적으로 진행해 상황에 따라 적절히 대응할 필요가 있다. 따라서 이 장에서 살펴본 두 가지 프로젝트 사례는 어떤 산업 영역과 비즈니스 상황에서도 흔히 만나는 내용이라는 의미가 있지만, 그렇다고 모든 사례를 대변할 수는 없으므로 각자가 마주한 상황과 환경을 기준으로 더 심층적인 활동 연구와 준비를 진행하기 바란다.

---

* https://www.nngroup.com/articles/ux-vs-service-design/

더 촘촘하게 실행하기

프로세스 활동 전반을 가급적 빠짐없이 진행

"서비스 디자인 씽킹 프로세스를 평가하듯 간단히 진행해보았습니다. 이제 실무에서 더 깊이 프로세스를 운영해보고 싶다는 생각이 들었어요. 프로세스를 본격적으로 활용해보려 준비 중일 때, 단계별로 어떤 부분을 더 신경 쓰면 앞으로 더 좋은 결과를 만들 수 있을지 짚어보고 싶어요. 프로세스의 모든 부분이 중요하겠지만 그중에서도 한 번쯤 더 챙겨야 할 내용이 궁금합니다."

현실에는 제약이 있을 수밖에 없어서, 가능한 범위에서 적당히 해나간다는 태도가 관성처럼 생기면 프로젝트 활동을 선택하고 수행하는 기준이 흔들리게 된다. 특히 중장기 프로젝트나 규모 있는 프로젝트를 수행할 때는 프로세스 전체 단계와 기본 활동 중심으로 밑그림을 제작하는 것이 우선 필요하다. 앞서 소개한 프로세스의 응용과 변형이 적절히 이루어지려면 기본이나 원칙의 이해가 선행되어야 한다. 현장 상황과 환경에 대응한 빠르고 간결한 프로세스를 익힐 때도 촘촘한 기본 프로세스를 이해하는 과정은 반드시 필요하다.

이 장에서는 6단계의 서비스 디자인 씽킹 프로세스를 순서대로 살펴본다. 단계별 활동의 모든 면을 살펴보는 대신 프로세스 활동을 수행하며 생각해보아야 할 활동 포인트 위주로 확인한다. 이를 통해 충분한 연구와 활동 기회를 확보했을 때 특히 놓쳐서는 안 되는 부분을 점검할 수 있다. 그와 동시에 빠르고 간결한 활동을 하면서 한 번쯤 짚어보아야 할 주요 활동 요소를 살펴보고 필요한 상황에 적절히 반영할 수 있는 역량을 준비하자.

서비스 디자인 씽킹 프로세스 6단계 프로세스를 더 촘촘하게 운영하려면 '이해하기', '관찰하기', '분석하기', '발상하기', '제작하기', '성장하기'의 모든 단계에 집중해야 한다.

서비스 디자인 씽킹 프로세스가 강조하는 단계별 활동을 충실히 수행한다면 우리가 원하는 비즈니스의 결과에 더 가까워질 수 있다. 따라서 프로세스의 다양한 활동 중 어떤 부분에 더 집중하고 놓쳐서는 안 되는지 파악하여 성공을 만드는 과정을 더 촘촘하게 만들어야 한다. 그런 관점으로 프로세스의 각 단계에서 꼭 짚어보아야 할 내용을 이 장에서 다룬다.

6단계로 이루어진 프로세스는 '이해하기', '관찰하기', '분석하기', '발상하기', '제작하기', '성장하기'로 진행된다. 각 단계별 활동 포인트를 살펴보자.

사용자 중심의 온라인 협업 툴 개발하기

온라인 협업 툴로 슬랙Slack, 지라Jira, 트렐로Trello 등 다양한 서비스가 존재하며, 더 많은 사용자를 확보하고 산업 주도권을 잡고자 치열하게 경쟁하고 있다. 마림바marimba는 이처럼 치열한 시장에 도전한 온라인 화이트보드 기반 협업 툴이다.

마림바가 어떤 서비스인지 간략히 살펴보자. 마림바는 오프라인 활동에서 자주 활용해온 화이트보드의 장점과 온라인 도구만의 특징을 연결하여 새로운 협업 경험을 제공하는 온라인 기반의 서비스다.

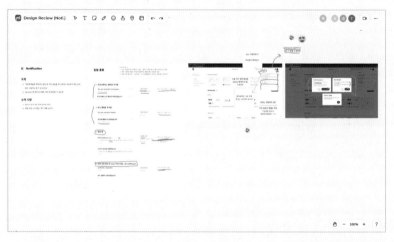

실시간 온라인 화이트보드 협업 툴 마림바 마림바는 사용자의 목적과 의도에 따라 다양한 활용이 가능한 온라인 협업 툴이다.[*]

---

[*] https://www.marimba.team/kr

정보와 생각을 자유롭게 표현할 수 있는 실물 화이트보드의 편리함을 온라인에 구현하고, 클라우드 기반 노트나 화상회의 등의 편리한 기능을 실시간 공동 작업으로 수행하는 기능을 전 세계 사용자에게 제공한다.

레드오션이 된 온라인 협업 툴 시장에서 사용자에게 차별화된 가치와 새로운 경험을 제공하는 서비스를 만들 수 있을까? 이 장에서는 프로세스 단계별 '놓치지 않고 짚어야 할 활동 포인트'를 점검한 후 마림바 서비스의 구현 과정에서 그 가능성을 살펴본다. 실무 활동의 간접 체험이라는 책의 의도에 더 충실하기 위하여 마림바팀의 활동을 시계열에 맞추기보다는 문제 해결 과정에 맞추어 흐름을 정리했다. 프로세스 단계별 활동 포인트를 점검한 후 마림바팀의 활동을 통해 사용자 중심으로 문제에 접근하고 제품을 개발하는 과정은 실제로 어떠한지 확인해보며 이해를 높여보자.

Project 소개

5.1 프로세스 1 이해하기

서비스 디자인 씽킹으로 비즈니스 문제를 해결하는 출발점은 가설과 제약 없이 모든 가능성을 열어둔 상황에서 시작할 때도 있지만, 아직 시장에서 검증되지 않은 특정 가설을 기반으로 시작될 때도 있다. 이 단계의 기반으로 스탠퍼드대학교의 디스쿨이 표현한 '공감하기Empathize'를 이해와 발견 관점에서 생각하자. '이해하기' 단계의 활동 초점을 어디에 두어야 할지 더 명확히 할 수 있을 것이다.

적절한 질문 준비하기

'이해하기' 단계에서는 전체 프로젝트의 방향을 정한다. 이때 핵심은 문제를 정의하는 질문을 정하는 것이다. 그리고 이 질문을 기반으로 프로젝트는 흘러가게 된다. 만약 '이해하기' 단계에서 질문을 적절하게 정의하지 못한다면 어떻게 될까? 옷 입을 때 첫 단추를 잘못 끼운 것처럼 프로젝트도 다음 단계로 제대로 넘어가지 못하고 방향과 순서를 잃게 된다. 게다가 잘못된 문제 정의 아래에서 진행한 활동은 많은 경우 쓸모 없는 일이 되어버린다.

이노소셜랩이 카카오임팩트와 함께 진행한 설문 결과를 보면 응답자의 88%가 '문제 정의 활동이 필요하다'고 답했다. 그만큼 문제 정의하기는 현장에서 중요한 활동으로 다뤄진다. 따라서 프로젝트 시작 단계에 팀원 모두가 질문과 가설을 최대한 구체적으로, 자세히 점검해야 한다. '프로젝트 배경은 팀원들이 다들 알고 있으니 한두 사람이 알아서 정리하자'

라는 의견이 나오기도 한다. 그러나 팀원 모두가 알고 있으리라는 생각도 가정일 뿐이다. 모든 팀원의 공감이 뒷받침되어야 하므로 팀원이 함께 참여해야 한다는 부분을 기억하자.

질문을 다루는 상황은 프로젝트마다 다르다. 물론 프로세스의 출발점으로서 방향을 정한다는 점은 같지만 질문의 배경과 상황에 따라 접근 방향은 달라진다. 만약 완전히 새로운 혁신을 추구하는 상황이라면, 모든 가능성을 열어둔 질문의 모습에 가깝다. 또는 특정 가설이 주어지고 이를 기반으로 어느 정도 제약을 가진 질문이 주어지는 상황도 있다. 스타트업이라면 '창업자의 가설'이라 부르는 기업의 시작점과도 같은 질문을 대부분 가지고 있다. 프로젝트가 다룰 문제가 적절한지 확인하고 싶다면 다음 질문을 활용해 살펴볼 수 있다.

- 이 문제를 다루게 된 동기가 공유됐나? 팀원 모두 이 문제를 중요하게 생각하는가?
- 해결했을 때 영향력이 큰 문제이거나 해결을 서두를 필요가 있는가?
- 새로운 혁신인가? 점진적 개선인가? 우리가 원하는 건 결과의 방향에 어울리는가?

만약 사회적 가치를 중요하게 다루는 프로젝트라면 카카오임팩트가 《100up 문제 정의 툴킷》에서 제안한 체크리스트 기준으로 문제 정의를 확인해도 좋다.

- 시급성
  - 문제가 대상자의 삶의 질과 직결될 정도로 시급한가요?
  - 문제 때문에 고통받는 사람의 수가 점점 늘어나나요?
- 공감도
  - 당사자 외에도 많은 사람이 문제의 심각성에 공감하나요?
- 임팩트
  - 문제를 해결했을 때 많은 사람에게 혜택을 주나요?

'이해하기' 단계의 활동으로 고객 경험 이해 워크숍을 진행할 때도 적절한 질문에 집중해야 한다. 고객 경험 이해 워크숍은 프로젝트 초반에 서비스가 고객에게 어떤 경험을 제공해야 하는지 정의하는 데 도움이 된다. 고객 경험 이해 워크숍은 일반적으로 다음 활동을 진행한다.

1. 참석자에게 다양한 이미지를 제공한다. 참석자는 그중 서비스 또는 경험과 연결된 이미지를 고른다.

2. 각자가 선택한 이미지에서 어떤 경험을 생각했고 또 만들고 싶은지 소개한다. 이때 원하는 경험뿐만 아니라 원하지 않는 경험도 이야기한다.

3. 설명을 들으며 이미지 선택의 이유와 느낌을 '왜'라는 측면에서 자유롭게 대화한다.

4. 모두 이야기를 마치면 화이트보드에 긍정과 부정의 구역을 표시하고 이미지를 정리한다.

5. 마음에 드는 이미지에 투표를 진행해 각 구역에서 가장 인기가 많은 이미지를 선정한다.

6. 각 구역의 대표 이미지를 토대로 다시 한번 경험과 생각을 이야기한다.

7. 이미지에서 떠오른 속성을 형용사로 표현한 후, 동의어와 반의어를 함께 표현한다.

8. 수집된 표현을 토대로 서비스에 필요한 대표 키워드를 선택해 경험 속성을 정리한다.

고객 경험 이해 워크숍을 진행하는 과정에서 생각해야 할 사항이 있다. 워크숍 참석자가 스스로 질문을 던질 때는 원하는 것 위주로 생각하고 소개하는 경우가 대부분이다. 그러나 실제로 서비스가 사용자에게 제공될 때를 생각해보면 사용자는 서비스의 긍정적인 경험뿐만 아니라 부정적인 경험에도 반응한다. 긍정뿐만 아니라 부정 측면의 내용도 중요하게 다루어야 한다. 즉, 경험을 생각하는 과정에서 스스로 질문하며 원하는 경험과 함께 원하지 않는 경험도 생각해야 한다. 그래야 '이해하기' 단계에 필요한 질문을 충분히 만날 수 있다. 경험에 대한 표현을 정리할 때도 마찬가지다. 더 명확한 표현을 찾고 싶다면 반대 표현이 무엇인지 생각해보자. 모호하던 표현을 더 뚜렷하게 만들어주어 도움이 될 것이다.

우리는 프로젝트 초기에 목표를 세우며 흔히 프로젝트가 잘될 것이라고 낙관하며 핵심 질문을 만든다. 이런 질문은 프로젝트에서 신호등 역할을 한다는 의미가 있다. 반면 실패했을 때 주요 원인은 무엇이며 왜 목표대로 실현되지 않았는지 비관적인 면에는 대부분 상대적으로 소홀하다. 하지만 비관적인 면은 프로젝트에서 신속히 의사결정을 하고 장애물을 찾는 안내자 역할을 하므로 반드시 다루어야 한다. 예를 들면 구글벤처스의 스프린트도 1일차에 이를 반영했다. 스프린트 1일차의 '도착점에서 출발하기' 활동을 통해 핵심 목표를 달성하려면 무엇을 실현해야 하는 지를 낙관적으로 살펴본다. 동시에 만약 계획이 실패했다면 그 원인은 무엇인지 비관적으로 생각해보는 활동을 함께 다룬다. 이와 같이 긍정과 부정의 질문을 고르게 던지는 접근을 통해 스프린트 활동의 '이해하기' 단계는 팀이 원하는 진행 방향을 설정하는 동시에 예측 가능한 실패 요인 을 제거할 수 있다.

특히 실무에서는 우리가 원하는 방향에만 매몰되면 더욱 곤란하다. 긍정과 부정, 원하는 것과 원하지 않는 것, 성공과 실패 등에서 균형 감각 을 발휘하여 서비스 경험이 필요로 하는 적절한 질문을 찾아야 한다.

최적의 팀 구성하기

프로젝트 참여자 간의 적극적인 소통은 변화와 혁신을 다루는 여러 방법론에서 공통적으로 강조하는 요소다. 물론 서비스 디자인 씽킹 프로 세스에서도 커뮤니케이션을 중요한 실행 요소로 다룬다. 프로젝트 멤버 는 정보를 수집하고 내용을 분석하여 결과를 도출하는 과정에서 다양한 사람과 함께 활동을 진행하게 된다. 이때 활동 역량 중에서 커뮤니케이션 역량은 프로젝트 수행 과정에서 더 원활하게 의미 있는 산출물을 내는 밑 바탕이 된다. 물론 협업 활동을 체험해보았다면 누구나 당연하게 느끼겠 지만, 따로 챙기지 않으면 팀 구성에서 간과하기 쉬운 부분이 커뮤니케이 션이다.

질문 정하기나 세컨더리 리서치 등 프로젝트에 필요한 대부분 활동 은 일정에 따라 놓치지 않고 집중해 수행한다. 그런데 팀 구성 활동은 과거의 관성으로 수행하는 경우가 적지 않다. 팀 구성하기는 프로젝트 전체 기간 동안 다양한 관점이 모여 총체적 활동을 만드는 기반이 된다는 점에서 매우 중요하다. 일반적인 방법은 역할에 따라 사람을 모으는 것이다. 예를 들어 전략 전문가 1명, 조사 전문가 2명, 심리학 전공자 2명, 마케팅 실무자 1명, 사업 실무자 1명과 같이 역할에 따라 팀원을 조합하는 방법을 대부분 실무에서 채용한다.

그런데 이런 방법으로 팀을 만들 때 문제는 팀원 간의 조화와 시너지를 사실상 운에 맡겨야 한다는 점이다. 물론 친한 사람만을 모아서 팀을 구성해야 한다는 의미는 아니다. 역할 외에도 고려해야 할 여러 요소가 있으므로 그것을 반영해야 한다는 의미다. 성향, 업무 스타일, 협업 관련 주위 피드백, 다른 팀원과 함께 일한 경험과 당시 반응 등이 그 예다. 팀 구성 기준에 이런 요소까지 고려해서 복합적으로 살펴보아야 팀이 조화를 이루고 업무를 효과적으로 수행할 수 있을지 검토할 수 있다.

최적의 팀을 구성했다면 프로젝트를 진행하며 팀이 살펴보아야 할 이해관계자를 반드시 확인해야 한다. 이해관계자는 서비스를 제공하고 이용하는 사람은 물론 경쟁자, 관계자, 정부기관 등 서비스와 관련된 다양한 주체를 의미한다. 특히 언뜻 유사하게 보이는 사람 간에도 사뭇 다른 반응과 사회적 관계를 형성하고 있으므로 '이해하기' 단계에서 프로젝트가 누구를 위한 활동인지 팀이 함께 살펴봐야 한다.

이해관계자 관계를 확인하고 나면 이해관계자 지도Stakeholder's map를 얻을 수 있다. 이해관계자 지도는 서비스와 관련된 다양한 사람들의 연결 관계를 파악하여 시각적으로 표현하는 방법으로, 이해관계자의 유형과 영향력을 확인하고 앞으로의 변화를 가늠해볼 수 있다. 이해관계자 지도는 사람으로부터 서비스에 필요한 변화를 찾는 도구이므로 프로젝트를 진행하며 지속적으로 이해관계자의 역학 관계와 요구사항 등을 파악하고 필요에 따라 업데이트하자. 이해관계자 지도를 만드는 일은 서비스 디자인 씽킹 프로세스가 강조하는 팀 관점을 확인하고 서로 다른 기준을 점검하는 활동이라는 점에서도 중요하다.

사례 : 마림바 서비스의 '이해하기' 활동은 어떠했을까?

마림바 서비스는 의사결정자로부터 '협업 솔루션의 사업화 가능성'에 대한 과제를 신황규 디렉터가 제안받으면서 시작됐다. 그는 애자일 문화 확산을 위해 노력해왔고 애자일 개발, 고객 개발, 디자인 씽킹 방법론 위에서 혁신을 만들 수 있음을 체득했다. 흔히 대규모 시스템을 주로 개발하는 기업은 오랜 기간 사례가 축적되고 문서화나 산출물 관리가 쉬운 방법론을 선호한다. 여기에는 피드백 활동을 어렵게 하고 사용자의 요구 사항을 상세히 반영하기 어렵다는 단점이 있다. 따라서 맡은 과제를 적절히 수행하려면 사용자 중심의 신속하고 유연한 문제 해결 방안을 새롭게 적용할 필요가 있었다. 이러한 도전을 하려면 새로운 방법론을 학습하고 수용하여 실행 가능한 팀 구성이 무엇보다 중요했다.

온라인 협업 툴 구현을 위한 프로젝트팀(이하 온라인 협업 툴 팀)은 '스타트업처럼 스스로 모든 서비스 제공 과정을 수행할 수 있는 팀'을 지향했다. 이러한 지향점은 디자인 씽킹을 기반으로 고객 개발과 애자일 개발을 강조하는 린 스타트업Lean Startup 방법론에 익숙한 기업에서는 자연스러운 접근으로 느껴진다. 반면 폭포수 모델Waterfall Model과 같은 하향 접근Top-down 방식과 조직 구성에 익숙한 기업에서는 낯선 구성이다. 다행히 기업 내부적으로 시장 변화에 대응할 수 있는 새로운 소프트웨어 개발 방법론에 대한 니즈가 있었다. 그에 따라 디렉터는 경영진의 지원하에 프로젝트에 적합한 새로운 조직을 구성했다.

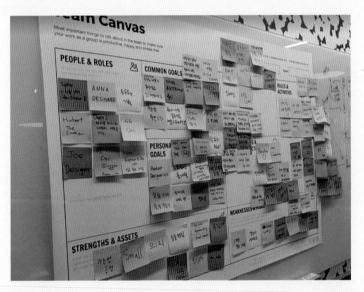

하나의 팀이 되기 위한 팀 캔버스 활동 별도의 팀 캔버스* 활동을 가지는 등 원팀이 되고자 꾸준히 노력했다. 팀 캔버스는 비즈니스 모델 캔버스나 린 캔버스와 같은 9블록 형태다. 이름과 역할, 공동의 목표, 개인의 목표, 목적, 가치, 강점과 자산, 약점과 위험, 필요와 기대, 규칙과 활동으로 구성된다.

온라인 협업 툴 팀의 원형은 비즈니스·디자인·개발이 1:1:3 구성이었다. 프로덕트 매니저, UX 디자이너, 개발자의 조합을 통해 서비스 방향을

---

* http://theteamcanvas.com

스스로 결정할 수 있는 역량을 확보했다. 다양한 경험과 실행 역량을 갖추고 다양한 관점을 지닌 다학제적 팀을 구성하는 데 집중했다.

프로젝트를 위한 새로운 팀을 만들고 나면 전체 활동의 주요 원칙이 되는 그라운드 룰을 만들어야 한다. 공통된 생각을 가지고 주요 원칙을 함께 만드는 것은 팀원 간 시너지와 조화를 꾸준히 유지하는 데 필요하며, 프로젝트 과정에 활동과 의견을 조율하는 기준이 되므로 중요하다. 온라인 협업 툴 팀 또한 프로젝트 초기에 팀이 지켜야 할 활동 주요 원칙을 다음과 같이 도출했다.

- 서비스 방향은 팀이 스스로 결정한다.
- 가급적 간단한 형태로 먼저 만든다.
- 기획 순서가 아니라 우선순위대로 만든다.
- 매주 사용자를 직접 만나 피드백을 듣고 만든다.

5.2 프로세스 2 관찰하기

서비스 디자인 씽킹 프로세스는 사무실 밖으로 나가 담당자가 직접 상황에 부딪히고 파악할 것을 강조한다. 그런데 단순히 '현장에 나가면 된다'는 의미는 아니며 정성 조사를 익숙하게 수행하는 활동 그 자체를 의미하는 것도 아니다. '관찰하기' 단계의 활동 진행에서 중요한 것은 표면 너머에서 사람들의 행동이 어떤 맥락에서 이루어지는지 파악하고 공감할 수 있는지다. 현장에 나가 단지 기계적 사실만 기록한다면 기존 리서치 활동과 큰 차이가 없다. '관찰하기' 단계의 활동에 고객 및 사용자의 맥락 중심의 접근이 충실히 반영되어야 기존 방법론과 차별화된 결과를 만드는 출발점이 될 수 있다.

목적에 적합한 조사 활동 진행하기

조사 활동은 무척 다양하며 각각 특징과 장단점이 있다. 벨라 마틴과 브루스 해닝턴의 책*에서 제시한 디자인 방법론은 100여 가지이고, 닐슨 노먼그룹이 사용자 경험 중심으로 정리한 조사 방법론은 20여 가지다. 여기서는 다양한 조사 활동 중 자주 언급되는 방법을 살펴보자.

프로젝트를 진행하는 서비스가 어떤 단계인지에 따라 조사 활동의 목표와 접근 방법은 다르다. 서비스 개발 단계라는 시간의 흐름에 따라 필요한 조사 활동을 크게 3단계로 나누어 확인할 수 있다.

구현 단계
새로운 서비스 방향 및 기회를 찾고 선택하는 활동에 맞추어 다양한 조사 방법 응용
→ 서베이, 다이어리 연구, 현장 조사 등

운영 단계
서비스 최적화, 사용성 개선 등의 상황에서 진행 여부 선택에 기반이 되는 방법
→ 카드 소팅, 참여 디자인 워크숍, 로피델리티 프로토타입 기반 사용성 연구 등

평가 및 성장 단계
서비스 성과 측정 및 학습 내용의 반영 등에 적용되는 주로 정량 위주의 방법 활용
→ A/B 테스트, 사용성 벤치마킹, 서베이 등

서비스 개발 단계에 따른 주요 조사 활동

---

* 《Universal Methods of Design》(Rockport Publishers, 2012)

디자인 프로세스에서 활용 가능한 모든 방법을 검토하고 수행할 수 있다면 상호보완의 결과를 얻을 수는 있다. 그러나 이런 접근은 이론적 가정에 가까울 뿐이다. 현실에는 여러 제약이 있으므로 선택과 집중을 해야 한다. 따라서 여러 조사 활동 중 프로젝트에 적절한 조사 활동을 살펴보고 진행 기준을 마련할 역량을 미리 준비해두어야 한다. 평소 조사 방법에 관심을 가지고 이해의 폭을 넓혀두어야 프로젝트 중 필요한 순간에 적절한 방법을 찾고 대응할 수 있다.

만약 프로젝트 수행 경험이 많은 전문가와 함께라면 전반적인 상황을 반영한 의견을 제시하며 함께 의논해볼 수 있다. 반면 누구도 선뜻 의견을 분명히 제시하기 쉽지 않은 상황에 처해 있을 수도 있다. 후자라면 닐슨노먼그룹이 제안한 기준을 중심으로 의견을 정리해가는 것도 방법이다. 닐슨노먼그룹의 크리스티안 로러는 다양한 조사 방법 중 대중적인 방법을 선별하여 상황에 맞추어 활용할 수 있게 제시했다. 조사 방법은 크게 세 가지 기준에서 검토할 수 있다.*

첫 번째 기준은 '행동과 태도'다.

• 행동 조사는 사람들이 실제로 어떻게 행동하는지 살펴본다.
   예) A/B 테스트, 아이트래킹 등

• 태도 조사는 질문과 답변 과정을 통해 사람들이 주제에 대해 무엇을 이야기하는지 확인한다.
   예) 포커스 그룹 인터뷰, 심층 인터뷰 등

---

* 〈When to Use Which User-Experience Research Methods〉, Christian Rohrer, https://www.nngroup.com/articles/which-ux-research-methods

두 번째 기준은 '정성과 정량'이다.

- 정성 접근은 사람들의 이야기와 행동에 집중하여 '왜'의 관점에서 현상에 대한 이유와 해결 방법을 찾는다.
  예) 다이어리 연구, 포커스 그룹 인터뷰 등
- 정량 접근은 수학적 분석을 기반으로 '몇 개'의 관점에서 수치 중심의 객관적 정보를 제공한다.
  예) 서베이, 클릭 테스트 등
- 서비스 구현 과정별로 접근 방법을 나누어 생각할 수 있다. 서비스 구현 단계는 정성과 정량 모두로, 운영 단계는 주로 정성으로, 평가 및 성장 단계는 주로 정량으로 접근한다.

세 번째 기준은 '자연스러운 실제 환경과 통제된 조건'이다.

- 서비스 사용 맥락을 어떻게 반영할지에 따라 여러 단계로 구분하며, 상황에 따라 참여 디자인 활동이나 콘셉트 테스트가 혼합된 방법으로 활용할 수 있다.
- 실제와 동일하거나 거의 유사한 환경
  예) 에스노그라피 필드 스터디, 비디오 다이어리 연구 등
- 절충하여 사용 맥락을 반영한 환경
  예) 원격 인터뷰, 인터셉트 서베이 등
- 랩 스터디 Lab Study 처럼 조건이 통제된 환경
  예) 포커스 그룹, 사용성 랩 조사 등

- 제품을 사용하지 않는 진행
  예) 카드 소팅, 이메일 조사 등

다양한 활동 방법 중에서 프로젝트에 적절한 방안을 찾고 선택하여 실행하는 과정은 까다롭게 느껴진다. 게다가 관찰 활동에 필요한 조사 방법론은 다양할 뿐 아니라 계속 수정되고 새로운 제안이 등장하므로 부담스럽다. 조사 방법을 지속적으로 학습하며 업데이트하는 일이 물론 중요하지만 프로젝트 상황과 환경에 적합한 방법을 살펴보고 검토하여 실행에 옮길 때 결국 활동은 완성된다.

서비스 디자인 씽킹 프로세스가 제안하는 여러 활동 방안 중에 다수의 프로젝트를 통해 이미 검증되고 자주 활용되는 방법이 있다. 우선 그에 대한 개념을 이해하고 학습과 연습을 통해 기본 바탕을 탄탄히 하여 자신감을 가지고 적극적으로 실행해볼 것을 권한다. 서비스 디자인 씽킹 프로세스에서 자주 다루어지는 조사 활동 방법을 소개한다.

● 다이어리 연구

다이어리 연구(Photo) Diary Study는 참여자 스스로 자신의 경험을 직접 작성하여 (인터뷰보다) 자유롭게 자신의 생각과 감정을 표현할 수 있는 방법이다. 단독 조사 활동으로 수행하거나 심층 인터뷰 전 활동의 일부로 활용되며, 사용자 경험 관점에 더 집중해 '유저 다이어리'로 부르기도 한다. 사용자 또는 고객이 자신의 일상과 환경 등을 스스로 관찰하여 다이어리를 작성하며, 사진이나 동영상 등을 활용하거나 템플릿 기반의 과제를 수행하기도 한다. 종이에 작성하는 일기부터 디지털 템플릿이나 모바일 다이어리 서비스의 활용 등 다양한 수행 방법이 있다. 그리고 참여자가 사진을 중심으로 당시 상황과 행동, 생각, 감정 등을 작성하는 방법을 포토 에세이Photo Essays라고 부른다.

● 맥락적 조사

맥락적 조사Contextual Inquiry는 사용자의 환경에서 관찰 및 인터뷰 등의 방법을 활용해 사람들을 맥락적으로 이해하는 조사 방법이다. 조사 대상자가 직접 살아가는 일상 상황에서 진행하여 사용자의 자연스러운 행동을 관찰하고 맥락을 파악하는 데 집중할 수 있다. 이때 실제 상황 안에서 사람들의 활동을 방해하지 않고 무엇을 하는지 행동을 관찰하는 것을 '벽에 붙어 있는 파리Fly On The Wall'라고 부른다.

● 문화적 프로브

문화적 프로브Cultural Probe는 참가자에게 프로젝트 성격에 맞춰 다이어리, 카메라, 엽서 등으로 구성한 키트를 제공하고 문화 전반에 걸친 인식, 감정, 행동 등을 참가자가 직접 기록하게 하여 수집하고 평가하는 활동이다. 연구자가 없는 상황에서 참가자 스스로 정보를 모으고 생각과 감정을 기록하게 되며, 활동 결과를 통해 디자인 프로세스에 다양한 관점과 영감을 주게 된다. 문화적 프로브를 예술적 성향이 강한 활동으로 구분하고 사용자 중심 디자인에 맞춘 변형된 방법을 '디자인 프로브Design Probe'로 부르기도 한다. 관찰과 디자인을 접목해 정보를 수집하며 더 능동적으로 개인 영역까지 접근할 수 있어 사용자 경험을 더 깊이 공감하고 이해할 수 있다.

● 비디오 에스노그라피

비디오 에스노그라피Video Ethnography는 영상을 촬영하고 관찰하여 에스노그라피에 활용하는 방법이다. 과거에 비해 디지털 기반의 녹화와 편집 활동이 손쉬워지고 대중화되면서 관찰자가 영상을 촬영하거나 참가자가 스스로 녹화하는 등 다양한 형태로 수행할 수 있다. 과거에는 주로 실시간 관찰 및 말과 글에 의존했다면, 최근에는 일상 환경에 설치된 관찰 카메라를 활용해 조사 대상자를 촬영하여 무의식적인 행동을 찾거나 미처 인식하지 못한 관찰 정보를 수집할 수 있다. 촬영된 영상을 반복 확인하고 여러 사람이 함께 관찰할 수 있으며, 실시간 진행 시 놓쳤을 부분도 찾아낼 수 있다.

● 사용성 평가

사용성Usability은 사용자 경험의 중요한 일부분으로 인터페이스나 제품을 얼마나 편리하게 사용할 수 있는가를 의미한다. 국제표준화 기구ISO에서는 사용성을 다루며 특정 맥락의 사용에서 특정 사용자가 원하는 특정 목적을 제대로 달성했는지, 가능한 과업을 효율적으로 수행했는지, 사용에 있어 얼마나 만족했는지를 주요 요소로 소개한다.

사용성 평가Usability Test는 사용자에게 서비스 사용 관련 과제를 부여하고 수행 과정을 관찰하여 서비스를 평가하고 사용성을 향상하는 조사 과정이다. 실험실 중심의 사용성 평가는 UI와 UX 측면에서 자주 진행된다. 그러나 더 질 높은 사용자 경험을 제공하려면 자연스러운 환경에서 사용자 맥락을 더 반영한 연구가 중요하다.

● 섀도잉

섀도잉Shadowing은 말 그대로 그림자처럼 눈에 띄지 않게 따라다니며 사용자가 조사자를 의식하지 않도록 관찰함으로써 고객 경험을 구성하는 일상적인 활동, 상호작용, 맥락을 만드는 요인 등을 이해하는 방법이다. 대부분은 조사 대상자에게 미리 활동에 대한 허락을 받고 비디오 촬영, 녹음, 사진 등으로 기록하고 필요에 따라 활동 중 과제 수행을 요청한다. 이때 참가자의 자연스러운 행동을 방해하지 않고 서비스와 제품이 그들의 행동에 어떻게 영향을 미치는지 살펴보며, 발견된 특이점에 대해서는 인터뷰를 수행해 이유를 파악하고 사용자 피드백을 수집한다.

● 설문조사

설문조사Survey는 조사 목적에 맞는 설문지를 설계하고 배포하여 결과를 수집하여 패턴을 찾는 자기 보고식 조사 방법이다. 주로 대규모 인원을 대상으로 빠르게 답변을 이끌어내며 진행된다.

● 심층 인터뷰

심층 인터뷰In-depth Interview는 개별 인터뷰를 통해 고객이나 사용자의 맥락에 집중하여 의견, 동기, 태도, 행동, 아이디어 등을 조사하는 방법이다. 심층면접법으로도 부른다. 고객이나 사용자 관점이 일대일 인터뷰 활동에 충분히 반영되어야 하며, 이를 위해 조사 대상자에게 익숙한 환경이나 장소에서 자주 진행된다.

● 일상의 하루 연구

일상의 하루 연구A Day In The Life Research 또는 일상 연구는 고객의 일상 생활을 하루 또는 여러 날 함께 보내면서 고객의 상황, 행동, 상호작용 등을 파악하는 민족지학적 연구다. 주로 고객의 집이나 사무실에 연구원을 파견하여 사회적 상황에서 고객의 역할은 무엇이며 어떤 습관적 활동을 하고 무의식적으로 행동하는지 등을 조사하며 필요에 따라 인터뷰와 참여 관찰 방법을 활용한다. 단지 고객의 현재 컨텍스트를 파악하는 것뿐 아니라, 이를 통해 앞으로 어떤 변화가 생길지 통찰력을 확보하는 것도 일상 연구의 주요 목적이다.

● 카드 소팅

카드 소팅Card Sorting은 참여자에게 서비스나 제품에 대한 기능, 특징, 속성 등의 정보를 붙인 카드를 주고 의미 있다고 느끼는 방법으로 분류하게 하여 어떻게 내용을 구분하고 연관짓는지 알아보는 방법이다. 특히 서비스 정보 구조에 대한 사용자의 생각이나 기대 등을 자연스럽게 파악하는 데 유용하다.

● 콜라주

콜라주Collage는 그림을 활용하여 더 쉽고 정확하게 생각이나 인식을 표현할 수 있게 돕는 방법이다. 출력된 여러 장의 이미지 모음 또는 그림이나 사진이 많이 포함된 잡지 등을 참가자에게 나누어준다. 제시된 주제나 질문을 자유롭게 조각내고 붙여 그림으로 만들게 한 후, 그림이 완성되면 의미나 배열 등을 설명하도록 요청한다.

● 포커스 그룹 인터뷰

포커스 그룹 인터뷰Focus Group Interview는 FGI, FGD, 집단 좌담회라 부르기도 한다. 특정 주제에 대해 소규모 집단을 대상으로 진행하는 대표적인 정성 조사 기법으로 참여자 간 상호작용이 중요하다. 짧은 시간에 많은 정보를 얻을 수 있고 참여자끼리 서로 영향을 주며 반응을 풍부하게 살펴볼 수 있다는 장점이 있어 전반적인 정보 수집, 고객의 인식 파악, 서비스 성능 평가 등에 다양하게 활용된다. 반면 집단 운영인 만큼 다른 사람의 눈치를 보거나 과장된 반응을 보이기 쉽고, 특히 모더레이터의 진행 역량에 따라 도출 내용과 결과 수준이 달라질 수 있다.

● A/B 테스트

두 가지 버전 중 어느 쪽이 더 서비스 목적에 부합하고 효과적인지 비교하여 평가하는 방법이다. A/B 테스트는 오바마 전 미국 대통령 선거 캠프가 큰 정책 변화 없이도 웹사이트 디자인에 A/B 테스트를 적용해 기부 전환율을 50% 가까이 올리며 대중에게 잘 알려진 바 있다.

경영 전략 활동에서는 다양한 모델이 제시되지만 여전히 2×2 매트릭스와 같은 기본이 되는 접근을 우선적으로 진행하는 경우가 많다. 퍼실리테이션 분야에도 수많은 활동 방법이 있지만 기본이 되는 T차트부터 먼저 검토한다. 서비스 디자인 씽킹에서 프로세스 활동 방법을 검토하고 선택하는 접근도 다른 분야와 비슷하다. 앞에서 살펴본 대중적으로 자주 사용되는 기본 조사 방법부터 우선 충분히 살펴보고 그 활용 방안을 검토해야 한다. 학습자라면 다양한 조사 경험 쌓기에 우선순위를 높게 둘 수도 있다. 하지만 현장 실무자라면 조사 목적을 구체화하여 적합한 조사 방법을 찾아서 실행하는 데 집중해야 한다. 특히 프로젝트 조사 활동 중 선택과 실행에 어려움을 겪고 있다면 새로운 방향을 찾기보다는 기본에 충실한 활동부터 확인하고 수행하기 바란다.

반드시 현장 중심으로 직접 활동 수행하기

'관찰하기' 단계에서는 '실제로 어떻게 수행하느냐'는 질문이 자주 등장한다. 어떤 사람을 만날지, 몇 명이나 관찰해야 하는지 등의 기본적인 질문이다. 이 질문들은 그 뒤에 숨어 있는 수행 시간, 운영 비용, 팀 인원 업무 조율 등 프로세스 실행 전반의 기준과 여러 제약 요소를 내포한다. 그만큼 현장 중심의 활동은 결정하기 어렵고 까다롭게 느껴진다.

　프로젝트의 목표와 성격을 고려해 '관찰하기' 단계의 활동에서 만날 사용자를 선정하는 기준을 잡아야 한다. 만약 현재 상황을 개선하려면 일반적인 정규분포에 속한 다수를 만나도 되겠지만 혁신을 원한다면 '익스트림 유저' 또는 '극단적 사용자'라 불리는 사람을 만나야 한다. 일반 사용자를 만날 수밖에 없다면 일반적인 모습을 확인하는 데 그치지 말고 그들에게서 특별한 모습을 찾는 데 집중해야 한다. '관찰하기' 단계에서는 드러나지 않은 문제 해결의 단서를 찾아야 한다는 것을 항상 기억하자.

　어떤 사람을 만날지는 비교적 명확하다. 방법론을 다루는 대부분의 워크북이나 툴킷에서도 유사한 내용을 언급한다. 다음 그림을 확인해 보자.

집중해야 할 관찰 대상자 선정 기준　프로젝트 목표와 방향에 따라 다수냐 소수냐는 물론 어떤 행동과 특성의 사람을 만나야 하는지 차이가 있다. 정규분포의 양극단에 있는 사용자는 변화와 혁신을 빠르게 수용하거나 아예 사용하지 않는 사람이다. 이들을 통해 분명한 니즈 기반으로 새로운 혁신 기회를 발견할 수 있다. 그리고 일반 사용자를 통해 이미 알고 있는 사실을 재확인할 수 있다.

가장 흔한 질문인 '몇 명을 만나야 할까?'를 생각해보자. 프로젝트 상황과 목적에 따라 다르다. 3명(카카오임팩트 툴킷), 5명(구글 스프린트), 8~12명(SK HCI 방법론) 등 프로세스별로 차이가 있고, 각 방법론에서 제시하는 근거가 있다. 이와 관련하여 많이 알려진 제이콥 닐슨의 통계를 살펴보자. 이 내용에서도 얼마나 완벽하게 할지, 유연성을 가져갈지 등에 따라 몇 명이 적절한가에 대한 생각은 서로 다를 것이다.

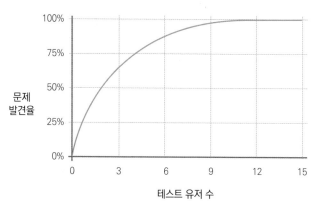

제이콥 닐슨의 문제 발견율 변화 통계　제이콥 닐슨은 5명을 인터뷰하면 전체 문제의 85%가 발견된다는 통계 결과를 소개했고,* 이를 토대로 구글 스프린트 등에서 몇 명을 만날지 기준을 정한다.

역설적으로 학습과 경험이 현장 활동의 제약을 만드는 경우도 흔하다. 프로젝트가 거듭될수록 각자 상황과 운영 방식에 따라 실행으로 옮기기 더 쉽고 결과가 더 분명하게 느껴지는 방법이 생기게 마련이다. 다만 그 방법에 너무 익숙해지면 다른 방법론을 살펴보는 노력을 줄이고 시야

---

* https://www.nngroup.com/articles/why-you-only-need-to-test-with-5-users

를 닫아버려 문제가 되기도 한다.

예를 들어 반드시 사람을 직접 만나서 대면 인터뷰를 하는 것이 옳다고 생각했는데, 관찰해야 할 인원이 해외에 있어 현실적으로 직접 만나기 어렵다면 어떻게 해야 할까? 프로젝트 진행자는 종이 노트 형태로 작성한 포토 다이어리 연구 방법에 익숙한데, 인터뷰 대상자는 클라우드 기반 디지털 폼에 멀티미디어를 붙이고 코멘트를 적는 방식이 훨씬 익숙하다면 어떻게 해야 할까? 때로는 진행자의 관성이나 조직 구조적 요청에 의해 불필요한 조사 내용이 과하게 끼어들 때도 있다. 이 경우 활동 목표와 상관없이 조사 결과물의 품질이 낮아지거나 때로는 분석과 이어지는 초점을 흐리게 하여 인사이트를 지나치도록 만들기도 한다. 또 세대별로 다른 특성을 보인다는 점에 착안하여 조사 방법을 구분하여 제시하는 사례도 있다.

이처럼 현장에서는 다양한 관점이 있어서 여러 가지 제약이 따른다. 물론 프로젝트별로 상황이 다르므로 절대적인 정답은 없다. 그러나 적절한 인터뷰 대상자를 한 사람이라도 반드시 만나야 한다는 점은 분명하다.

또 한 가지 기억해야 할 것은 열린 질문으로 다양한 가능성을 열어두어야 한다는 점이다. 기존 마케팅 활동에서도 고객에게 묻고 답을 구하는 과정은 존재했지만 서비스 디자인 씽킹 프로세스가 말하는 관찰 활동과 차이가 있다. 특히 질문에 초점을 맞춰 가장 중요한 요소 하나를 선택해야 한다면 열린 질문일 것이다.

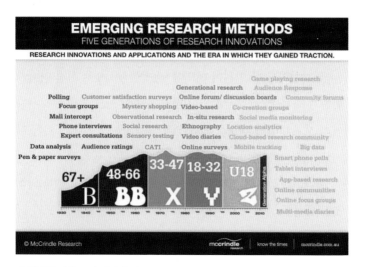

각 세대에 따른 조사 방법의 변화   맥크린들 연구소는 다양한 조사 방법과 변화를 세대별로 나누어 설명한다. 맥크린들 연구소는 알파 세대를 제시한 것으로 알려져 있다.*

물론 열린 질문은 기존 조사 활동에도 자주 포함된 요소다. 그러나 대부분 조사에서 열린 질문은 의도를 가진 질문자가 궁금하게 생각하는 내용을 보조하는 수단인 경우가 많다. 이미 알고 있는 비즈니스 정보에 대한 확인 절차라면 열린 질문을 활용하여 보충하는 접근도 의미가 있다. 하지만 차별화된 새로운 가치를 찾는 과정이라서 질문자도 기존에 알던 바를 확인하는 차원 이상을 끄집어내야 할 때는 열린 질문을 제대로 수행해야 한다. 열린 질문을 실행할 때는 원하는 답변을 머릿 속에 먼저 그려 두거나 아예 유도하려들지 않도록 주의하자. 이는 가설뿐 아니라 그 해결 방안을 어느 정도 생각하고 있을 때 더 자주 나타난다.

---

* https://www.slideshare.net/markmccrindle/emerging-researchmethodsinfographic-mccrindleresearch

고객을 인터뷰하고 관찰하는 활동은 까다로운 일이다. 부지런히 준비해도 다양한 변수로 어려움을 겪기 마련이다. 그런 이유로 전문 조사기관을 고려하게 된다. 우리가 원하는 방향의 정성 조사 활동을 수행하려면 심층 인터뷰나 에스노그라피 등에 익숙한 전문 조사자를 충분히 보유하고 서비스 디자인 씽킹도 이해하고 있어야 한다. 웬만한 전문 조사 기관이 이러한 조건을 만족하기는 쉽지 않다. 또한 연구원이나 활동 기간이타 조사 활동과 차이가 있어 의뢰 비용이 커진다는 문제도 있다. 결국 현실적인 상황까지 고려한다면 프로젝트를 수행하는 팀이 직접 고객을 만나서 조사 활동을 수행할 때 비즈니스에 더 적합한 결과물이 나올 뿐 아니라 시간과 노력 측면에서도 유리하다.

다른 사람이 대신 해주는 숙제는 자신의 역량을 성장시키는 데 큰도움이 되지 않는다. 인터뷰 및 관찰 활동은 서비스 디자인 씽킹 전문가로 성장하는 데 필수이므로 직접 실천하며 실무 역량을 키우려 노력해야한다.

사례 : 마림바 서비스의 '관찰하기' 활동은 어떠했을까?

온라인 협업 툴 팀이 생각한 조사 활동은 문제와 솔루션을 찾는 과정이었다. 크게 세컨더리 리서치와 사용자 리서치로 나누어 진행했다. 프로젝트 시작부터 글로벌 시장을 타깃으로 기업의 협업을 돕는 서비스를 염두에 두어 조사 범위를 국내에 한정하지 않고 전 세계로 두었다.

세컨더리 리서치를 통해 팀은 협업 툴 시장과 서비스에 대한 전반적인 흐름을 확인했다. 협업 시장은 지속적으로 성장하고 있으며, 전 세계적으로 재택근무와 원격근무가 급증했고, 미로Miro나 뮤랄Mural 같은 실시간 화이트보드 서비스도 성장 중임을 확인했다. 사용자 리서치를 글로벌 소프트웨어 개발 업체의 개발 리더를 대상으로 진행했다. 대부분 기업의 소프트웨어 개발팀이 한 번에 여러 협업 툴을 쓰고 있었고, 요구사항을 모두 만족하는 툴은 없었다. 조사 과정에서 들은 이야기 중 다음은 특히 인상적인 내용이었다.

> "적어도 5~6개 툴을 쓰고 있다. 툴 간 변경하는 일이 계속해서 일어나고 시간 낭비가 많다."
>
> "다양한 툴을 사용하다 보니 매일 50개 이상 알림이 온다. 협업 툴로 인해 오히려 여유가 없어지는 것 같다."

세컨더리 리서치와 사용자 리서치에서 확인한 내용을 바탕으로 사용자의 행동을 좀 더 깊이 있게 살펴보기 위해 글로벌 16개 회사의 프로덕트 매니저 대상으로 사용자 리서치를 진행했다. 특히 600명 이하 회사에서 프로덕트 매니저는 구매 결정자 역할을 하므로 기업 구매 요인을 반영한 조사가 가능하다는 점에서 중요했다.

사용자 리서치를 통해 협업에 평균 9개 이상의 툴을 사용하며, 감성적 공감이 어려운 화상 회의 환경에 불만이 있다는 점 등을 확인할 수 있었다.

지속적으로 진행된 사용자 관찰 활동 문제와 솔루션을 찾는 조사 활동을 프로젝트 과정 전반에서 대면과 비대면 방식으로 꾸준히 진행했다. 글로벌 시장을 염두에 두고 있어 원하는 사용자를 리크루팅하는 데 Usertesting.com을 유료로 이용했다.

'관찰하기' 단계 이후에는 어땠을까? '매주 사용자 2~3명을 직접 만나서 피드백을 듣고 만든다'는 활동 원칙에서도 알 수 있듯이 팀은 관찰 활동뿐 아니라 서비스를 구현하는 전체 과정에서 꾸준히 사용자를 직접 만나고 그들의 행동과 생각을 반영했다. 앞서 언급한 '관찰하기' 단계의 활동 외에도 시나리오를 활용하여 60개사 80명 이상의 사용자를 관찰했고, 아이디어 검증 단계에는 25개사 110명의 사용자를 조사했다. 이처럼 혁신을 위한 문제 해결 과정에서 강조하는 사용자에 대한 집중은 특정 활동에 한정된 일시적 행동이 아니었다. 리서치 형태가 아니더라도 공동 창작이나 사용자 참여 등의 활동을 통해 사용자의 참여와 그들의 행동과 특성을 꾸준히 반영했다.

5.3 프로세스 3 분석하기

서비스 디자인 씽킹 프로세스를 당장 눈앞에 닥친 문제를 해결하는 데 활용할 수 있지만 거기서 멈춘다면 결과의 일부만 얻는 셈이다. 우리가 고객과 사용자 중심의 접근 방법을 통해 정말 얻고 싶은 것은 문제의 근본 원인을 찾고 숨어 있는 핵심을 파악하여 진짜 해결 방안을 도출하는 것이다. 이를 가능하게 하는 주요 요소가 바로 고객에 대한 통찰력이다.

방법론이 무엇이든 고객 통찰력은 반드시 갖추어야 할 부분으로 중요하게 다루어진다. 흔히 '고객 인사이트'로 표현하며 기존 비즈니스 활동에서도 차별화된 변화를 만드는 주요 요소로 강조해왔다. 고객 통찰력은 서비스 디자인 씽킹 프로세스의 모든 단계에서 중요하지만 특히 '분석하기' 단계에서 절대 놓쳐서는 안 된다.

고객에 집중하여 문제 해결의 핵심 파악하기

뻔한 시선으로 비즈니스를 다루면서 차별화된 결과를 기대해서는 안 된다. 변화를 원한다면 새로운 관점이 필요한데, 특히 사람에 대한 깊이 있는 이해가 녹아 있어야 한다. 그래서 우리는 사무실 밖으로 직접 나가 사람을 만나고 관찰하고, 한 발 더 나아가 깊숙이 숨어 있는 니즈를 찾으려 한다. '관찰하기'에 이어 '분석하기' 단계에서는 더 집중력을 발휘해 니즈를 받치고 있는 본질을 바라보아야 하는데, 이를 흔히 인사이트Insight라 부른다.

인사이트는 고객과 그들이 있는 현장에서 보고 들은 것에 대한 해석이다. 해결해야 할 문제를 제대로 볼 수 있게 해주고, 해결의 실마리를 설명하는 바탕이 되고, 새롭고 구체적인 내용을 포함하고 있어야 한다. 분석 단계에서 강조하는 인사이트가 혼자만의 생각이나 섣부른 일반화에 그치지 않으려면 콘텍스트Context를 이해하고 확인하여 사람에 대한 관점이 충분히 반영된 의미 있는 통찰을 해야 한다.

콘텍스트는 사람과 그들이 처한 환경에서 발견되는 전후 관계를 고려한 맥락을 의미한다. 서비스 디자인 씽킹에서 말하는 인사이트는 현장에서 보고 들은 해석을 바탕으로 사람들의 콘텍스트를 반영한 통찰력이다. 이는 문제의 본질을 파악하게 해 비즈니스의 혁신을 이끄는 출발점이 된다.

결국 '분석하기' 단계에서 해야 할 일은 조사 활동으로부터 파악한 내용을 고객 콘텍스트 안에서 점진적으로 발전시켜 문제 해결의 기본이 될 인사이트를 찾아내는 것이다(참고로 현장에서는 인사이트를 '통찰', 콘텍스트를 '맥락'으로 말할 때도 있지만 사람 중심의 접근에 따른 미묘한 차이 등을 생각해 영어 발음 그대로 표현하는 때가 흔하다).

'고객을 중심에 두고 집중한다'는 표현을 글자 그대로 분석 활동에 반영하려면 고객의 모습을 구체적으로 만들어 살펴봐야 한다. 바로 퍼소나 제작이 고객의 모습을 만들어 새로운 관점을 갖는 분석 방법이다. 퍼소나Persona*는 조사에서 확인한 사용자의 행동과 동기 등을 바탕으로 만든 주요 사용자를 설명하는 가상의 인물이다. 고대 배우들의 연극 가면에서 유래한 말로 심리학, 마케팅, 영화 등 다양한 영역에서 접할 수 있으며,

---

* Persona를 여러 분야에서 페르소나로 다루지만, 디자인 영역에 용어를 처음 소개한 앨런 쿠퍼가 '퍼소나'로 표현해 따르는 경우가 많다. 앨런쿠퍼는 용어의 복수형도 사전식 Personae가 아닌 Personas로 명시하고 사용한다(예 : The Origin of Personas).

디자인 영역에서는 비주얼 베이직의 아버지로 알려진 앨런 쿠퍼^{Alan Cooper}가 《정신병원에서 뛰쳐나온 디자인》을 통해 실무 중심의 방법론으로 처음 소개했다.

여기서 고객이란 제공자의 입장에서 손쉽게 떠올릴 수 있는 뻔하고 뭉툭한 모습을 의미하는 것은 아니다. 직접 고객을 관찰하고 그에 기반을 두어 뾰족하고 날 선 모습을 만들어야 한다. 다시 말해 마케팅 활동 등에서 흔히 제공해온 연령, 성별, 지역 등의 기준에 따라 고객의 모습을 구분하는 익숙하고 뻔한 접근이 아니라, 고객이 무엇을 바라고 원하고 행동하는지 등을 충분히 이해하고 고객의 모습을 반영하여 생생하게 묘사하고 구체화해야 한다. 퍼소나 분석을 언급할 때 대표적인 사례로 룰루레몬이 있다.

'요가복의 샤넬'로 불리는 룰루레몬의 사례를 다룰 때 성공 요인으로 퍼소나가 빠지지 않고 등장한다. 고객의 행동과 니즈를 제대로 이해하고 집중한 사례이기 때문이다. '오션'이라는 이름을 가진 룰루레몬의 퍼소나는 어떤 모습일까?

'오션은 석사 학위를 가진 32세의 전문직 여성으로 1년에 10만 달러를 벌고 있으며, 콘도 회원권을 가지고, 여행과 운동을 좋아하고, 패션에 민감하다. 하루 1시간 반은 운동에 투자하는데, 주로 요가를 하지만 달리기와 스피닝도 즐긴다.'

슈퍼걸이라 불리는 오션을 대하는 룰루레몬의 접근 방식이 어떠한지 확인하기 위해 창업자 칩 윌슨이 CNN과 인터뷰한 내용을 살펴보자.

"여행과 유행, 운동을 좋아하는 32세 전문직 여성에 집중했다. 33세나 31세 여성은 신경 쓰지 않았다. 모든 사람을 위한 제품이나 서비스는 의미 없다. 어떤 누구를 위해서도 만들지 않는다는 뜻과 같기 때문이다."

룰루레몬이 오션을 대하는 시선은 두루두루 뭉툭한 접근이 아니라 좁고 뾰족하다. 그렇다면 시장에서도 32세의 고객층만 룰루레몬에 호응했을까? 22세는 10년 뒤 오션처럼 되기 위해, 42세는 10년 전 오션과 같았던 과거를 추억하며 룰루레몬의 고객이 됐다. 그 결과 2021년 1분기에도 지난해 같은 기간과 비교해 88% 늘어난 매출을 기록하는 등 룰루레몬의 비즈니스는 지속 성장하는 모습이다. 룰루레몬은 특별한 마케팅 없이도 배우, 모델 등 여러 셀럽을 포함한 확실한 고객층을 확보했고, 패션과 기능성을 갖춘 높은 가격대 제품을 통해 액티브웨어 시장 내 명품으로 차별화된 가치를 제공한다는 고객 인식을 만들 수 있었다.

고객에 대한 이해가 부족하게 느껴질수록 뾰족하고 날선 접근이 고객의 범위를 한정하는 것은 아닐까 걱정하게 된다. 그러나 뻔하고 뭉툭한 접근으로는 아무도 만족하기 어려우며 시장 내 존재감도 사라지기 쉽다. 오히려 명확한 고객에 집중하여 서비스의 가치를 분명히 전달할 때 충성도 높은 고객을 확보하고 이를 발판으로 비즈니스 성공 사례를 확보할 수 있다.

그렇다면 룰루레몬은 어떻게 퍼소나를 만들었을까? 그 핵심 활동은 바로 고객을 직접 만나 관찰하고 이야기를 들은 것이다. 칩 윌슨은 요가 클래스에서 만난 사람들을 관찰하고 그들과 이야기를 나누며 정보를 수집했고, 직원들은 매장에서 만난 고객들의 관찰 내용을 부지런히 모으고 검토했다. 이런 노력을 통해 집중할 고객의 모습을 명확히 하여 '오션'이라는 퍼소나를 만들 수 있었고 룰루레몬의 주요 성공 요인이 됐다.

- 32세 여성
- 약혼함
- 연수입 10만 달러
- 콘도회원권 소유
- 여행, 유행에 관심 많음
- 매일 1시간 30분 운동
- "오션은 모든 여성이 되고 싶어 하는 여성입니다."

룰루레몬의 퍼소나 오션 룰루레몬이 생각하는 고객의 모습을 토대로 만든 퍼소나가 오션이다. 퍼소나는 룰루레몬이 차별화된 비즈니스를 만든 주요 요인이다.[*]

팀 활동 면에서도 퍼소나를 설정해야 하는 이유는 분명하다. 고객이 중요하다는 것을 팀이 이해하더라도 고객의 모습을 각자 머리로 생각한 다면 각자 인상적이고 중요한 요소 중심으로 떠올리게 된다. 때로는 고객의 모습으로 자신, 친구, 동료 등을 대입해 선입견을 만들고 올바른 판단을 어렵게 만들기도 한다. 이런 접근으로는 팀 모두가 서로 다른 고객에 집중하는 것과 다를 바가 없어 일관성을 가지기 어렵다. 그래서 고객에 대한 팀 소통의 공통 기준이 분명해야만 하는데 이때 퍼소나가 필요하다. 다른 활동과 마찬가지로 퍼소나 작성 역시 직접 활동을 실행하는 것이

---

[*] https://www.businessinsider.com/lululemon-idea-customers-ocean-and-duke-2015-2

가장 중요하다.

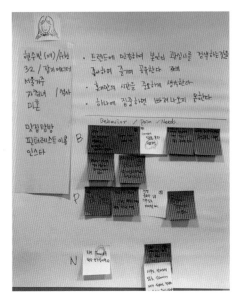

프로토 퍼소나 제작 활동 예시 프로젝트 참여자가 일관성 있는 커뮤니케이션을 하기 위해 팀이 함께 퍼소나를 제작하는 활동은 중요하다. 특히 프로젝트 초기에는 퍼소나 활동을 통한 완성도 높은 결과물 제작보다는 팀 공통의 기준을 마련하는 데 더 집중하면 효과적이다. 예시는 1인 가구를 위한 서비스의 퍼소나 제작 활동이다. 이 활동에서는 '현수빈'이라는 가상의 인물에 대한 정보와 함께 B(행동), P(불편), N(니즈) 중심으로 제작했다.

    퍼소나를 제작하는 일이 언뜻 까다롭게 느껴질 수도 있지만 너무 어렵게 생각하지 말자. 프로젝트팀이 함께 공유해야 할 고객 모습을 명확히 하고 집중하면 된다. 고객을 만나서 관찰한 내용을 중심으로 충분히 대화하며 팀이 협력하여 퍼소나 템플릿을 채우면 어렵지 않게 수행할 수 있다. 템플릿을 활용하면 되기 때문에 성의 있게 실행하는 것만으로도, 각자 머릿속에서 막연히 존재하던 고객을 팀이 함께 공유할 수 있는 구체적인 모습으로 끄집어낼 수 있다.

퍼소나 제작 템플릿 템플릿의 모습과 내용은 프로젝트에 따라 다르므로 상황에 맞춰 변형할 수 있다. 중요한 것은 템플릿의 형태가 아니라 팀이 협력하여 공통의 고객 모습을 만드는 활동을 실행하는 것이다.

고객 여정을 중심에 두고 판단하기

숨어 있는 문제를 찾아 내어 고객이 바라는 서비스를 제공하고 싶다면 고객 여정을 살펴보고 분석하는 활동을 반드시 수행해야 한다. 제공자의 가설을 시계열로 펼쳐놓고 고객 여정이라는 이름을 붙여봤자 별 소용이 없다. 겉으로 쉽게 드러나 있는 정보를 엮는 수준으로는 고객 중심의 분석을 수행했다고 말하기 어려우며, 새로운 인사이트나 차별화된 가치를 제시하는 경우도 드물다. 단지 여정을 만드는 활동이 아니라 '고객의 여정'임을 기억하자.

고객 여정을 면밀히 살펴보면 서로 달라 보여 쉽게 연결되지 않는 제품 또는 서비스 간의 관계에서도 고객 중심의 인사이트를 찾을 수 있다. '나이키의 진짜 경쟁자는 닌텐도'라는 주장도 고객을 중심에 두고 분석해 찾을 수 있는 새로운 관점이다. 또 다른 예를 생각해보자. 웹툰의 경쟁자는 누구일까? 〈파이콘 한국 2019〉에서 카카오 추천팀이 공개한 내용을 중심으로 생각해보자.

직장에서 근무하는 웹툰 사용자 중심으로 고객 여정을 파악해보면 주로 출퇴근할 때, 식사할 때, 휴식을 취할 때와 잠자기 전에 웹툰 콘텐츠를 사용한다는 사실을 파악할 수 있다. 그런데 이는 뉴스 이용자의 열람 시간 분포와도 거의 유사하다. 만약 제공자의 관점에서 서비스 분야나 표면상의 정보만을 두고 판단한다면 엔터테인먼트 성격의 웹툰 서비스와 인포메이션을 전달하는 뉴스 서비스는 반대 속성을 가진 것처럼 느껴질 것이다. 그렇다면 앞서 살펴본 고객 행동, 즉 고객 여정이 만든 열람 시간을 중심으로 다시 생각해보자. 웹툰과 뉴스 서비스를 경쟁 관계에 두고 살펴보아겠다는 새로운 인사이트를 확인할 수 있을 것이다.

이처럼 익숙한 정보나 의견에 의존하지 않고 고객 여정을 중심으로 살펴본다면 디지털 서비스인 웹툰의 진짜 경쟁자는 어쩌면 서비스 속성이 크게 달라 보이는 뉴스가 될 수 있다는 새로운 관점을 얻을 수 있고 이를 서비스에 반영할 수 있다.[*]

특히 고객 여정은 서비스 디자인 씽킹 프로세스에서만 다루는 부분이 아니다. 다양한 비즈니스 활동에서 고객 여정을 주요 활동으로 언급하

---

[*] https://www.slideshare.net/ssuser2fe594/ss-164511610 (Pycon2019, 카카오 최규민, '추천 시스템 이제는 돈이 되어야 한다.'

며 강조한다. 예를 들어 기업 중심의 B2B 마케팅 활동은 고객 여정과 상관없이 느껴질 수 있다. 그러나 어도비는 B2B 마케팅 활동의 변화를 이야기하면서 고객이 누구인지에 대한 정보가 중요하다고 강조하며, 전체 고객 여정을 확인하여 그들의 의사결정에 어떤 마케팅이 영향을 주는지 파악해야 한다고 주장한다. 물론 고객 여정을 다루는 데 B2C와 B2B 간의 프로세스 활동 및 관리 측면의 차이는 존재할 것이다. 그러나 어도비가 말하는 고객 여정의 정의가 고객이 되기 이전 단계인 브랜드 인지부터 궁극적으로 고객 충성도에 이르는 일련의 과정이라는 점을 생각한다면, 그들이 제공하는 모든 제품 및 서비스 영역에서 고객 여정을 중요하게 다룰 거라고 쉽게 예상할 수 있다.

어도비의 사례에서 알 수 있는 것처럼 고객 여정에 기반한 문제 해결의 필요성은 서비스 디자인 씽킹 프로세스나 B2C 관점의 고객에 한정되지 않으며, 모든 비즈니스의 여러 활동 영역에서 다양한 모습으로 강조된다. 따라서 자신이 지금 어떤 영역에서 활동하고 있더라도 고객 여정의 중요성 및 활동 방안을 생각해야만 한다.

금융 산업의 고객 경험 분석가인 켈레치 오케케Kelechi Okeke는 〈당신이 고객 여정 지도를 작성해야 하는 다섯 가지 이유〉라는 글에서 '고객 여정 지도는 고객 관점에서 고객이 브랜드 구매 주기의 각 단계를 어떻게 거치는지 보여주는 다이어그램'으로 정의한다. 이 글을 통해 소개한 고객 여정 지도를 활용해야 하는 다섯 가지 이유를 확인해보자.*

1. 시각화를 통해 고객 경험을 향상시킬 수 있는 기회를 쉽게 식별할 수 있다.

---

* https://customerthink.com/5-reasons-you-should-map-your-customer-journey/

2. 고객 세그먼트별 경험의 차이를 반영하여 개인화할 수 있다.

3. 고객 여정이라는 공통의 뷰를 가짐으로써 조직 내 사일로를 없앨 수 있다.

4. 효율성을 극대화할 수 있는 고객 여정의 주요 단계를 파악해 자원을 집중할 수 있다.

5. 고객 경험 중심의 전략을 통해 강력한 경쟁 우위를 마련할 수 있다.

사례 : 마림바 서비스의 '분석하기' 활동은 어떠했을까?

다양한 방향으로 진행된 조사 활동을 통해 전반적인 협업 툴 시장의 흐름을 이해하고, 표면적으로 드러나는 사용자의 행동과 불편을 확인할 수 있었다. 하지만 겉으로 드러나 쉽게 확인 가능한 내용은 정말 알고 싶은 문제 해결의 단서가 아닐 때가 많다. 따라서 '관찰하기' 단계의 활동을 바탕으로 새로운 서비스 탄생에 필요한 사용자의 맥락과 숨은 의미를 찾아내야 했다.

온라인 협업 툴 팀은 리서치에서 얻은 내용을 바탕으로 '이해하기' 단계에서 확인한 숨어 있는 진짜 문제는 무엇인지 분석했다. 여기서 진짜 문제는 사용자가 빈번히 겪고 있어 해결해야 할 행동이나 상황이다. 하지만 조사 활동 중 사용자가 이용하기 힘들거나 불편하다고 말로 표현한 내용을 그대로 반영해서는 해결되지 않는다. '분석하기' 과정을 통해 말과 행동 속에 숨은 진짜 의미는 무엇인지 찾고자 노력했고, 그 과정에서 협업 툴의 존재가 협업을 돕기보다는 오히려 더 어렵게 만들 수 있음을 파악할 수 있었다.

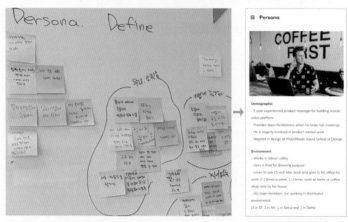

| 기본 조사 내용 기반의 프로토 퍼소나 제작 | 완성된 결과 |

팀 활동으로 만든 프로토 퍼소나   팀은 초기 조사 내용을 활용해 '크리스'라는 이름을 가진 프로토 퍼소나를 함께 만들었다. 크리스는 RISD에서 디자인을 전공한 후 실리콘밸리에서 근무 중인 5년차 프로덕트 매니저다. 샌프란시스코, 뉴욕, 서울, 델리에서 일하는 팀의 모임을 주도하는 퍼실리테이터다. 사무실 외 집과 카페에서도 15인치 맥북을 사용해 업무를 처리한다. 프로토 퍼소나는 사용자 조사 및 분석 활동을 거치며 더 명확한 모습의 퍼소나로 구체화된다. 이렇게 만든 퍼소나는 프로세스 활동 중 팀의 관점을 하나로 모으고 커뮤니케이션을 명확히 하는 도구가 된다.

팀은 프로토 퍼소나를 만들고 나서 구체적인 모습의 퍼소나로 발전시켰다. 프로토 퍼소나는 기본 조사 내용을 바탕으로 만들지만 사용자 조사가 충분히 진행되지 않아 팀이 생각한 가정 요소가 들어 있다. 사용자 조사를 거치며 확보한 인사이트 기반으로 행동, 대사, 환경 등 여러 요소를 자세히 묘사하여 풍부하게 만들어야 퍼소나가 된다. 이렇게 제작된 퍼소나는 팀이 사용자를 다루며 공통의 모습을 생각할 수 있게 만들고, 프로세스 활동이 사용자 중심으로 이루어질 수 있도록 도왔다.

'분석하기' 단계에서는 '관찰하기' 단계에서 얻은 정보를 바탕으로 사용자의 전후 맥락이 반영된 통찰력으로 해석하여 문제의 본질을 파악했다. 드러난 내용의 단순한 확인이 아닌 몇 단계 더 깊은 인사이트를 반영하여 시장의 반응을 이끌 수 있는 새롭고 혁신적인 서비스 아이디어로 이어질 수 있게 노력했다.

5.4 프로세스 4 발상하기

'발상하기' 단계에서는 아이디어를 꺼내고, 선정하고, 다듬어 고객의 니즈를 해결할 수 있는 차별화된 내용을 제안해야 한다. 우선 브레인스토밍과 같은 발상 과정을 통해 많은 양의 아이디어를 생성해서 이 단계의 기반을 만들어야 한다. 이 과정에서 미처 생각하지 못한 구현 방향을 찾아낼 수 있으므로 가급적 많은 양의 아이디어를 꺼내 해결 가능성을 높이려 노력해야 한다.

양만큼 중요한 부분이 하나 더 있다. 바로 '제작하기' 단계로 이동시킬 정말 중요한 아이디어를 선택하는 활동이다. 다음 단계인 '제작하기' 과정에는 완성품을 만드는 만큼 자원을 투입하지는 않지만, 적지 않은 시간과 비용이 든다. 따라서 이 단계에서 이것저것 모두 놓치고 싶지 않아 선택과 결정이 제대로 이루어지지 않는다면 프로세스 운영상 다음 단계에 꽤 부담을 안길 수밖에 없다. 지금부터 '발상하기' 단계의 활동을 운영하며 꼭 기억해야 할 부분을 알아보자.

발견에 집중하여 발상 활동 업데이트하기

서비스 디자인 씽킹 프로세스의 진행 경험과 무관하게 누구나 아이디어 발상 및 구체화 활동에 대한 실무 경험이 있을 것이다. 특히나 브레인스토밍이나 스캠퍼 등의 아이디에이션 활동은 널리 애용된다. 그러다 보니 아이디어 도출 과정이 쉽게 느낄 수도 있다. 그러나 '발상하기'의 핵심은 도출된 아이디어를 모으고 나누고 선정함으로써 아이디어의 가치를 확인하고 해결책의 기초를 만드는 것이다. 이 부분에 집중하여 더 원활하게 활동을 운영하려면 무엇을 익히고 어떤 부분을 보완할지 관심을 가져야 한다.

정량적 내용은 명확히 표현 가능하고 결과 도출도 용이한 편이지만, 정성적 내용은 산발적이고 측정 또한 까다롭다. 따라서 발산한 많은 아이디어를 다룰 때와 같이 다수의 정성적 내용을 정리하여 그 안에서 의미를 끄집어내려면 그에 어울리는 적절한 기법이 필요한데 친화도 분석이 대표적이다.

친화도 분석은 많은 아이디어에서 관련 있는 내용끼리 묶어 의미 있는 결과나 규칙을 찾아내는 방법으로, 어피니티 매핑Affinity Mapping이라고 부르기도 한다. 꺼내둔 다양한 아이디어에서 관련성이 높은 내용을 모아서 그룹을 만들고, 각 그룹에 속한 내용을 토대로 대표 이름Header을 붙인 후 그룹을 살펴보며 새로운 내용이나 아이디어를 찾고 결과를 정리하는 과정을 진행하게 된다. 이때 필요하면 다시 그룹을 만들 수 있으며, 대표 이름을 그룹화하여 새로운 발견점을 도출할 수도 있다. 이처럼 친화도 분석의 수행 방법은 간단하지만 중복되고 불필요한 내용을 정리하여 규칙을 찾는 데 유용하다.

친화도 분석 기법은 발상 활동뿐만 아니라 고객 인터뷰나 관찰한 조사 내용을 정리할 때도 활용되며, 다수의 정성 데이터에서 관련성을 중심으로 규칙을 찾아야 하는 다양한 활동에서 이용되므로 연습과 반복 활동을 통해 익숙해져야 한다.

'발상하기' 단계를 통해 아이디어를 어떻게 확보하고 다뤄야 할지 몇 가지 실행 포인트를 짚어보고 프로세스 활동을 충실히 진행하자.

1. 단순히 새로운 아이디어를 양산해내는 것이 발상 활동의 전부가 아니다. 쉽게 정리되지 않는 다양한 내용을 꺼낸 후 그 안에서 규칙을 발견하여 놓치고 있는 문제점이나 새로운 발견점을 찾는 과정이 더 중요하다.

2. '발상하기' 과정에서 얻는 대부분의 아이디어는 초기 모습이다. 모두 손쉽고 빠르게 완결된 형태의 아이디어가 나오기를 바랄 테지만, 아이디에이션 세션을 통해 얻는 많은 내용은 초기 날것 모습 그대로다. 따라서 아이디어 도출 자체에 만족하지 말고 그 내용을 중심으로 핵심 콘셉트를 얻는 데 집중해야 한다.

3. 아이디어 내용 간의 관련성을 찾아 프로젝트가 원하는 발견점을 적시에 찾으려면 꾸준히 분석 활동에 참여하고 다양한 방법론을 경험해 역량을 미리 갖춰둬야 한다. 서비스 디자인 씽킹에서 자주 언급되는 맥락적 조사나 총체적 분석 등의 활동 대부분은 숫자로 명쾌하게 지칭하기 어렵다. 그래서 주제와 상황에 따라 그때그때 적절한 방법을 활용해 발견점과 결과를 도출할 수 있는 능력을 갖추어야 한다.

집중과 침묵의 중요성 기억하기

아이디어를 다루는 기본 활동으로 양 속에 질이 있다고 강조한 브레인스토밍이 대표적이다. 브레인스토밍은 '발상하기' 단계는 물론이고, 서비스 디자인 씽킹을 떠나 다수의 사람들에게 익숙한 아이디에이션 기법이다. 브레인스토밍은 가능한 많은 양의 발상을 이끌고, 과감한 아이디어를 장려하며, 다른 사람의 아이디어에 내 아이디어를 덧붙이고 발전시키는 방법이다. 브레인스토밍을 언급하면 참여자 모두 활발하게 의견을 이야기하며 다소 흥분되고 한편으로는 시끄러운 분위기가 연상된다. 한편으로는 레이 톰슨 켈로그 경영대학원 교수가 지적한 것처럼 일부가 주도권을 가지고 의견을 쏟아내는 탓에 받아들이느라 정신 없던 장면으로 기억할 수도 있다. 또 브레인스토밍의 경험이 가장 대중적이다 보니 이를 기준으로 아이디에이션 활동 전반의 분위기를 비슷하게 생각하는 경우도 흔하다.

그러나 서비스 디자인 씽킹의 모든 과정은 다양한 활동 방법을 제공한다. '발상하기' 단계도 마찬가지다. 분주하고 복잡한 분위기의 브레인스토밍과 달리 조용히 개별 몰입 시간을 강조하는 활동도 있다. '발상하기' 단계에서 브레인스토밍과 함께 자주 다루어지는 브레인라이팅이 대표적이다.

브레인라이팅도 브레인스토밍 만큼 또는 더 많은 의견을 만드는 데 충실한 활동이지만 활동을 바라보는 관점에 차이가 있다. 브레인라이팅은 침묵의 집단 발상법으로 불린다. 자유롭게 다양한 이야기를 나누는 것이 언뜻 효과적으로 느껴지지만, 다른 사람들의 의견에 휩싸여 자신의 생각을 꺼내지 못하거나 몇 사람의 목소리에 쏠려 진행 분위기 전반이 잘 제어되지 않는 단점이 있다. 반면 브레인라이팅은 말이 중심이 된 상황보다는 각자의 시간을 갖고 글로 아이디어를 끄집어내는 방법이 더 긍정적인 경우가 있다는 데 착안해 만들어진 활동이다. 기본적으로 참여자 6명이 아이디어 3개를 5분 동안 글로 작성하는 과정을 반복한다. 대략 30분 동안 100여 개가 넘는 많은 아이디어를 도출할 수 있다. 브레인라이팅은 여러 사람이 모여서 진행하지만 말보다는 글 중심으로 주어진 순서와 시간에 의해 진행한다. 그래서 소극적이거나 순발력이 없어도 정제된 아이디어를 제시할 수 있다. 즉 참여를 강제화하는 특징이 있다. 게다가 다른 사람이 작성한 아이디어를 읽고 자극 받아 더욱 창의적인 아이디어를 더할 수 있는 장점도 있다.

여기서 다른 활동을 진행할 때도 채용해볼 만한 아이디에이션 운영 요소를 확인할 수 있다. 바로 의도적으로 말하지 않고 조용히 시간을 가지며 개인의 생각을 정리하고 집중할 수 있는 활동의 중요성이다. 즉, 의도적으로 구성한 침묵을 활동 진행의 운영 요소로 어떻게 반영할 수 있을지 생각해보자. 이때의 침묵은 무대응이나 목적 없이 이야기를 중단하는 것을 의미하지 않는다. 조용한 집중의 순간을 사전에 계획하고 부여하여 사람들의 생각을 가다듬는 중요한 포인트를 만들어야 한다는 의미다.

당연하게 들리겠지만 자신이 경험했거나 대중적으로 잘 알려진 부분이 진행 가능한 활동의 전부는 아니다. 브레인스토밍과 같은 '발상하기' 단계의 여러 활동은 실무 활동에서의 경험이 다수 존재하여 다른 서비스 디자인 씽킹 프로세스와 달리 선입견이 생기기 쉽다. 그러나 이럴 때 오히려 한 번 더 진행하려는 활동 방법이 적절한지 살펴볼 필요가 있다. 특히 활동 '참여자'라고 간단히 부르는 용어를 다시 들여다보면 각자 서로 다른 성향과 행동 방식을 가진 사람의 집합이며 우리가 쉽게 가정하는 모습 그대로는 실제로 아닐 것이라는 점을 알 수 있다. 모두가 적극적인 것도 아니고, 다들 자신의 의견을 머릿속에서 빠르게 정리해 말로 표현할 수 있는 것도 아니다. 이를 반영하여 활동 의도에 더 어울리는 결과를 만드는 운영 방안을 생각해볼 수 있는데, 그중 적절한 정리 시간을 부여하는 걸 놓치지 말자. 의도적 침묵은 서로 다른 입장의 참여자가 자신과 타인의 내용을 이해하고 집중할 수 있는 의도된 시간을 부여해주는 활동이 되어 중요하다. 특히 발상 과정에 참여한 모두는 말하는 입장이면서 동시에 듣는 입장에 있으므로 듣는 사람의 입장에서 자신의 생각에 다른 사람의 이야기를 엮고 정리하는 시간이 필요하다.

사례 : 마림바 서비스의 '발상하기' 활동은 어떠했을까?

온라인 협업 툴 팀은 문제 해결 아이디어로 원격 근무에 최적화되고, 도구에 대한 정보를 한 곳에서 조회할 수 있고, 서비스 프로세스 전체를 다룰 수 있는 모습을 생각했다. 이후 단계별 프로세스 활동을 거치며 아이디어는 사용자 관점을 반영하여 구체화됐고 화이트보드를 기반으로, 화상 통화를 제공하고, 다양한 통합 기능을 지원하는 감성적인 요소가 반영된 디지털 워크스페이스로 정리됐다.

또한 전문 퍼실리테이터와 함께 별도의 디자인 씽킹 워크숍을 진행했다. 외부 인원과 함께 해결할 문제를 살펴보고 새로운 활동을 시도해 팀이 선입견을 갖기 전에 문제 해결 방향을 새롭게 확장하고 활동 측면의 보완점을 찾을 수 있었다. 또한 축적되어 가는 팀의 생각과 아이디어를 진행 활동에 연결하는 데 도움이 됐다. 이처럼 고정 멤버가 아닌 인력이 참여하여 프로세스 활동을 적절히 보완해서, 팀 구성원 중심으로 시각이 좁아지는 것을 피하고 더 나은 문제 해결에 필요한 아이디어를 새로운 관점에서 다시 한번 점검할 수 있었다.

문제 해결 아이디어를 찾는 활동 반복 아이디에이션 워크숍으로 정해진 일정에 집중하여 아이디어를 도출할 수도 있지만, 작은 시도와 피드백이 반복되는 이터레이션 활동을 진행하며 지속적으로 아이디어를 도출하기도 한다. 문제 해결 방안을 찾기 위해 가급적 많은 아이디어를 발산하고 살펴볼 수 있도록 팀의 운영 방향에 따라 유연하게 접근해야 한다.

'발상하기' 단계의 활동에서 얻는 아이디어는 핵심 콘셉트를 가진 초기 단계의 모습일 때가 흔하다. 따라서 아이디어 그대로를 변화 없이 구현할지 고민하기보다는 그 속의 핵심 콘셉트가 무엇인지 충실히 이해하고 더 좋은 아이디어로 발전시키고자 노력해야 한다. 온라인 협업 툴 역시 초기 정리한 서비스 아이디어가 사용자들이 원하는 문제 해결 방법일 것으로 기대했다. 하지만 사용자 인터뷰를 진행하자 소수만이 긍정적인 반응을 보여 추가 활동이 필요하다는 사실을 확인할 수 있었다. 추가 조사 및 분석 활동을 통해 사용자들은 감성적인 요소보다 정리가 잘되는 화이트보드를 원한다는 것을 깨 달았다. 이를 기반으로 다시 도출한 아이디어는 70%에 가까운 사용자가 긍정적으로 반응하여 고객 문제 해결에 더 가까워졌음을 알 수 있었다.

팀 활동에 기반한 아이데이션도 좋은 결과를 만들 수 있지만, 사용자 참여를 통해 아이디어에 사용자 행동과 의견을 좀 더 반영한 해결 방안을 마련할 수 있다는 점도 확인할 수 있었다.

5.5 프로세스 5 제작하기

프로토타이핑은 '제작하기' 단계를 대표하는 활동으로, 해결 방안의 구현에서 중요하다. 프로토타이핑은 새로운 아이디어를 실제로 만들거나 실제와 유사한 환경에서 확인하는 것을 의미한다. 우리는 이 과정을 통해 아이디어를 적은 비용으로 빠르게 구현하여 미처 살펴보지 못한 부분을 찾아내고 다른 이해관계자와 실험하고 피드백받아 자신의 아이디어에 갇히지 않고 다듬을 수 있다.

그런데 이 활동을 단지 현실에서 아이디어를 만들어보는 제작 활동으로 좁혀 생각하면, 주로 어떤 모습으로 어떻게 움직이는지 같은 보이는 모습에만 집중하게 된다. 그러나 서비스 디자인 씽킹 프로세스에서 '제작하기' 단계를 진행하는 이유는 아이디어가 가진 차별화된 요소를 반영하여 사용자의 경험에 어떤 변화를 주는지 확인하고 사용자 목소리를 통해 더 강력한 결과물을 만드는 것이라는 점을 기억하자. 이 활동을 통해 무엇에 집중해야 할지 더 분명해질 것이다.

다양한 고객 상황을 반영한 제작 활동 수행하기

'제작하기' 단계의 실무 활동에서 프로토타입을 어떤 방법으로 제작할지 정해야 한다. 프로토타입은 콘셉트로 정리된 해결 방안을 직관적으로 판단할 수 있는 물리적 형태로 전환하는 것을 주로 의미하며, 콘셉트를 더 명확히 하고 커뮤니케이션을 활성화하는 것이 중요하다.

프로토타입을 이야기할 때면 핵심 기능 중심으로 제공되는 MVP가 자주 언급된다. MVP Minimum Viable Product는 최소 존속 제품 또는 최소 기능 제품을 의미하는 용어로, 최소 시간과 자원을 투자해 핵심 기능 위주로 구현하여 가설을 검증할 수 있는 제품을 의미한다. 따라서 최소 기능을 제공하는 수준의 프로토타입이라 하더라도 고객 입장에서 무난하게 이해할 수 있는 수준으로 시각화할 필요가 있다. 실험 과정 진행이 부자연스러울 만큼 설명과 보조가 필요하면 오히려 관심을 둬야 할 기능에 집중할 수 없어 제대로 아이디어 검증이 되지 않는다.

물리적 요소의 비중이 크거나 중요한 서비스나 제품이라면 문서 형태의 시각적 설명만으로는 충분하지 않을 수 있다. 이런 경우 실제 행동과 경험을 기반으로 살펴보는 방법을 진행하게 된다. 박스나 종이 등을 활용하여 실물 크기의 목업 Mock-up을 만들고 터치포인트를 구현하여 물리적 환경 기반의 서비스를 경험하는 방법이 있는데, 이런 활동을 서비스 프로토타입Service Prototype이라 부른다. 서비스 프로토타입을 통해 평면적 문서를 검토하면서 찾지 못한 발견점이나 인사이트를 실제 경험 기준으로 확인할 수 있다.

서비스 시연Service Staging은 다양한 이해관계자가 실제와 가까운 환경에서 고객 여정을 상황극처럼 시연해보며 서비스 경험을 살펴보는 방법이다. 이해관계자들이 함께 퍼소나를 중심으로 현실 속 서비스 경험을 관찰하며 서비스 콘셉트를 이해하고 실제로 발생할 수 있는 상황을 확인하는 데 필요하다.

서비스 전체를 한눈에 확인할 수 있게 구성하여 더 다양한 실행 요소를 살펴볼 수 있게 반영하는 활동이 있다. 바로 '서비스 청사진'과 '비즈니스 모델 캔버스'다. 이 둘은 서비스가 어떤 구성과 방법으로 이루어지며 주요 요소로 무엇을 반영해야 할지 점검하는 데 도움이 된다.

서비스 청사진Service Blueprint은 고객 및 제공자를 포함한 이해관계자들이 서비스를 구현하고 실행하려면 무엇을 준비하고 어떻게 실행해야 하는지 눈으로 확인할 수 있게 제시하고 점검하는 활동이다. 서비스 청사진을 통해 가시적인 서비스 구성요소는 물론 고객이 보지 못하는 비가시 영역에서 어떤 요소들이 상호작용하는지 전체 서비스 구현 관점에서 확인할 수 있다. 고객 여정 활동을 정성껏 진행했다면 서비스 청사진 제작에도 유리하다. 고객 여정에서 파악한 요소는 서비스 청사진의 프론트스테이지Front Stage(전방 영역, 고객과 만나는 대면 영역)를 고객의 행동과 경험 중심으로 표현할 수 있어 중요하다. 이와 함께 비가시 영역인 백스테이지Back Stage(후방 영역, 고객은 확인할 수 없는 제공자 영역)에서 이루어지는 비즈니스 측면의 보이지 않는 실행 요소를 충실히 작성하면 의미 있는 서비스 청사진을 제작할 수 있다. 이때 가시선Line of Visibility은 서비스가 고객에게 보이는 부분과 보이지 않고 내부적으로 운영되는 부분을 구분하는 가상의 선을 의미하며, 시간의 흐름과 함께 서비스 청사진을 이해하는 중요한 기준이 된다.

서비스 청사진 구성   키오스크 기반 주문 음식점에 대한 서비스 청사진의 초안을 살펴보면, 서비스 청사진은 가시선을 중심으로 대면과 비대면이 시간 흐름에 따라 구분된다는 점을 확인할 수 있다.

비즈니스 모델Business Model은 제품, 서비스, 정보 흐름의 구조를 나타내고 다양한 사업 참여자들의 잠재적 이익과 수익 원천을 설명해주는 청사진을 말한다.[*] 비즈니스 모델은 1990년대 수많은 인터넷 기업이 등장하며 기존 기업과 차이를 보여줄 수단으로 확산되었다. 사업에 대한 전반적인 방향과 방법을 확인하고 차별화된 경쟁력을 찾을 수 있느냐가 핵심이다. 이러한 비즈니스 모델을 한눈에 살펴볼 수 있도록 9블록으로 구성하

---

[*]   폴 티머스의 논문 〈Business Models for Electronic Markets〉

여 만든 템플릿 도구가 바로 비즈니스 모델 캔버스다.

비즈니스 모델 캔버스Business Model Canvas는 비즈니스의 요소와 관계를 9개의 네모 칸이 그려진 한 장의 종이로 표현하여 한눈에 확인할 수 있게 만든 시각화 도구다. 물론 비즈니스 모델 캔버스가 사업 및 서비스에 대한 모든 요소와 관계를 표현할 수 있는 것은 아니며, 실무적 관점에서는 추가하고 보완할 부분이 있다. 그렇지만 우리가 '제작하기' 단계에서 필요로 하는 비즈니스를 빠르게 살펴보고 평가할 수 있는 도구로 유용하다는 점에 주목하자.

그리고 온오프라인 활동 전반에 디지털 서비스가 널리 사용되면서, 웹과 앱 서비스 제작 과정에 필요한 프로토타이핑 도구도 더 다양해지고 꾸준히 발전 변화하고 있다. 그렇다 보니 어떤 툴을 선택하여 학습하고 실무에 적용할지도 현장 활동 수행 과정에서 주요하게 다뤄진다. 그 과정에서 새로운 프로토타이핑 도구의 변화를 놓치지 않기 위한 관심과 탐색의 노력은 물론 중요하다. 그러나 끊임없이 새로워지는 디자인 도구의 변화에 매몰되어 프로토타이핑을 진행하는 목적을 잊어서는 안 된다. 우리에게 필요한 프로토타이핑은 디자인 도구를 익혀 실제와 가까운 모습을 만드는 데 그치는 것이 아니다. 아이디어와 콘셉트를 신속하게 평가하고 문제점을 파악하여 더 좋은 솔루션을 만드는 방법이다. 따라서 각자의 프로젝트에 적합한 쉽고 빠른 프로토타이핑 방법을 찾고 적절한 활동을 수행하려는 노력이 필요하다.

이처럼 '제작하기' 단계는 다양한 활동을 통해 진행될 수 있으므로, 각자 프로젝트 목적과 상황에 적절한 도구를 찾아서 효율적으로 활용할 수 있는 역량을 길러야 한다.

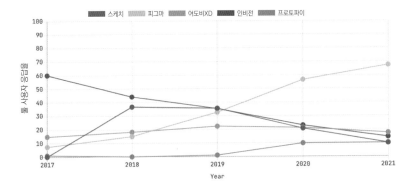

프로토타이핑 툴의 사용 변화 조사　UX tools에서 공개한 프로토타이핑 툴의 점유율에 따르면 2017년에는 인비전의 사용자가 우위를 보였으나, 2019년에는 다양한 툴이 혼재됐고 2021년에는 피그마가 주로 이용된다. 이처럼 새로운 프로토타이핑 도구는 끊임없이 등장할 뿐 아니라 변화한다.*

고객 피드백의 중요성 이해하기

　프로토타입을 활용해 사람들이 어떻게 행동하고 문제를 해결하는지 관찰하고 인터뷰하는 것은 '제작하기' 단계에서 중요한 활동이다. 이때 다양한 고객 상황에서 고객과 함께 실험하는 것이 중요하다.

　프로토타입 평가Prototype Test는 고객 및 사용자를 비롯한 다양한 이해관계자의 관점을 반영하여 서비스를 시장에 선보이기 전 프로토타입을 통해 성능과 품질을 확인하고 예상하지 못한 가치와 발견점을 추가로 확인하여 더 나은 변화를 만드는 활동이다. 평가 과정에서 고객이 제공하는 다양한 피드백을 프로토타입에 충실히 반영하는 것은 다음으로 이어지는

---

*　https://uxtools.co/survey-2021

'성장하기' 단계에도 반드시 필요하다. 프로토타입을 활용한 평가 과정은 크게 다음의 3단계를 거친다.

1. 준비하기 : 프로토타입 평가에 필요한 준비 과정으로 인터뷰 계획 수립, 사용자 선정, 시나리오 및 진행 준비 등을 운영한다.

2. 평가 실시하기 : 사용자에게 평가 활동 및 서비스 사용 방법을 사전 설명한다. 사용자와 함께 실험을 실시하며 관찰하고 인터뷰를 진행한다. 평가 직후 활동에 대한 디브리핑을 진행한다.

3. 해석하기 : 평가 결과를 분석한다. 관찰하고 분석한 내용을 기반으로 팀 회의를 통해 해석하는 과정을 거쳐 필요 요소를 솔루션에 반영한다.

현장에서 자주 접하는 사용자 평가User Test는 프로토타입 기반의 평가와 검증을 사용자 관점으로 실행하는 것을 말하며, 용어 그대로 제공자가 아닌 사용자 관점으로 진행하는 데 집중한다. 단순히 서비스 구현을 확인하는 데 멈추는 것이 아니라 사용자와의 인터뷰 및 관찰 과정에서 확인한 문제점과 추가로 필요한 요소를 파악하고 팀이 함께 해석하여 반영한다.

이같은 프로토타입 기반의 평가 활동은 현실적으로 사용자나 고객에 한정되어 운영되지는 않는다. 서비스와 평가 목적에 적절한 대상자를 구하는 부분이 까다롭다는 어려움도 있지만, 의외로 프로젝트 진행을 공개하기 쉽지 않은 실무 상황도 있다. 사용자 및 고객의 목소리를 듣고 피드백을 반영하는 일은 프로토타이핑 진행에 있어 중요하다. 이럴 때는 실무적 절충안을 마련하여 실행하면 된다. 예를 들어 조직 내부 사용자를 대상자로 선정해 진행하는 방법이 있다. 어쩔 수 없이 제공자 관점이 반영될 수도 있지만, 인적 정보를 충분히 파악하면 대상자 선별 과정에 적용할 기준에 근접한 사람을 찾을 수 있다는 장점이 있다. 그리고 이해관계자로부터 피드백을 받을 수도 있다. 이 경우 프론트스테이지와 백스테이지를 모두 다루는 서비스 관점에서 유용한 내용을 확인할 수 있지만, 어떤 위치와 관련성을 가진 사람인지에 따라 해석에 주의를 기울여야 한다.

그리고 프로토타이핑을 거쳐 고객 피드백을 반영하는 과정이 적절한 시기에 이루어져야 한다. 프로토타이핑을 통해 쉽게 찾을 수 있는 주요 변경점을 큰 투자가 이미 결정되어 의사결정에 변화를 주기 쉽지 않은 상황에서 발견하면 현실적으로 해결이 어렵거나 큰 비용이 든다. 이때 프로토타입의 구현 수준 또한 적절해야 한다. 구현의 충실도(피델리티Fidelity)는 시간과 노력을 더 많이 투입할수록 높아지기 마련이다.

흔히 프로토타입은 완성도에 따라 로우 피델리티 프로토타입Low Fidelity Prototype, 하이 피델리티 프로토타입High Fidelity Prototype 등으로 구분된다. 로우 피델리티 프로토타입은 기술적으로 복잡하지 않은 수준으로 빠르게 아이디어를 구현하는 데 사용한다(로파이 프로토타입Lo-Fi Prototype이라고도 부른다). 서비스 콘셉트를 검토하는 프로세스 초기에 낮은 충실도로 빠르게 프로토타입을 제작할 때 적합하다. 하이 피델리티 프로토타입은 실제와 같은 인터랙션까지 반영하여 최종 결과물과 거의 흡사하게 만드는 방법이다(하이파이 프로토타입Hi-Fi Prototype이라고도 부른다). 프로세스 후기에 서비스 콘셉트를 상세히 검증하는 목적에 부합하도록 높은 충실도를 갖춰 제작한다.

구현 충실도가 높은 하이파이 프로토타입은 실제 서비스에 가까운 경험을 사용자에게 제공하고 평가할 수 있게 만든다. 그러나 사용자는 이미 모든 부분이 정해져 바꿀 수 없을 것이라는 선입견을 갖기 쉽고, 제안할 수 있는 변화의 여지도 줄어든다. 오히려 피델리티가 낮은 로파이 프로토타입은 사용자로 하여금 평가에 대한 부담을 줄이고 구현 정밀도보다는 문제 해결책에 더 집중하게 만들어, 사용자가 콘셉트의 방향을 솔직히 평가하고 상상력에 기반한 아이디어를 제안하는 데 유리할 수 있다. 따라서 완성된 최종 결과물 기준의 선호도를 판단하려면 구현 충실도가 높은 프로토타입이 적절하겠지만, 서비스가 제공할 본질적인 가치와 콘셉트의 방향성에 대한 솔직한 피드백과 아이디어를 확보하고 싶을 때는 구현 충실도가 낮은 프로토타입이 더 효과적인 방법이 되기도 한다. 어떤 프로세스 단계와 상황에서 사용할지에 따라 적절한 프로토타입 제작 방법을 선택해야 한다.

구현 충실도의 높고 낮음에 따라 '좋은 프로토타입이다, 아니다'를 말할 수는 없다. 페이퍼 프로토타이핑은 단순하고 덜 만들어진 것처럼 느껴지기도 하지만 어떤 아이디어도 자유롭게 표현할 수 있고 예산도 적게 들어 여전히 UI 테스트를 비롯한 다양한 영역에서 꾸준히 활용된다. 이런 접근은 디지털 서비스는 물론 온오프라인 서비스에 대한 프로토타이핑 활동으로 범위를 넓혔을 때도 마찬가지다. 서비스 콘셉트 및 아이디어의 가치에 대한 사람들의 평가와 피드백이 필요하다면, 프로젝트 진행 과정에서 프로토타이핑 목적이 무엇인지 명확히 판단하여 시간과 돈 등 자원에 대한 부담이 적고 비교적 쉽고 빠른 실행이 가능한 로파이 프로토타입을 통해 적극적으로 활동을 수행해야 한다.

비즈니스를 단순화하여 종이로 제작하는 것은 그리 어렵지 않겠지만, 프로젝트 인원이 함께 의견 및 아이디어를 교환할 수 있는 기회를 만드는 데 효과적이다. 예를 들어 비즈니스 오리가미Business Origami는 종이접

기라는 이름처럼 서비스 요소를 종이 모형으로 만든다. 그러고 나서 펜과 화이트보드 등을 환경 요소로 활용하여 물리적 공간에 서비스 상황을 구성한 후, 시나리오에 따른 시스템 요소 간 상호작용을 살펴보고 가치 교환 및 시간에 따른 변화 등을 확인한다. 이 프로토타입 활동에 드는 시간과 비용은 크지 않지만 서비스를 손에 잡히는 형태로 구현해 팀이 함께 경험해보며 커뮤니케이션을 명확히 하고 새로운 아이디어를 함께 공유하는 기회를 가질 수 있어 유용하다.

프로토타이핑은 단순히 최종 결과물과 거의 같은 형태로 미리 만들어보는 것이 목표가 아니다. 아이디어의 구현을 통해 사람들의 피드백을 확인하고 프로세스 과정에 적절히 반영하여 더 좋은 해결책을 만드는 과정이다. 따라서 어떻게 제작할 것인지 연습하는 만큼 사람들의 목소리를 발견하고 반영하는 과정도 중요하다.

사례 : 마림바 서비스의 '제작하기' 활동은 어떠했을까?

'제작하기'의 주요 활동 포인트는 프로토타입을 통해 사용자에게 명확히 콘셉트를 전달하고 커뮤니케이션하는 것이다. 즉, 팀이 생각한 핵심 기능을 중심으로 과연 사용자가 문제를 해결할 수 있는지가 중요하다. 온라인 협업 툴 팀은 아이디어를 토대로 최소 기능을 제공하는 프로토타입으로 핵심 기능 위주의 MVP를 제작했다.

팀은 크게 서비스 아이디어를 정의하고, 시나리오 기반으로 아이디어를 검증하고, 동작하는 MVP를 개발하는 과정으로 제작하기 활동을 진행했다.

① 서비스 아이디어를 정의하는 활동은 고객의 문제를 팀이 찾은 아이디어로 해결 가능한지 확인하는 과정이었다. 최소한의 인력이 참여해 아이디어에 대한 질문과 답변을 해결하는 수준으로 운영했다.

② 시나리오 기반으로 아이디어를 검증하는 활동은 정의된 아이디어를 사용자 시나리오로 만들어 테스트했다. 사용자 시나리오는 문제 해결 과정을 중심으로 단순 명료하게 만들어야 커뮤니케이션이 간결해지고 분명한 검증이 가능했다.

③ 동작하는 MVP를 제작하는 활동은 작성된 시나리오를 처음부터 끝까지 구현하여 실제 동작하는 서비스를 통해 사용자의 문제가 해결되는지 확인했다. 동작 가능한 최소 기능의 제품 개발에 맞춘 개발 역량 확보가 필요하며, 불필요한 커뮤니케이션으로 인하여 진행 속도가 느려지지 않도록 적절한 인원으로 팀을 유지하는 부분이 중요했다.

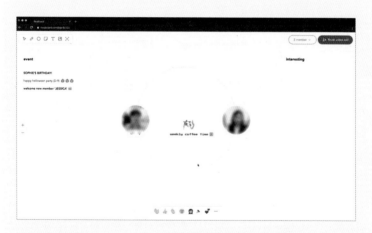

아이디어 기반 초기 프로토타입　아이디어를 검증할 수 있는 프로토타입을 제작하여 사용자의 피드백을 받고 다시 발전시키는 과정이 반복됐다. 초기 프로토타입은 완벽하게 만드는 것보다 서비스를 확인 가능한 형태로 빠르게 제작해 이어지는 프로세스 활동을 더 원활하게 하는 것이 중요했다.

팀은 해외 42개사와 국내 25개사에서 일하는 프로덕트 매니저 110명을 대상으로 프로토타입 기반 사용자 검증 활동을 수행했다. 일회성이 아닌 지속적으로 피드백을 받고 개선하는 활동을 반복한 결과 시간이 흐를수록 문제 해결에 대한 긍정 답변 비율이 높아졌다.

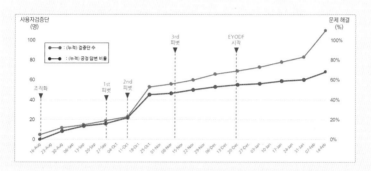

프로토타입 기반 사용자 검증 활동   구글, 마이크로소프트, 쿠팡 등 국내외 다양한 기업의 프로덕트 매니저가 프로토타입 기반 사용자 검증 활동에 참여했고, 사용자 피드백을 통한 제품 개선 활동을 반복하면서 더 좋은 문제 해결 방안을 제공할 수 있었다.

MVP 기반의 활동에서 실무적으로 주의할 부분이 있었다. MVP는 최소한의 기능을 구현한 제품을 의미하지만, 그렇기 때문에 의사결정자로 하여금 짧은 시간 안에 구현 결과를 볼 수 있을 것이라는 기대감을 주게 된다는 점이었다. 팀은 이러한 시선의 차이가 존재할 수 있음을 알고 있었다. 그래서 정기적으로 의사결정자에게 업무 결과를 공유하는 쇼케이스를 진행하며 이를 보완했다.

'제작하기' 활동을 고객 피드백을 받아 제품 개선의 실마리를 찾고 더 나은 해결 방안을 마련하는 토대를 만드는 과정이었다. 프로토타입 기반의 활동 역시 한 번이 아니라 꾸준히 진행해 지속적인 개선으로 이어져야 한다는 점을 놓치지 않으려 노력했다.

5.6 프로세스 6 성장하기

특정 기간 동안만 사용되는 서비스도 있지만, 최근에는 기간 제약 없이 서비스가 이용되고 그에 맞춰 지속적으로 변화를 만들어야 하는 경우가 많다. 그리고 물리적인 제품도 운영 소프트웨어나 활용 서비스를 가진 경우가 많고, 업데이트도 꾸준히 제공된다. 따라서 대부분 제품 및 서비스는 꾸준히 사용 현장의 니즈와 의견을 반영해 고객 중심으로 기능을 발전시킨다.

'제작하기' 단계에서 결과를 완벽히 구현한 듯 느끼더라도 막상 현장에서 그대로 구현되는 경우는 드물다. 오히려 예상하지 못한 환경과 상황으로 새로운 접근 방법을 찾고 해결해야 하는 경우를 더 자주 마주하게 된다. '성장하기' 단계는 새로운 관점으로 문제에 대한 해결 방안을 찾아낸다는 측면에서는 부가적인 활동으로 느껴질 수도 있다. 그러나 지속적인 사업 성장과 실무 대응 차원에서 반드시 반영해야 하는 활동이다.

지속 가능한 성장을 위해 실행 반복하기

익스트림 유저에 집중하여 제시한 새로운 방안이 기대한 대로 얼리 어답터에 좋은 반응을 이끌어내면 시장에서 주목받는 해결책을 찾았다고 생각하게 된다. 좋은 신호다. 프로세스 활동에서는 이해하고, 관찰하고, 분석하고, 발상하고, 제작하는 과정을 거치며 문제에 대한 해결책을 도출했으므로 일단락됐다고 느껴질 것이다. 이런 생각은 어느 정도 타당하다. 그렇다면 이제 고객을 만나지 않아도 될까? 아니다. 시장 내 얼리 어답터의 좋은 반응은 다수 사용자가 새로운 방안에 다가가고 받아들이는 데 필요한 긍정적인 초기 신호지만, 그렇다고 이들 사이의 니즈나 불편이 상호 일치하여 살펴보지 않아도 된다는 뜻은 아니다. 영화를 예로 들어 생각해 보자.

영화를 정식 상영하기 전에 비공개 시사회를 진행하는 경우가 흔하다. 그리고 이 과정에서 참석자 반응을 살펴볼 필요가 있다고 생각되거나 변경 가능한 부분을 제작 활동에 반영하기도 한다. 이는 마치 최종 결과물 이전에 선별된 사용자가 프로토타입으로 테스트하고 피드백을 받는 활동과 유사하다. 그렇다면 만약 비공개 시사회에서 상당히 좋은 반응을 얻었다면 정식 개봉되고 나서 흥행하게 될까? 그럴 때도 있지만 의외로 아닌 경우도 상당히 많다. 그렇다면 의미가 없을까? 당연히 아니다. 시사회에 참석한 관람객이 보여준 좋은 반응은 인터넷과 홍보 자료에 활용되고 입소문의 기반이 되어 흥행에 긍정적인 영향을 준다. 이뿐만 아니라 시사 시점에 따라 영화의 제작은 물론 이후 진행될 홍보에 필요한 변화 및 방향의 수정을 알려주는 중요한 역할을 한다.

이처럼 초기 시장에서 확인한 반응이 비록 정규분포의 다수와 늘 일치하지 않더라도, 전반의 흐름을 이끄는 존재로 앞으로의 활동에 방향을 제시하고 추진력을 더해주는 가이드를 제시할 수 있다. 따라서 그동안 진행된 활동 결과와 의미를 살펴본 후, 프로세스 진행에서 새롭게 발견한 문제점을 확인하고 프로세스의 진행 방향을 설정해 다시 활동을 이어가야 한다. 그러므로 만나야 할 고객을 새롭게 정하고 조사하여 발견점을 분석하고 또 다시 결과에 반영하자. 활동 과정과 결과를 계속 반복해가며 더 나은 해결책을 지속적으로 제시해야 한다.

제품 관리 컨설팅 기업 브레인메이츠Brainmates가 '제품 시장 적합성 그 이상'이라는 발표에서 고객 유형에 따라 필요한 비즈니스 행동과 제품 시장 적합성Product Market Fit, PMF을 살펴보아야 한다고 주장한 내용은 참조할 만하다. 가장 초기 시제품을 만들어 변화를 이끄는 혁신자Innovator에게 피드백을 받고, 얼리 어답터(초기 수용자)를 기반으로 학습한 내용을 최적화하여 첫 번째 PMF를 만들어야 한다고 설명한다. 그리고 얼리 어답터로부터 확보한 성공 경험을 바탕으로 실제 제품을 만들어 실용적인 모습의 전기 다수 수용자Early Majority를 공략하여 두 번째 PMF를 만들 것을 제안한다.

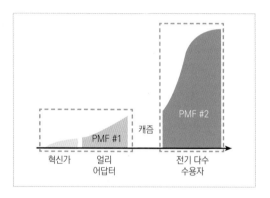

제품 시장 적합성의 반복 제품과 서비스의 시장 적합성을 다룰 때 설명만으로는 한 번의 수행으로 충분한 듯하지만, 결국 고객을 찾는 반복 과정이 필요하다.*

---

* https://www.slideshare.net/brainmates/product-market-fit-and-beyond

학습을 통한 비즈니스 성공의 원동력 갖추기

초기 전략 방향과 실행 활동을 아무리 촘촘히 설계하더라도 기업이 예상하고 생각한 방향 그대로 비즈니스가 움직이는 경우는 드물다. 실제로 스타트업이 시장에 대한 자신감으로 사업을 시작한 후 5년차 생존율은 얼마나 될까? 기업생명행정통계에 따르면 30% 수준이다. 그렇다면 새로운 기업과 비즈니스가 생존을 넘어 그 이상의 성공을 만들려면 무엇이 필요할까?

린 프로세스를 비롯한 다양한 방법론은 실패를 통한 학습을 강조한다. 실패를 장려하고 그로부터 학습하여 새로운 혁신을 이끌 수 있다는 의미다. 이 내용이 실제로 동작하는 혁신의 기본 활동이라는 사실을 알려진 사례를 통해 확인해보자.

토스를 운영하는 비바리퍼블리카는 국내 유니콘 기업이다. 토스의 혁신 원동력은 무엇일까? 이승건 대표는 '실패를 발판 삼아 또 다른 혁신 원동력으로 삼는 것'이라고 답한다. 단순히 실패를 결과로 보고 멈춘다면 흔히 표현하는 실패를 발판으로 하는 성장을 만들지 못한다. 결국 실패가 혁신으로 연결되려면 실패의 경험을 살펴보며 인사이트를 확보하여 기존 비즈니스에 변화를 만들거나 새로운 시도가 되도록 반영해야 하며, 동시에 끊임없이 혁신을 이어갈 수 있도록 새로운 시도를 장려하는 문화를 추구해야 한다.

실제로 비바리퍼블리카에서의 서비스 실패는 경험으로 축적되어 주력 서비스를 강화하는 역량으로 활용됐다. 비바리퍼블리카는 소액 기부하기나 모바일 청첩장 등의 신규 서비스를 출시한 후 1년 정도 운영하고 종료했다. 그러나 이 서비스들의 진행 경험은 더치페이나 자동이체와 같은 송금 서비스 확장에 그대로 반영됐고, 이를 토대로 핵심 서비스인 토스를 고도화할 수 있었다. 이와 함께 비교적 짧은 시간에 관련 의사결정을 했고, 이런 시도가 이어지는 분위기를 만들기 위해 계속 노력했다는 점도 놓쳐서는 안 된다.

비전 계획서를 작성하여 향후 방향에 대한 의견을 모으거나, 데이터를 분석하고 핵심 지표를 설정하는 등의 비즈니스와 서비스의 향후 성장을 만드는 활동은 당연히 중요하다. 그리고 필요 활동을 놓치지 않도록 부지런히 학습하고 실무에 적용하려는 노력을 게을리해서도 안 된다. 그런데 이런 실무적 활동에 앞서 선행되어야 할 부분이 있다. 바로 성공과 실패라는 잣대를 떠나 다양한 시도를 할 수 있는 조직 분위기 형성이다. 모든 활동이 경험과 학습의 관점에서 새로운 성장 기반으로 이어질 수 있다는 믿음을 조직이 함께 가지고 자신감 있게 도전할 때, 결과에 대한 두려움 없이 변화를 만들고 혁신을 이끌어낼 수 있다.

'성장하기' 활동은 제품을 만드는 준비 과정과는 다르다. 사용자가 아닌 고객 관점을 놓쳐서는 안 되며, 다수의 고객을 확보하고 성장한 서비스에 적합한 조직 운영 체계를 갖추는 등 다양한 노력이 필요하다. 그렇더라도 기억할 원칙은 크게 다르지 않다. 사용자와 고객을 관찰하고 분석한 내용을 토대로 문제 해결 방안을 개선하는 실행을 반복하여 지속 가능한 성장을 만들어야 한다.

사례 : 마림바 서비스의 '성장하기' 활동은 어떠했을까?

MVP 제작 활동 후에는 운영과 성장을 고려한 제품화 활동을 거쳐 지속적인 개선 활동을 진행했다. 제품화 활동에서는 최소 기능 외 제품으로 갖추어야 할 요소를 추가하며 제품의 품질을 높여야 했다. 지속적인 개선 활동은 제품을 개발하고 피드백받고 개선하는 활동을 반복하여 제품 시장 적합성, 즉 PMF를 찾는 장기적 활동을 의미한다. 팀은 지속적인 개선 활동을 통해 사용자의 문제를 해결하여 차별화된 가치를 제공하고 시장 니즈를 만족시키며 성장하는 모습을 보여야 했다.

온라인 협업 툴 팀은 6개월간의 MVP 개발 활동을 거쳐 제품화 과정을 진행했다. 음역대의 한계가 없으며 혼자 연주도 가능하고 함께 연주도 가능한 악기인 '마림바'를 새로운 실시간 온라인 화이트보드 협업 툴의 이름으로 정했고, 베타 버전을 시장에 공개했다.

지속적인 서비스 성장 활동의 실행 지속적인 개선 활동을 진행해야 사용자의 니즈를 만족시키고 성장하는 서비스를 만들 수 있다. 마림바팀은 서비스 오픈 이후에도 새로운 가치를 제공하는 활동을 꾸준히 진행했다.

이 과정을 진행하며 더 다양한 시도를 해볼 수 있는 사용자 데이터를 확보했고, 열혈 사용자와 이탈 사용자 등이 생겨나면서 더 다양한 고객 반응을 확인할 수 있게 됐다.

그리고 '성장하기' 활동이 본격화되면서 MVP 개발 단계까지는 우선 고려하지 않던 활동이 중요해졌다. 예를 들면 다양한 채널을 통한 마케팅 활동이 있다. 이런 기업 활동을 놓치지 않고 반영할 때 지속적으로 고객을 늘리고 서비스 성장을 이끌 수 있으므로 중요하게 다루어졌다.

Product			Market	
Problem Hell of notification Many window changes Not easy whiteboard discussion <u>Existing Alternatives</u> Mural Jam board MS surface hub	**Solution** (Web) Infinite white board software + Zoom + Task mgmt. **Key metrics** Voice of ⓐ internal customer ⓑ external customer Number of users	**Unique Value Proposition** Users do not need to move by changing windows White board discussion for online project <u>High Level Concept</u> Collaborative whiteboard software	**Unfair Advantage** Idea patent Reference **Channels** Start up(KR) Start up (US) Partnerships	**Customer Segment** All members in dev team
Cost Structure Hosting development		**Revenue Structure** Monthly/Annual subscription Biz		

린 캔버스 작성을 통한 비즈니스 점검 린 캔버스는 비즈니스 모델 캔버스를 신규 사업이나 스타트업에 적합하도록 수정한 9블록 형태의 도구로, 린 접근을 반영해 시장을 빠르게 검증하고 사업의 실행 과정을 살펴보는 데 적합하다. 마림바 팀은 린 캔버스의 작성을 통해 고객, 문제, 솔루션의 관점에서 프로젝트 진행 사항을 빠르게 점검하고 지속적으로 개선해나갈 수 있었다.

마림바팀은 서비스의 베타 버전 오픈 이후에도 심도 깊은 고객 인터뷰를 진행해 개선 활동을 지속적으로 반복 수행하고 있다. 사용자를 중심에 두고 문제를 해결하려는 노력이 돋보이는 이러한 활동 덕분에 마림바 서비스는 계속해서 사용자의 문제를 해결해나가며 성장하고 있으며 팀이 바라는 유의미한 서비스 결과를 만들고 있다.

서비스 디자인 씽킹 프로세스를 수행하며 단계별로 차근차근 점검할 활동 포인트를 확인했다. 제품 및 서비스에 변화를 만들어 시장의 호응을 얻고 싶다면 고객과 사용자의 관점을 제대로 파악하고 반영해야 한다. 이장을 마치기에 앞서 고객 관점을 충실히 반영한 프로세스 진행으로 비즈니스의 성공을 이끈 토스 사례를 간단히 살펴보며 그 중요성을 다시 한번 되새겨보자.

토스는 고객 만족을 높이려 두 가지 방향으로 접근했다. 하나는 데이터이고, 또 하나는 정성 접근의 사용자 경험 조사다. 토스는 모바일 서비스로 확보 가능한 데이터를 비즈니스 초기부터 중요한 의사결정 요소로 활용해왔다. 모바일 서비스의 데이터는 고객이 만든 흔적이므로 정확하지만 결과 중심의 내용이라 고객 행동의 이유를 파악하기 쉽지 않다는 한계가 있다. 결국 이 데이터만으로 문제를 제대로 파악하고 이유 중심의 변화를 만들기란 어렵다.

그래서 토스가 선택한 접근 방법은 인터뷰와 관찰 등 사용자 경험 조사 활동을 중요하게 다루는 것이다. 정성 조사 중심의 활동을 수행해 고객 목소리에 집중하여 사용자 행동의 근본적인 이유를 뽑아내는 맥락 파악 활동을 꾸준히 전개하고 주요 발견점을 서비스에 반영했다. 이처럼 사용자 경험 조사 활동은 고객의 니즈를 기반으로 서비스 구현 방향을 제시하고 구체적인 개선 포인트를 찾는 핵심 활동으로 중요한 의미를 가진다.

고객 중심의 접근은 우리가 미처 의식하지 못한 여러 변화의 실마리를 일깨워 주는 존재라는 점을 잊어선 안 된다. 더 이상 변할 부분이 없어 보이는 제품이나 서비스에서 새로운 가치를 제공하고 싶다면 고객 중심의 디자인 프로세스 운영을 더 적극적으로 활용해보자.

PART 3

경험 구현과 팀워크를
놓치지 마라

06

차별화된 경험을 이끄는
구현 방법

경험 경제Experience Economy가 강조되며 제품과 서비스 사용의 중심이 되는 경험의 차별화를 통해 비즈니스 변화를 이끌어야 한다는 목소리가 높다. 경험을 주요 비즈니스 요소로 다루기 전에 이를 대하는 제공자와 고객의 시각이 다를 수 있음을 생각해야 한다. 컨설팅 기업 베인앤컴퍼니Bain & Company가 확인한 조사 내용을 살펴보자.

　　CEO가 최고의 경험을 제공하고 있다고 믿는 비율은 얼마나 될까? 조사 결과 80% 수준이었다고 한다. 기업을 대표하는 사람들은 자신이 제공하는 서비스에 대한 믿음이 꽤 높다. 그렇다면 고객은 어떻게 생각할까? 겨우 8%만이 적절한 경험을 제공받는다고 답했다. 같은 질문에 답변자만 바꿨을 뿐인데 너무 큰 차이가 있다. CEO가 보고서로 접한 서비스와 제품에 대한 제공자 중심 시각과 현장에서 고객이 직접 겪는 체험 간의 차이가 얼마나 큰지 알 수 있다. 이 차이를 전달 오차Delivery Gap라고 부른다.

글로벌 소프트웨어 기업 SAP에서는 전달 오차를 경험 격차_{Experience Gap}라고 부른다. 만약 경험 제공에 대한 서로 다른 입장 차이에 선제적으로 대응한다면 새로운 비즈니스 기회를 만들 수 있을 것이다. SAP은 관련 시장 기회를 약 1조 6000억 달러 규모로 예측한다. 실제로 SAP은 자신들의 기존 강점인 운영 정보 역량과 함께 경험 정보 관리 역량을 더하는 실행 전략을 구현하고자 경험 정보 솔루션 기업인 퀄트릭스_{Qualtrics}를 인수한 바 있다.

이 장에서는 경험에 대한 제공자와 고객의 입장 차이를 줄이고 차별화된 고객 경험을 구현하는 데 필요한 방법을 점검한다. 현장에서 반영해야 할 실천 측면의 세 가지 활동 방향으로 '경험을 바라보는 관점에 주목하자', '전략 활동의 변화에 집중하자', '다양한 감각의 활용에 관심을 갖자'를 살펴보고, 그 세부 실행 방안을 확인한다. 이해하기 어려운 내용은 아니지만 비즈니스 활동에 경험을 다루고 반영하는 출발점으로 중요하다.

제품을 만들고 서비스를 전달하는 시대에서 체험을 연출하는 경험 경제의 시대로 변모하고 있다. 체험을 서비스에 반영한다는 것이 비즈니스 활동 중 체험 기반의 마케팅이나 홍보 수단에 한정되는 내용은 아니다. 고객 니즈를 찾아서 새로운 가치가 반영된 제품과 서비스로 차별화된 경험을 연출하여 제공하는 활동을 이야기한다.

기업의 신년 화두나 메시지에서 새로운 고객 경험 제공과 차별화를 강조하는 내용을 쉽게 확인할 수 있다. 2022년 삼성전자는 '세계 최고의 기술력에서 한 발 더 나아가 최고의 고객 경험CX을 전달하도록 노력해야 한다'고 강조했고, LG그룹도 '고객은 제품·서비스 자체가 아니라 직접 경험한 가치 있는 순간에 감동한다', '고객에게 가치 있는 고객 경험을 전달해야 한다'고 강조했다.

이처럼 현재 비즈니스 전략이나 실행 방안의 핵심은 고객 경험이다. 당연히 경험을 다루는 여러 관점을 모두 이해할 수도 없고 또 그럴 필요도 없다. 그러나 상황에 따른 흐름과 변화를 파악하고, 어떤 관점으로 경험을 제공해야 하는지 생각해볼 필요는 있다. 경험을 토대로 프로세스 접근 관점이 정해진다는 점을 떠올리며 실무 활동에 필요한 몇 가지를 살펴보자.

경험 중심의 시대 변화를 이해하자

고객 구매 여정이라는 측면으로 경험을 다룬다면 소비자가 주관적인 판단 기준에 더 집중하여 가치 중심으로 전체 과정에 접근하는 모습을 놓쳐선 안 된다. 이제 소비자가 생각하는 기준은 금전, 기능, 시간 등 객관적 효용을 극대화하는 과거의 모습에서 경험의 만족이라는 주관적 효용을 높이는 방향으로 빠르게 전환하고 있다. 《트렌드코리아 2020》에서는 객관적 효용이 떨어져도 고객 경험을 만족시켜 주관적 효용을 높이면 결과적으로 소비자의 합리성이 더 커질 수 있으며, 이런 변화로 제품 위주의 경쟁에서 고객 만족을 높이기 위한 서비스 중심의 경쟁이 심화되고 있다고 설명한다. 이제는 물건 판매만큼 가치 있는 경험을 어떻게 제공할 것인지에 대한 고민을 게을리 해서는 안 된다.*

특히 가치 있는 경험을 구성하고 싶다면 서비스의 물적 증거라는 측면이 제공 과정에 어떻게 동작하는지 자세히 들여다보아야 한다. 물적 증거가 자연스럽게 녹아든 서비스는 지속적으로 만족도를 높일 수 있고 사회관계망 속에서 더 많이 공유된다. 고객의 만족스러운 사용 경험이 널리 확산될수록 사용자에게 더 가치 있고 긍정적으로 해석되어 기업은 서비스에 대한 더 좋은 반응을 얻을 수 있다. 고객은 단편적인 사용 경험이 아닌 고객 여정에서 체험한 전반의 내용을 주위에 알리고 반응을 확인하므로 고객 여정을 다각도로 살펴보고 작성해야 한다.

제품 판매 중심의 기존 비즈니스 활동에서 경험 중심으로 새롭게 전환한 사례를 살펴보자. 결제 솔루션 기업 주오라Zuora의 창업자 티엔 추오Tien Tzuo는 제품 경제에서 구독 경제Subscription Economy로 전환을 언급하며 특정 고객의 니즈를 바탕으로 고객에게 지속적인 가치를 제공할 것을 강조

---

* 《트렌드코리아 2020》, 김난도 외, 미래의창, 237쪽

한다. 티엔 추오는 《구독과 좋아요의 경제학》을 비롯하여 다양한 매체 인터뷰나 발표를 통해 악기 제조사 펜더Fender의 진화를 자주 언급한다.

펜더는 오랜 기간 동안 기타를 만드는 선도 제조 기업으로 자리를 지켜왔다. 그러나 음악 시장의 변화로 전 세계 전기 기타 판매량이 급감하면서 펜더는 고객을 다시 살펴보았고 기존에 알던 것과 판매 흐름이 크게 달라졌다는 사실을 확인했다. 펜더는 프로 뮤지션을 주요 고객이라 판단하고 집중해왔지만 전체 고객의 10%에 그칠 뿐이었다. 오히려 매출의 절반 정도가 초보 연주자에게서 나왔다. 그런데 문제는 주요 고객인 초보 기타 연주자가 기타를 쉽게 빨리 포기한다는 점이었다. 그중 90%는 코드 몇 개를 익힌 후 악기를 연주하기 어렵다고 느끼고 1년 안에 기타 배우기를 포기했다. 그런데 특이하게도 초보 연주자가 포기하지 않고 계속 연주를 하면 평균 5~7개의 기타를 구매한다는 사실을 알게 됐다. 그 후 펜더는 악기라는 제품 중심의 관점에서 벗어나 '음악을 배운다'는 경험이 녹아든 동영상 서비스를 준비하여 구독 기반의 온라인 교육 서비스 펜더 플레이Fender Play를 시작했다. 즉, 초보 연주자가 지속적으로 음악을 즐기며 자신의 실력이 늘고 있다고 느끼도록 만들어 서비스 이탈율을 관리한 것이다. 이처럼 펜더는 고객이 기타라는 제품의 소유자에 그치지 않고 연주 경험을 만들 수 있게 지속적으로 도와 음악 애호가이자 뮤지션이 되도록 접근 방향에 변화를 만들었다. 기타를 판매하는 제조 회사에서 음악 경험을 제공하는 서비스 회사로 변신한 펜더는 경쟁 기업인 깁슨Gibson이 여전히 제품 측면의 접근에 벗어나지 못한 채 공장을 폐쇄하는 어려움을 겪는 동안에도 2017년 5억 달러에서 2018년 6억 3600만 달러로 매출을 늘리며 성공적인 사업 변화를 만들 수 있었다.*

구독 기반 온라인 교육 펜더 플레이　펜더는 기타를 판매하는 제조 회사에서 온라인 음악 교육 서비스 펜더 플레이를 제공하는 구독 기반의 서비스 회사로 변신하며 새로운 비즈니스 성장을 이루었다.**

　　물론 경험 중심의 변화가 가볍게 만들어지는 것은 아니다. 특히 특정 형태의 서비스가 유행한다고 해서 현재 비즈니스의 모습만 따라하 듯 바꾸면 쉽게 고객 경험도 바꿀 수 있을 거라 간단히 생각해서는 안 된다. 앞서 비즈니스 변화 사례로 펜더를 소개했는데 그들이 채택한 구독 서비스를 중심으로 살펴보자.

　　구독 서비스의 비즈니스 구조를 '콘텐츠를 제공하고 정기적으로 비용을 받는 것'으로 단순하게 생각하면 꽤 간단해보인다. 그러나 기존에 없던 서비스를 선택하게 하고, 가격에 저항이 있는 서비스 이용료를 꾸준히 받는 일은 쉽지 않다. 그럼에도 다수의 고객이 정기적으로 서비스를 사용한다면, 지불하는 비용에 상응하는 고객의 요구나 니즈를 서비스가

* 《구독과 좋아요의 경제학》, 티엔 추오 외, 부키, 53~54쪽
** https://www.fender.com/play

만족시켜줘야 한다는 의미다. 이 과정에서 고객이 지향하는 가치와 필요로 하는 것은 무엇이고 서비스가 어떤 형태로 제공될 때 만족하는지 찾아내야 한다. 이를 체계적으로 다루는 방법론으로 서비스 디자인 씽킹 프로세스를 중요하게 활용할 수 있다.

물론 비즈니스의 변화는 특정 프로세스 하나에 기대어 이루어지는 것은 아니며, 정량 데이터 기반의 분석 등 다양한 역량을 이용해야 한다. 결국 기업이 보유한 여러 측면의 정보 수집 및 분석 역량을 기반으로 고객의 불편과 니즈를 해결하는 남다른 가치를 시장에 제대로 선보일 때 경험 중심의 변화는 기업이 바라는 방향으로 이루어질 수 있다.

디지털 시대의 다양한 행동 경험을 이해하자

'디지털'이라는 용어를 어떻게 비즈니스와 서비스에 적용해야 할까? 비즈니스에서 흔히 '아날로그'라는 단어가 사용될 때 연속된 값보다는 물질로 이루어진 자연 주도의 세상을 표현하는 것처럼, 디지털도 0과 1의 조합과 같은 용어적 의미로 다루기보다는 문화, 경제, 산업 등 여러 영역에서 소프트웨어 기술 기반으로 새로운 가치를 만드는 활동에 초점을 맞출 때가 많다. 따라서 디지털 서비스라는 표현도 오프라인 활동이 앱으로 이동하는 모습 이상으로 살펴볼 필요가 있다. 즉, 디지털 서비스가 과연 사용자에게 어떤 새로운 가치와 경험을 만들 수 있을지 확인해야 한다.

디지털 퍼스트Digital First는 디지털 우선의 행동과 사고를 의미하는 표현이다. 모두가 디지털 생활을 영위하고 있지만 또 모두가 같은 행동을 하는 것은 아니다. 비슷한 듯 다른 행동의 차이를 파고들어 새로운 경험을 제시하는 것은 새로운 비즈니스 가치를 만드는 출발점이다. 예를 들어 비트바이트의 플레이키보드는 스마트폰 없이 1초도 살 수 없는 포노 사피엔스Phono Sapiens의 모습을 녹여낸 새로운 서비스 사례다. 플레이키보드는 키보드로 입력한 내용에 따라 캐릭터가 반응하고 움직인다. 언뜻 캐릭터가 글자를 가려 자판 기능을 제대로 사용할 수 있을까 생각할 수 있다. 그러나 이는 서비스의 주요 사용자인 10대 다수가 자판을 다 외우고 키보드를 사용하므로 글자가 잘 보이느냐는 그다지 중요하지 않다는 관찰과 이해를 기반으로 구현됐다. 즉, 모바일 자판이 생활화된 사용자의 행동 기반으로 더 가치 있는 온라인 소통을 제공하는 앱 서비스를 제공한 것이다.

사용자 행동을 이해하고 반영한 키보드 앱 서비스 비트바이트가 개발한 '플레이키보드'는 대부분의 10대가 키보드 자판을 외우고 모바일 서비스를 사용한다는 이해를 바탕으로 생동감 넘치는 기능을 제공한다.

IBM 기업가치연구소는 4차 산업혁명의 실현에 필요한 디지털 전환Digital Transformation, DX을 '디지털과 물리적 요소들을 통합하여 비즈니스 모델을 변화시키고 산업에 새로운 방향을 정립하는 전략'으로 정의한다. 흔히 모바일 중심의 스마트 시대가 만든 혁신을 떠올릴 때면 디지털 요소에만 집중하기 쉽다. 그러나 앞서 살펴본 디지털 전환의 정의에서 확인한 것처럼 물리적 요소를 어떻게 다룰지 놓쳐서는 안 된다.

아마존고Amazon Go는 익숙한 기존 활동에 디지털 요소를 적절히 활용하여 새로운 경험으로 바꾼 사례다. 아마존고는 아마존 ID를 통해 매장에 입장한 후 물건을 고르고 나오면 구매가 마무리 된다. 오프라인에서 계산을 기다리고 구매 물품을 확인하고 결제하는 기존 과정을 없애고, 아마존고 앱에서 자동으로 확인하고 처리하게 만들었다. 이는 오프라인 구매 과정에 모바일 기반의 디지털 요소를 적절히 활용하여 새로운 고객 경험을 만들고 시간 절약과 편의성 제고라는 가치를 만든 서비스라 할 수 있다. 온라인과 오프라인, 디지털과 피지컬, 제품과 서비스 등 언뜻 반대의 위치에 있어 연결점이 없어보이는 영역에서 교차점을 찾아내자. 기존에 없던 새로운 가치와 해결 방안을 찾아낼 수 있을 것이다.

더불어 데이터에 대한 관점을 넓혀야 한다. 빅데이터로 상징되는 데이터에 대한 시장의 관심은 꾸준하다. 데이터는 디지털 전환과 연계하여 비즈니스 및 기술 등의 관점으로 반드시 살펴보아야 할 요소다. 그렇지만 단순히 바라보는 데 그쳐서는 차별화된 고객 경험을 만들 수 없다. 고객 중심의 혁신은 데이터를 다루는 더 넓은 관점을 통해 제시할 수 있다.

세상의 모든 체계를 수량화할 수 없다는 것을 잘 알고 있는데도, 우리는 숫자로 표현되는 데이터에 쉽게 집착한다. 〈빅데이터에 없는 인간의 통찰력The human insights missing from big data〉이라는 TED 강의에서 트리시아 왕은 "데이터에 기반한 수량화는 중독성이 있으며 수량화할 수 있는 것을 할 수 없는 것보다 더 귀중하다고 믿게 만든다"고 설명한다. 우리가 흔히 맹

신하는 숫자로 구성된 데이터는 주로 과거 사실만을 알려주며 현시점에 확인되지 않는 미래를 알려주지는 못한다. 그렇다 보니 우리가 모든 것을 예측한다고 믿는 순간 전혀 생각하지 못한 새로운 문제에 직면하게 된다. 따라서 빅데이터라는 테두리에 갇혀 기존과 현시점의 고객만을 바라보아서는 안 된다.

데이터에 기대어 모든 답을 정의하려는 접근도 경계해야 한다. 즉 기존 시장이 만든 빅데이터 밖으로 눈을 돌리는 노력도 필요하다. 그리고 데이터를 살펴볼 때는 숫자 뒤에 숨은 진짜 의미를 끄집어낼 수 있어야 한다. 데이터는 결과에 가까울 뿐 그 자체로 우리가 찾아야 하는 '왜'의 답을 보여주는 것은 아니다. 사람들이 만든 결과 뒤에 감추어진 진짜 이유를 찾아낼 수 있는 역량을 만들기 위해 노력하자.

6.2 전략 활동의 변화에 집중하자

'전략 경영Strategic Management의 아버지'라 불리는 이고르 앤소프H. Igor Ansoff 교수는 경영 전략을 변동하는 환경 속에서 기업의 유지와 성장을 꾀할 대응 방향을 정하고 그 수단을 선택하는 의사결정으로 정의했다. 우리가 기업 활동에 새로운 접근 방법을 반영한다는 것은 전략적 의사결정 과정에 따라 기업의 목표를 설정하고 어떤 비즈니스에 진출하여 성장을 이끌 수 있을지 판단한다는 의미와 같다. 그리고 기업의 목적을 달성하기 위해 조직의 자원을 어떻게 사용할지 전략적으로 계획해야 한다.

사람 중심의 접근을 기업에 반영하는 부분도 전략적 의사결정과 계획에 따라 이루어진다. 일상에 반복적으로 발생하는 효율적이고 기능적인 운영의 범위가 아닌 전사적이고 장기적인 성장을 이루는 방향과 연결되는 부분이기 때문이다. 기업의 목적에 맞는 최적의 수단은 무엇이며 현실적으로 선택할 수 있는 방법은 무엇인지 찾고 정해야 한다. 재무제표와 같은 숫자 중심의 데이터를 두고 기업의 변화 방향을 찾기도 하지만 고객에게 새로운 가치를 제공하여 새로운 혁신을 만들고 싶다면 사람을 중심에 둔 관점으로 접근할 수 있어야 한다. 이런 고민에 빠진 기업에 서비스 디자인 씽킹 프로세스는 사람 중심의 접근을 체계적으로 도입하고 실행할 수 있게 만드는 모범 답안이 된다.

경험 전략의 반영이 필요하다

경영상의 문제를 분석하고 해결하기 위해 마이클 포터의 산업구조 분석Five Forces Model, SWOT 분석, 균형 성과표Balanced Scorecard 등 익숙한 여러 도구를 활용해봤을 것이다. 이 도구들은 치열한 경쟁 환경 속에서 기업이 직면한 비즈니스 상황을 이해할 수 있게 해주고, 서둘러 해결이 필요한 문제를 가려주며, 기업 확보 역량의 활용 방안을 도출해주는 길잡이로 유용하다. 다만 많은 경우 이런 도구의 활용은 기업이 현재의 비즈니스를 유지하고 개선해 발전시키는 데 관심이 있을 때 더 유효하다. 애덤 브란덴버거Adam Brandenburger 뉴욕대 교수가 전략에도 창의성이 필요하다고 설명하며 "분석적 프레임워크만으로는 비즈니스를 재창조할 수 없다"고 한 주장을 기억하자.

익숙한 많은 경영 도구들은 비즈니스의 흐름을 바꾸고 완전히 새로운 사업 전략을 이끌어내기에는 분명 부족함이 있다. 이뿐만 아니라 기업은 디지털 전환에 의한 경영 환경의 새로운 변화에 대응하고 혁신을 끌어낼 것을 요구받고 있다. 인공지능, 빅데이터, 사물 인터넷 등의 기술이 활용된 비즈니스의 변화가 본격적으로 이루어지고 있으며, 디지털 전환 활동은 사회적 화두인 4차 산업혁명의 실현 측면에서 꾸준히 강조된다.

모두가 구현하고 싶은 차별화된 가치는 어떤 특정 요소에 의존한 결과가 아니라 여러 요소가 유기적으로 엮이고 결합할 때 얻을 수 있으며, 바로 이때 서비스 디자인 씽킹 기반의 경험 전략이 필요하다. 서비스 디자인 씽킹을 토대로 현재 직면한 경영 활동의 어려움을 사람 중심의 관점으로 새롭게 해석하고 해결 방안을 찾아내자. 물론 서비스 디자인 씽킹 기반의 경험 전략 외에도 같은 관점의 접근을 가능하게 하는 방법론이라면 적절히 활용하자.

경험 전략은 여러 요소로 구성된다. 사용자 경험 전략가인 제이미 레비Jaime Levy는 사용자 경험 전략을 다음 네 가지 요소의 결합으로 설명한다. 경영 전략, 가치 혁신, 검증된 사용자 조사, 끝내주는 사용자 경험 디자인이다.

- 경영 전략 : 원가 경쟁력과 차별화

- 가치 혁신 : 파괴적 혁신과 블루오션

- 검증된 사용자 조사 : 추정이 아닌 린 스타트업 접근 기반으로 고객을 마주하고 현실 확인

- 끝내주는 사용자 경험 디자인 : 고객 반응에 맞춘 절대적으로 중요한 핵심 순간과 기능의 결정 및 온오프라인을 모두 망라한 접점 제공

결국 사용자에 의해 검증되는 가치 혁신을 원한다면 어떤 특정 부분에 의존해서 변화를 만들 수 있을 것이라고 가정해서는 부족하다는 사실을 기억하자. 사람 중심의 접근을 강조하는 디자인 씽킹, 서비스 디자인, 사용자 경험 등은 활동 목적이나 세부 내용 등에서 차이가 있다. 그렇지만 다양한 관점을 중요하게 생각하고 총체적 접근과 협업을 강조한다는 점에서 동일하며 모두 비즈니스에 경험 전략을 반영하는 기반이 된다.

지금 기업은 사회 전반의 변화에 대응할 수 있는 새로운 비즈니스를 구현하고 혁신을 이끌어야 하는 숙제를 가지고 있다. 그러나 변화 없이 기존의 전략 관점을 그대로 답습해서는 변화의 흐름에 충분히 대응하기 어렵고 활동의 결과도 만족스러울 수 없다. 따라서 기존의 경영 도구가 가진 빈틈을 채워줄 직관적 사고 기반의 비즈니스 접근 방법을 찾아 비즈니스에 경험 전략을 반영해야 한다.

기존 방법과 새로운 방법 모두 답이 될 수 있다

기존 사업 전략의 접근과 서비스 디자인 씽킹 기반의 접근은 프로세스 진행에 있어 서로 차이가 있다. 그중 사무실 밖에서 이루어지는 활동을 다루는 관점은 차이를 만드는 중요한 부분이다. 기존 사업 전략은 사무실과 회의실 안에서 제공자 입장에서 주로 다루어진다. 현장에 나가는 경우는 주로 사무실에서 뽑아낸 방향을 확인하는 보완 수단인 경우가 흔하다. 그러나 서비스 디자인 씽킹은 고객의 말과 행동에서 방향을 찾아내고 반영한다. 현장에서 얻은 인사이트가 중심이 된다.

이때 주의할 점이 있다. 과거의 경험과 정보를 끌어모아서 만드는 기존의 전략 접근은 사례가 많을수록 판단하기가 쉬워지므로 숫자가 중요하다. 즉, 조사 대상 샘플의 크기를 가급적 크게 만들어 정확도를 높인다. 다만 숫자가 커진다고 내용도 더 깊어진다고 말하기 어렵다. 반면 서비스 디자인 씽킹은 현장에서 사람을 직접 만나고 행동을 관찰하며 새로운 가치를 찾아내는 데 집중한다. 현장 중심이므로 만나는 숫자는 작을 수 있지만 각 답변의 깊이를 깊게 가져가려 노력한다. 이처럼 둘은 서로 접근 방법이 다르다. 그럼에도 조사 대상 크기가 정량 대비 작다는 점에서 정성적 접근에 의문을 가지는 것은 각 프로세스의 접근 방향과 방법이 다름을 충분히 이해하지 못하는 데에서 발생한다.

실패와 반복에 대한 자세에도 큰 차이가 있다. 기존 사업 전략은 위에서 아래로 물 흐르듯 처음부터 끝까지 이어진다. 대신 물이 아래에서 위로 흐르지 않는 것처럼 다시 앞 단계로 돌아갈 수 있다는 고려를 거의 하지 않으므로, 마무리된 단계의 활동을 굳이 다시 관리하지 않는다. 반면 서비스 디자인 씽킹 프로세스는 기본적으로 실험과 반복을 염두에 둔다. 과정 중 학습한 내용을 다시 반영하여 더 강력한 문제 해결 방안을 만들어내는 데 집중한다.

그렇다면 트렌드는 어떻게 다루어야 할까? 새롭게 습득한 정보를 바탕으로 최신의 활동을 살펴보는 것은 자연스러운 일이지만 트렌드에서 주장한다고 조급함을 가지고 대응해야 하는 것은 아니다. 단지 최신의 흐름에서 강조하는 내용이라는 이유로 우리 사업 활동을 다루며 중요도를 높일 수는 없다.

각자의 상황과 환경을 고려할 때 활동을 무리해서 추진하거나, 사람으로부터 답을 찾는 대신 새로운 기술을 적용하는 방법에 더 집중하거나,

의사결정 판단이 흔들리는 경우가 드물지 않다. 데이터가 없는데 빅데이터 기술을 무리해서 살피거나 인적자원의 대응이 가장 중요한 부분에 언택트 기술을 당장 적용하려면 이를 뒷받침할 근거와 대안이 필요하다. 장기적 관점에서 전략의 가능성을 살필 수는 있겠지만 급하게 실행 방안으로 활용하기가 쉽지 않으며, 때로는 서비스 디자인 씽킹을 활용해 그 간극을 메울 때도 있다. 그렇지만 역시 각자의 비즈니스 상황과 활용 가능한 자원 등을 반영하여 중심을 잡고 살펴보아야 한다.

예를 들어 서비스 제공 관점에서 볼 때 사람이 주로 진행하던 활동을 디지털 사이니지나 챗봇 같은 기기 중심의 활동으로 대체하는 경우가 점차 늘고 있다. 이제 정해진 메뉴에 따른 주문이나 고객 센터에 접수되는 반복 질문은 사람이 직접 처리하지 않는 경우가 흔하다. 그러나 반드시 이 변화를 즉시 받아들여야 하는 것은 아니다. 반복적이고 단순한 일은 사람이 직접 대응하지 않아도 될 것이다. 반면 특정 역량을 보유한 인원이나 자원이 필요한 경우는 다를 수밖에 없다. 특히 새로운 방법이 그동안 긍정적인 고객 반응을 이끈 서비스 경험이나 제공 가치에 영향을 준다고 판단되면 더 신중하게 접근해야 한다. 사람에게 어떤 불편과 필요가 발생하는지 정확히 관찰하고 어떤 해결 방안을 제공하는 것이 더 가치 있는지 판단해야 한다. 변화에 대한 관심의 초점을 기술 자체보다는 사람으로 이동해 점검하는 것은 중요하다.

마지막으로 실무 활동 중에 자주 부딪히는 부분을 생각해보자. 경쟁 분석은 다양한 경영 활동에서 빠지지 않는다. 그러나 비즈니스 전략 범위 밖의 디자인 씽킹 프로세스나 인간 중심 디자인 접근 방법 등에서는 다루지 않을 때가 적지 않고, 방법론을 이해하고 연습하는 데 주안점을 둔 교육 기관에서는 불필요하다고 느껴질 수도 있다. 그렇지만 실무 측면의 서비스 디자인 씽킹 활동에서는 중요도나 비중에 차이는 있겠지만 경쟁 분석이 필요하다.

경쟁 분석은 세컨더리 리서치나 전문가 인터뷰에서 확보한 내용을 환경 분석이나 이해관계자 지도 등에 반영하거나 별도로 정리할 수 있다. 경쟁 랜드스케이프 작성Competitive Landscape과 같은 활동을 따로 진행할 수도 있다. 경쟁 랜드스케이프는 시장 내 직간접 경쟁자를 파악하여 서로 어떤 경쟁 요소를 가지고 있고 강점과 약점은 무엇인지 분석하는 활동이다. 경쟁 환경 분석으로 프로젝트가 도출한 문제 해결 방안의 차별화 요소를 살펴볼 수 있다.

기존 방법과 새로운 방법 모두 진행 목적이나 상황에 따라 적절히 활용하면 좋은 도구로 이용할 수 있다. 서비스 디자인 씽킹에 활용 가능한 다양한 방법에 관심을 갖고 학습하여 필요한 상황에 맞춰 응용할 수 있는 역량을 기르는 것이 중요하다.

많은 기업이 소위 MZ세대에 관심을 가지고 있다. 기업의 조직적 활동으로든 조직에 속한 개인의 노력으로든 앞으로 주요 타깃 고객이 될 MZ세대와 연계한 비즈니스는 필수다. 그러므로 MZ세대를 이해하는 데 도움이 될 다양한 내용을 살펴보고 수집해야 한다. MZ세대는 기존 고객군과는 다른 여러 모습을 보이고 있는데 그중 하나가 일찍부터 경제 활동에 관심을 가져왔을 뿐 아니라 재테크에 적극적이라는 부분이다. 그러나 경제적 여유가 없어 마음 먹고 큰 돈을 투자하기는 어렵다는 현실적 어려움도 있다. 이런 모습은 최근 다양한 모바일 금융 서비스에 적극적으로 반영되고 있다.

카카오페이가 2020년 출시한 '동전 모으기' 서비스를 예로 들어 보자. 이는 카카오페이로 결제할 때마다 1천 원 미만으로 남은 잔돈을 미리 지정한 펀드에 알아서 투자해주는 서비스다. 카카오페이로 결제한다고 해서 잔돈을 동전으로 받는 것은 아니다. 하지만 마치 현금으로 결제했다면 동전으로 받았을 법한 작은 돈을 부담스럽지 않은 수준에서 재테크에 활용할 수 있게 해준다. 게다가 편리하기까지 하다는 점에서 MZ세대의 관심사와 행동을 적절히 반영한 사례. 이 사례에서 '사람들의 행동을 자연스럽게 이끌어야 한다'를 어떻게 구체화하는지 확인할 수 있다. 고객에 대한 관심과 이해가 학습이나 아이디어로 머물러서는 안 된다. 현장 활동으로 연결되고 서비스에 반영될 때 비로소 의미를 가질 수 있다.

《처음부터 다시 배우는 서비스 디자인 씽킹》에서 체험 경제 시대를 살아가며 주목할 디자인 씽킹 기반의 서비스 사례로 '잔돈은 가지세요Keep The Change'를 살펴본 바 있다.

'잔돈은 가지세요'와 '동전 모으기'는 운영 방법과 구현 환경 등에 차이는 있지만, 모두 '잔돈을 자연스럽게 목돈으로 모으고 싶다'는 고객 니즈를 반영한 사례라는 점에서 유사하다. 만약 과거 해외 사례를 학습하며 '잔돈은 가지세요'를 살펴보았던 서비스 기획자가 최근 고객의 관심사와 행동도 파악하고 있다면, 단순히 학습과 정보 수집에 멈추지 않고 관련 고객 니즈와 행동을 반영한 '동전 모으기'와 같은 서비스를 빠르게 구현하여 시장을 선도할 수 있었을 것이다. '이런 사례가 있었다'에서 그쳐서는 부족하다. 실행 측면에서 각자의 산업과 서비스에서 참조할 만한 접근 방향은 무엇이고 향후 반영해볼 만한 부분은 무엇인지 가능성을 생각해야 한다.

사람 중심의 활동이 생각에 그치지 않고 실행으로 연결될 때 비로소 서비스 변화를 만들 수 있다는 점은 분명하다. 전략 활동에 어떤 변화가 있는지 사례를 소극적 자세로 확인하는 데 그치는 대신, 학습 내용과 현장의 연결고리를 판단해보고 만약 반영할 수 있다면 어떻게 실천할 수 있을지 적극적으로 살펴봐야 한다. 그래야 학습이 아닌 현장 활동이 되고 비즈니스 성공에 한 걸음 더 가까워질 수 있다.

6.3 다양한 감각의 활용에 관심을 갖자

서비스 디자인 씽킹 프로세스의 다양한 활동에서 시각화가 반복하여 중요하게 다루어지다 보니, 감각에 대한 관심이 시각으로 한정되기 쉬운 면도 있다. 그러나 스마트폰의 사용 경험만 떠올려보더라도 보고 말하고 터치하면 음성인식이나 진동 같은 상호작용이 제공된다. 이처럼 여러 감각을 다양한 방법으로 더 적절히 활용하면 차별화된 서비스 경험을 제공하는 데 도움이 된다. 고객에게 기존과 다른 경험을 제공하는 방법으로써 감각을 어떻게 활용할지 살펴보자.

감각의 범위를 넓히자

사람이 가진 다양한 감각을 서비스에 활용해보자. 사용자가 몰입하고 공감하도록 만들어 감정이나 의미와 같은 정성적 관점에서 더 좋은 반응을 얻을 수 있다. 예를 들어 자동차 문을 닫는 소리가 중후하면 대부분의 사람들은 차가 안전하다고 생각한다. 반면 가벼운 소리가 나면 차의 안정성을 염려하게 된다. 이 과정에서 자동차 문의 무게가 얼마 이상일 때 안전하다와 같은 전문 지식이나 정량 정보를 바탕으로 논리적으로 접근하여 판단한 것이 아니란 점에 주목하자. 정량적이고 실체가 있는 요소로 다루기보다는 감정이나 의미와 같은 정성적 접근을 놓치지 않도록 집중해야 한다. 감각을 활용한 과정을 적절하고 짜임새 있게 구성할 때 사람들은 더 나은 사용자 경험을 했다고 느끼며, 제품 및 서비스로부터 더 나은 가치를 발견할 수 있다.

이처럼 감각을 어떻게 제공하는지가 중요하지만 과거에는 주로 실무자 선에서 감각을 어떻게 제공할지 생각하고, 습관적으로 구성하거나, 단편적인 구현 중심으로만 다뤘다. 그러나 고객은 다양한 감각을 활용해 제품과 서비스를 평가하고 가치를 가늠한다. 따라서 이런 점을 이해하고 차별화된 고객 경험을 제공하는 데 반영해야 한다. 감각은 고객의 경험에 변화를 주고 좋은 가치로 인식하는 기준이 되며, 좁은 범위의 구현 활동에 머무르지 않고 기업과 브랜드 차원에서 전반적인 방향을 판단해 반영할 필요가 있는 요소다.

감각이 제공되어야 할 효과적인 타이밍은 제공되는 제품과 서비스에 대한 이해는 물론 사용자와 사용자를 둘러싼 환경적 요인을 충분히 관찰하고 파악했을 때 알 수 있다. 디지털 카메라의 셔터음은 물론 전기 자동차 엔진 소리도 사용자 경험의 맥락을 파악하고 반영한 감각 활용 사례다. 감각은 지속적인 노출보다 적절히 배치될 때 더 인상적인 경험이 된다. 감각은 서비스 제공 과정에 꼭 필요하거나 반대로 전혀 예상하지 못한 부분에 등장해 사람들의 경험을 완성한다. 예를 들어 카페에서 조용히 흘러나오는 음악 소리는 경험에 완전히 녹아들지만, 영화 관람 중에 울리는 벨소리는 크고 짜증스럽게 느껴진다. 그만큼 서비스 제공 맥락을 이해하고 감각을 적절히 활용하는 것이 중요하다.

감각을 빼는 것도 생각해야 한다. 이때 이성적인 옳고 그름의 결정처럼 무작정 더하고 빼서는 안 된다. 제공한 감각 경험의 변화가 긍정적인지 그 반대인지 실제 환경에서 확인하여 섬세하게 튜닝해야 한다. 예를 들어 진공 청소기에서 소음은 큰 불만 요소다. 기술적으로는 이 소음을 거의 뺄 수 있다. 그렇다면 이 소리를 모두 빼면 사람들이 원하는 경험이 되어 좋아할까? 고객 조사를 통해 소음이 불편 요소라는 것을 파악해 모두 빼버리고 평가하자 오히려 사용자는 청소가 제대로 되지 않는다고 느꼈다고 한다. 실제로 무소음 진공 청소기를 개발하며 고객 평가를 진행하던 과정에서 예상과 다른 고객 행동을 확인했고 최종 판매용 제품으로 저소음 진공 청소기가 출시됐다. 이 사례를 보면 우선 고객이 표면적으로 드러내는 불편 그대로 받아들이는 것은 자칫 해결 방안에 혼란을 줄 수 있으며, 고객의 사용 맥락을 면밀히 파악하는 데 집중하고 반영해야 한다는 점을 확인할 수 있다.

프로토타이핑 과정에서도 목적에 따라 감각을 어떻게 활용할지가 중요하다. 만약 최대한 실제에 가까운 프로토타이핑이 필요하다면 주어진 환경과 상황에서 가능한 최대한의 현실 감각을 부여해야 한다. 감각이 어떤 역할을 하고 어디에 배치되느냐에 따라서 감성 기반의 공감을 끌어내는 중요한 요소가 될 수 있어, 프로토타입에 불완전한 부분이 있더라도 마치 실제인 듯 자연스럽게 생각할 수 있다는 점을 기억하자.

공간을 중심으로 다양한 감각 요소를 적절히 배치하면 새로운 사용자 경험의 변화를 만들 수 있다. 극장 내 상영관의 변화도 여러 감각을 어떻게 활용하는지에 따라 관객의 경험이 바뀌는지 보여준다. 확장된 시각 경험을 제공하는 아이맥스IMAX나 스크린엑스ScreenX에서 볼 때나 시각 및 청각을 섬세하고 세밀하게 구현하는 돌비 시네마Dolby Cinema에서 볼 때의 관람 경험은 일반 상영관 환경에서의 관람 경험과 비교해 감각의 깊이와 범위가 다르다. 촉각, 후각 등 여러 감각을 자극하는 특수 효과를 제공하는 4DX 상영으로 본다면 같은 영화를 두고 전혀 다른 체험을 할 수 있다. 특히 스마트 기기를 통해 어디서나 쉽게 관람 가능한 OTT 시장의 성장으로 기존 영화관은 위협을 받고 있다. 이런 상황에서 특별한 공간과 환경으로 차별화된 감각을 제공한다면 같은 콘텐츠를 두고도 관람자 경험은 달라질 수 있어 비즈니스 경쟁력 확보 차원에서 유리할 수 있다.

이처럼 감각은 대부분의 서비스와 콘텐츠가 중요하게 고려해야 할 요소이며, 오프라인 공간 경험은 물론 디지털 기술 발전 기반의 AR이나 VR을 활용한 새로운 환경 구현 같은 새로운 접근이 다양하게 시도되고 있으니 꾸준한 학습과 다각도의 실험을 진행해보자.

흔히 고객 경험이 중요하다고 이야기하면서도 사람들이 기능과 품질을 스펙 단위로 자세히 구분하는 능력을 갖추고 판단할 것이라고 착각하기 쉽다. 그러나 우리의 경험을 떠올려보자. 낮은 가격이나 스펙을 비교해 구매를 유도하는 대신 매력적인 화면 구성과 상품 찾는 재미가 있는 이커머스 서비스를 더 선호하거나, 오프라인 매장에서 상품이 비슷하다면 환하게 웃고 밝은 느낌의 판매자에게 구매하는 모습이 낯설지 않을 것이다. 제품이나 서비스에 따라 차이는 있지만 많은 고객은 제공자가 중요하게 생각하는 기능적 차이나 품질의 우위보다는 경험과 감정을 통한 순간적 판단에 의존하여 사용과 구매를 결정한다. 게다가 과거 중요하게 다루어온 서비스의 기본 요소나 제품의 성능 차이에서 고객이 상품의 경쟁력을 느끼기란 점점 어려워지고 있다. 고객이 선택하는 그 짧은 순간에 빠르고 분명하게 차별점을 각인시키는 시도가 더욱 중요해지고 있다. 따라서 차별화된 가치를 다양한 감각을 통해 인상적인 경험으로 전달할 수 있는 시도를 자세히 살펴보고 연구해야만 한다.

이때 실천 측면에서 이런 변화를 실무자의 아이디어에만 의존하여 접근하려는 과거와 같은 행동은 바뀌어야 한다. 여기서 말하는 다양한 감각의 반영은 실무 차원이 아닌 의사결정 측면에서 서비스의 큰 흐름을 보고 자원을 투입하여 활동을 진행하는 것이다. 디지털 기술의 발전과 기기 보급을 통해 다양한 감각을 활용한 경험 제공이 점점 대중화되고 있는 만큼 서비스 프로세스에서 놓쳐서는 안 된다.

기본은 여전히 시각화다

시각화에 대한 강조는 디자인 사고를 설명할 때 빠지지 않는다. 시각 요소의 적절한 사용은 사람들이 정보를 직관적으로 이해하도록 돕는다. 복잡하고 많은 정보를 글자로 전달하는 것보다는 표와 그림을 활용하면 더 효과적이라는 점에 이견은 없을 것이다. 글자만으로 이루어진 산출물일 때도 잘 정돈된 구성으로 편집하고 가독성 높은 형태와 크기를 사용하여 시선을 사로잡을 수 있게 해야 한다. 이처럼 시각화는 단순히 잘 그린 그림이나 도식의 활용이 아니라, 프로세스 전반에서 보이는 요소를 다루는 활동 방법이자 커뮤니케이션 기준이다.

시각화를 살펴보는 과정에서 비주얼 씽킹을 자주 접한다. 비주얼 씽킹Visual Thinking은 그림이나 영상 등을 활용해 복잡한 정보와 모호한 생각을 체계화하고 소통하는 사고 방법을 의미한다. 단순히 이미지로 전환하는 것에 그치는 것이 아니다. 시각화를 기반으로 간결하고 명확한 커뮤니케이션을 이끌 수 있어야 한다. 프로세스 활동에서 시각화를 다룰 때는 서비스를 대할 사람들마다 배경과 전문성 등이 모두 다르다는 점을 감안해 누구나 이해하기 쉬운지를 확인해야 한다. 서비스 제공자 입장에서 당연하고 익숙한 의미와 상징으로 시각화한 후, 쉽고 명확하게 표현했다고 착각하지 않게 유의하자. 제공자에게는 당연한 부분이 사용자에게는 낯설고 어려울 수 있다. 시각화도 고객과 사용자의 관점에서 반드시 살펴보아야 한다.

서비스 디자인 씽킹 프로세스에서 시각화를 다룰 때, 프로젝트 상황과 조건에 따라 각자 활동을 수행하는 환경이 다르다. 디지털 도구 중심으로 작업이 필요하거나, 별도의 추가 구매 없이 현재의 물품만으로 운영하는 등 차이가 있으므로 필요에 따라 유연하게 상황과 환경에 대응해야 한다. 여기서는 시각화 활동의 가장 기본이 되는 두 가지 지침을 짚어본다.

1. 점, 선, 크기, 색상, 위치, 반복 등 기본 요소는 늘 중요하다. 시각화라는 말에 예쁘고 매력적인 심미적 표현을 먼저 떠올리기 쉽다. 물론 중요하지만 그로 인해 기본 요소와 역할을 소홀히 하지 않도록 더 신경 쓰자. 얼마나 가까이에 있는지, 크기가 더 큰지 작은지, 위에 있는지 아래에 있는지, 왼쪽인지 오른쪽인지, 순서가 있는지, 일반 선인지 화살표인지, 실선인지 점선인지, 하나인지 여럿인지 등의 기본 요소는 당연한 듯 느껴진다. 그러나 이런 요소가 어떻게 드러나는지에 따라서 의미를 해석하고 판단하는 기준이 달라질 수 있으니 기본을 놓쳐서는 안 된다. 기본 요소를 두고 연결과 반복을 적절히 활용하여 새로운 의미를 부여하기도 하는데 이런 응용에 대한 연구도 병행해야 한다.

색상은 기본적인 요소지만 따로 짚어볼 부분이 있다. 색의 활용은 결과나 산출물의 표현뿐 아니라 프로세스 활동 과정이나 분석 내용의 정리 등에도 영향을 준다. 예를 들어 분석 과정에서 의견이 비슷할 때 같은 계열의 색을 사용한다거나, 인터뷰 결과를 정리하며 대상자에 따라 포스트잇의 색상을 정하면 작업 중 출처를 쉽게 확인하고 분석 실마리를 찾는 데 도움이 된다.

다만 특정 커뮤니티나 조직에서 약속된 시각화 요소를 기본으로 간주하는 일은 가급적 지양하자. 서비스 디자인 프로세스는 다양한 이해관계자의 활동 참여를 전제로 한다. 여러 사람이 참여하는 만큼 일부에 통용되는 내용을 사용하는 것은 프로세스 진행에 걸림돌이 되기 쉬울 뿐 아니라 최종 서비스 결과의 구현 과정에 혼선을 줄 수 있다.

2. 벽면과 화이트보드를 충분히 이용하자. 프로세스 중간 과정의 산출물을 언제든 확인할 수 있게 꺼내두자. 디지털 카메라로 열심히 사진을 찍어도 결과물이 메모리 안에만 있다면 저장된 정보일 뿐이다. 그러나 인스타그램에 공개하거나 또는 사진을 출력하여 벽에 전시해둔다면 다양한 의미가 부여된다. 프로세스 활동도 마찬가지다.

프로세스 산출물을 파일 형태로 노트북이나 클라우드에 저장해두면 개인의 갇힌 기록에 그치기 쉽다. 이를 밖으로 끄집어내자. 출력하여 벽면에 붙이고 필요할 때면 언제든 사람들이 함께 의견을 나누고, 행동 패턴을 찾고, 아이디어를 제시할 수 있게 하자. 포스트잇이나 사진뿐 아니라 세컨더리 조사 자료, 보고서 주요 페이지, 인터뷰 대상자의 프로필 등 프로세스 활동과 문제 해결에 필요한 다양한 내용을 쉽게 확인하고 점검할 수 있도록 함께 두자. 이때 대형 패널이나 이동형 화이트 보드를 이용하면 프로젝트 분석 과정에 따라 산출물이 늘어나도 대응하기 쉽고 진행 공간이 바뀌어도 이동이 쉽다. 만약 그런 장비를 준비하기 어렵다면 벽면을 활용해도 좋다.

서비스 디자인 씽킹은 여러 사람이 함께 활동할 것을 강조하므로 시각화의 배경으로 넓은 작업 공간을 사용하는 것이 그만큼 효율적이다. 활동 산출물을 자유롭게 배치하고 분류할 수 있는 진행 공간에 입장하는 것만으로도 프로젝트 참여 모드로 쉽게 전환되어 자연스럽게 몰입된다. 그리고 포스트잇으로 부르는 접착 종이를 적절하게 활용하자. 이는 단순한 기록에 그치지 않고 프로세스 활동의 효율성을 높이고 분석과 발견의 주요 단서로 동작하게 만드는 데 필요하다. 프로세스 활동 중에 작성된 포스트잇 한 장은 하나의 사실이나 정보를 기록하는 단위다. 우선 작성한 포스트잇을 확인할 수 있게 대형 패널이나 화이트보드 또는 지정된 벽면을 확보하자. 포스트잇을 붙이는 위치, 포스트잇 사이의 거리, 한곳에 그룹으로 붙이거나 구분선으로 표시하기 등으로 의미를 부여하자. 그리고 이를 확인하며 새로운 인사이트를 끌어내자.

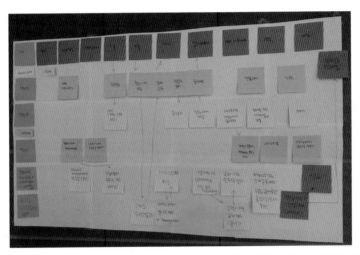

서비스 블루프린트 활동 예시　패스트푸드 매장으로 고객이 들어와 서비스를 이용한 후 나가는 전체 과정을 서비스 블루프린트로 제작한 예시다. 이 작업에서는 넓은 벽면, 다양한 색깔과 다른 크기의 포스트잇, 점과 선으로 표시 등의 시각화 요소가 활동에 반영됐다.

　자세히 글로 작성하여도 모든 걸 표현하는 데 한계가 있다. 글에만 의존하여 느낌이나 감정을 나타내거나 머릿속 모습을 묘사하기란 무척 까다로운데 시각화를 통해 부족함을 보완할 수 있다. 따라서 시각화를 결과 전달로만 제한하여 생각해서는 안 된다. 시각화는 내용을 충실히 전달해야 하는 프로세스의 모든 과정에 필요하다. 많은 양의 데이터를 효과적으로 표현하는 인포그래픽이나, 비즈니스 모델을 9개의 네모 칸으로 한눈에 점검하도록 돕는 비즈니스 모델 캔버스 등은 자주 사용되는 시각화 방법이다.

말하기와 듣기를 활용하자

누구나 스마트폰이나 태블릿을 항상 곁에 두고 생활한다. 이는 과거 어느 때보다 시각 정보 중심으로 커뮤니케이션하기 좋은 환경이 됐다는 것을 의미한다. 그러나 사용자가 보유한 기기에 따라 디스플레이 크기와 성능에 차이가 있어 시각 정보의 양과 품질이 다르다. 특히 노트북을 사용하며 영상을 보거나 다이어리 앱에 주요 일정을 기록할 때처럼 시각적 집중력이 분산되는 상황이 흔하다. 이때 사용자에게 사용 상태 알림이나 문제 발생 경고 등 중요 내용을 소리로 전달하면 메시지를 놓치지 않고 빨리 집중할 수 있다. 오늘날 고객은 온오프라인 경계도 없고 다양한 실물 제품과 디지털 서비스가 혼재한 복잡한 이용 환경에 자주 놓이고 있어 다양한 감각을 어떻게 활용할지 연구하여 적용해야 한다.

오래 전부터 소리로 상태나 정보를 전달해왔다. 자동차가 후진할 때 들리는 경고 음악, 신호등을 건널 때 나오는 신호음, 버스 정류장을 알려주는 안내 방송 등은 소리를 활용한 익숙한 사례다. 과거에는 주로 들려주기로 소리 경험을 제공했다면, 이제는 음성으로 기능을 제어하고 활용하는 사용자 경험까지 제공한다. 특히 소리를 활용하면 집중력이 분산된 상황에도 메시지를 더 분명히 전달할 수 있고 행동에 제약이 있을 때도 커뮤니케이션이 가능하다는 점에서 기존과 다른 차별화된 경험을 만드는 배경이 된다.

소리와 기술을 사용자 환경에 자연스럽게 녹여 차별화된 서비스 경험을 만드는 방법도 있다. '밀리의 서재' 등 구독형 전자책 서비스에서 제공하는 오디오북은 청각을 사용한 사례다. 독서를 언급했을 때 흔히 글자를 비롯해 그림이나 사진에 집중한 활동을 쉽게 떠올리고, 전통적인 전자책 서비스 또한 여전히 시각을 먼저 독서와 연결했다. 그런데 독서가 들리는 활동 중심으로 바뀌면 어떨까? 청각 기반의 독서는 잠들기 전이나, 식사를 하거나, 심지어 눈으로 글을 읽기 귀찮은 순간에도 편리하게 글을 읽을 수 있게 돕는다. 독서는 하고 싶지만 따로 시간을 내기 부담스러웠던 사람도 청각을 활용하면 부담없이 책을 접할 수 있다. 이런 특징을 가지고 있어 '밀리의 서재'는 오디오북을 통한 독서 서비스 경험을 '세상에서 가장 교양있는 수면제'라고 표현한다. 이처럼 익숙한 시각 중심의 활동을 청각 기반의 새로운 서비스 경험으로 변화를 주면 고객 편의를 높이고 서비스 제공 품질도 높일 수 있다.

그렇다고 시각을 아예 청각으로 대체하고 우선순위를 더 높게 부여하자는 말은 아니다. 다른 감각보다 소리는 한계가 명확하다. 우선 전달할 수 있는 정보의 양이 시각으로 제공할 때보다 적은 경우가 많다. 그래서 음성 인식 서비스를 사용하다가 다시 시각에 의존하는 경우도 흔하다. 이용 환경에 따른 인식률 문제도 있다. 또한 주위 사람들의 시선도 사용자 심리에 반영된다.

따라서 다루려는 감각에 대한 충분한 이해가 필요하다. 실제 서비스에 적용할 때는 감각 하나에만 의존하기보다는 여러 감각을 함께 사용하여 이용 경험을 보완하거나 추가 정보를 제공하는 방안을 고려하기 바란다.

◆◆◆

　　프로세스를 운영하며 한 번쯤 현장에서 부딪혔을 상황과 접근 방향을 살펴보았다. 다양한 고객 경험을 어떤 관점에서 바라보고, 혁신을 이끄는 과정에서 경험 전략을 반영하여 집중할 부분은 무엇이며, 다양한 감각을 어떻게 다루고 고객 경험에 반영할지를 점검했다. 그리고 현장에서 활용 가능한 차별화된 프로세스 결과를 이끌어내는 실행 포인트를 확인했다.

　　이 장에서 살펴본 주요 내용을 실무 현장에서 어떻게 적용할지 살펴보는 것은 중요하지만, 고객의 이용 환경과 활용 기술이 꾸준히 변하고 있어 관련 내용을 지속적으로 학습하고 업데이트해야 한다는 점을 잊어서는 안 된다. 서비스 디자인 씽킹 프로세스를 성공시키는 참여 자세로 '학습'은 필연이다.

07

프로젝트의 성공을 만드는
리더십과 팀워크

서비스 디자인 씽킹 프로세스를 실무에 적용할 때 가장 큰 부담은 성공적인 성과 확보일 것이다. 새로운 방법론으로 서비스 디자인 씽킹을 도입했음에도 만족할 만한 성과를 내지 못하는 경우가 있다. 그러면 원인을 살펴보고 보완하게 된다. 이때 흔히 성공과 실패의 이유를 프로세스 활동 자체에서만 찾으려는 경우가 있는데 주의해야 한다. 방법론 자체보다 이를 운영하는 사람 또는 사람 간의 관계에 원인이 있어 프로세스가 의도한 방향으로 흐르지 않았을 수 있다. 지금까지 '사람' 중심 관점의 필요성과 활동을 알아보았다. 프로젝트 내부 문제를 바라볼 때도 사람 중심 관점이 필요하다.

새로운 방법론의 도입은 어떤 형태로든 기존 흐름과 충돌을 만들기 마련이다. 특히 기존과 다른 역량을 요구하는 방법론은 막연한 심리적 저항뿐만 아니라 새로운 역량 확보에 대한 부담을 준다. 게다가 업무 환경과 필요 자원까지 바꿔야 할 수도 있다. 방법론 도입은 탑다운 혹은 그 반대로 이루어질 수 있다. 기업 문화에 따라 두 가지 모두 가능할 수도 있고 모두 어려울 수도 있다. 서비스 디자인 씽킹에서 강조해온 고객과 사용자뿐 아니라 이를 운영하는 바탕도 역시 '사람'이다. 사람에 의해 방법론의 도입과 프로젝트의 성공이 결정된다.

지금부터 서비스 디자인 씽킹 프로세스를 진행하는 사람, 리더와 팀에 대해 대해 알아본다.

7.1 혁신의 방법론이 원하는 리더십

새로운 방법론을 도입한다는 것은 변화를 요구한다는 의미와 같다. 리더 중 상당 수가 프로젝트 관련 역량 부족을 느끼면 해결 방안으로 리더의 역할이나 권한을 위임하는 방법을 선택한다. 이런 접근이 틀렸다는 말이 아니다. 프로젝트에 따라 리더의 의도대로 효과를 보기도 한다. 그러나 이런 접근에 앞서 하나 밝혀두고 싶은 바가 있다. 서비스 디자인 씽킹에 기반한 혁신 프로젝트는 다른 방법론보다 훨씬 더 적극적인 리더의 노력과 활동을 요구한다는 점이다.

서비스 디자인 씽킹 프로젝트는 명확한 리더와 리더십을 요구한다. 크리스천 베이슨Christian Bason 덴마크 디자인센터 CEO와 로버트 D. 오스틴Robert D. Austin 아이비 경영대학원 교수는 5개 국가의 주요 디자인 씽킹 프로젝트 20여 개를 심층 분석하여 효과적인 리더십이 프로젝트의 성공을 좌우하는 핵심이라는 결론을 얻은 바 있다. 다시 말해 서비스 디자인 씽킹 기반 프로젝트가 성공하기를 진정으로 원한다면 리더십에 대한 꾸준한 노력이 동반되어야 한다.[*]

분명한 태도로 불안과 혼란을 없애자

서비스 디자인 씽킹 프로젝트 초기에는 리더가 결과를 얻려는 노력만큼이나 혁신을 추구하는 조직으로 체질을 개선하는 데 충분히 집중해

---

[*] '디자인싱킹을 이끄는 올바른 방법', 〈HBR〉 2019년 3-4월호, 크리스천 베이슨 외, 109쪽

야 한다. 기존 방법론에서 서비스 디자인 씽킹 프로세스를 도입하기 시작한 초기 상황이라면 리더의 방향 제시와 의견은 더 중요하다.

서비스 디자인 씽킹은 기존의 방법론과 여러 부분 다르다. 익숙하던 기존 활동과 다르므로 당장의 불편을 만들 수밖에 없다. 불편하고 확신하기 힘든 새로운 활동에 의한 불안감이 팀 전체의 분위기를 형성하는 순간 결과에 대한 부정적인 생각에 휩쓸리기 쉽고 그만큼 프로젝트 성공에서 멀어진다. 그러나 익숙한 기존 방법과의 차이에서 새로운 혁신의 가치를 만들 수 있다는 점을 놓쳐선 안 된다. 따라서 리더는 관성을 따라가려는 팀원의 흔들림에 어떻게 대응할지 미리 준비해야 한다.

어쩌면 프로젝트팀이 새롭게 도입한 프로세스 활동을 통해 도출한 문제 해결 방안이 기대와 다르고 만족스럽지 않을 수 있다. 그렇더라도 고객과 이해관계자 중심으로 문제를 바라보는 관점을 가지게 됐을 것이고, 이를 바탕으로 그동안 조직이 집중하지 않았던 중요한 가치 요소를 발견하고 이해할 수 있는 계기를 마련해 기존과 다른 성장의 발판을 마련했을 것이다.

리더는 사람 중심의 혁신을 가능하게 할 조직의 체질 개선 역시 장기적인 관점에서 성공 사례라는 점을 놓쳐서는 안 된다. 실무적으로는 프로젝트의 성공을 판단하는 평가 항목에 체질 개선이라는 요소를 반영할 수 있다. 특히 방법론 도입 초기 단계의 팀이라면 이 부분에 가중치를 두고 놓치지 않도록 제시해야 한다.

그렇다면 서비스 디자인 씽킹에 적합한 리더의 관점은 무엇일까? 우리는 흔히 혁신을 주장하면서도 '무엇'이라는 틀에 갇히기 쉬운데, 서비스 디자인 씽킹 프로세스는 '왜'라는 요소에 집중한 활동을 지속적으로 강조한다는 점을 기억하자. 진정한 변화는 '왜'에서 출발한다. 이는 사이먼 시넥Simon Sinek이 자신의 책과 TED 영상 〈리더들이 행동을 이끌어내는 법How great leaders inspire action〉에서 소개한 리더의 모습에서도 유사하게 찾을 수 있다. 그는 '골든 서클'이라 이름 붙인 패턴과 뛰어난 리더십을 발휘한 사람들의 사례를 들며 '왜'로 시작하라고 소개한다.

흔히 무엇을 하고 어떤 결과인가에 먼저 관심이 가지만, 결국 남다른 성취를 만드는 것은 '왜'로부터 출발하여 영감을 줄 때 가능하다. 서비스 디자인 씽킹의 프로세스 활동은 물론 이에 참여하는 리더의 관점 모두 '왜'라는 관점을 놓쳐서는 안 된다.

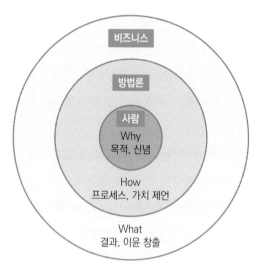

'왜, 어떻게, 무엇'의 관계 디자인 혁신론이 다룬 '왜'와 '무엇'에 대한 내용과, 사이먼 시넥의 골든 서클을 반영하여 상호 관계를 재구성한 이미지. 서비스 디자인 씽킹에 기반한 프로젝트는 프로세스는 물론 리더와 팀 구성원의 관점 모두 '왜'에서 출발해야 한다.*

---

* https://www.ted.com/talks/simon_sinek_how_great_leaders_inspire_action

프로세스의 진행과 리더의 관점이 같은 방향을 바라보고 있을 때 프로젝트팀은 혼란 없이 과업을 수행해나갈 수 있다.

특히 결과 도출에 큰 영향을 줄 수 있는 중요한 의사결정 시점이 오면 리더는 데이터에 의존하고 싶은 마음이 생길 수 있다. 물론 데이터 기반의 결정이 더 유용할 수는 있지만 좋은 결정에는 사람에 의한 데이터 이상의 필요 요소가 있음을 잊어선 안 된다. 데이터 과학자 세바스찬 워닉 Sebastian Wernicke이 〈히트작 TV 쇼를 만들기 위한 데이터 사용법〉에서 주장한 것처럼 데이터를 기반으로 충분히 이해하더라도 위험을 감수하고 결정을 내리는 건 결국 사람의 몫이다. 그는 이를 뒷받침하는 사례로 아마존이 오리지널 드라마 〈알파 하우스〉를 제작하며 그들이 자랑하는 데이터를 기반으로 아이디어를 도출하고 선택까지 모두 진행했지만 성공하지 못했음을 언급한다.[*]

데이터가 안정적인 결정을 돕는 건 분명하다. 그렇지만 이는 결국 도구일 뿐이지 의사결정과 책임을 지는 존재는 아니다. 세바스찬 워닉의 주장처럼 전문가는 완전하지 않은 정보만을 가지고 있어도 자신의 경험과 두뇌를 활용하여 위험을 감수하며 좋은 결정을 내릴 수 있어야 한다. 노키아의 스마트폰 시장 예측이 실패한 것처럼 과거와 현재 상황을 기준으로 만들어지는 데이터에만 기대서는 현재 시장에 드러나지 않거나 숫자로 표현되지 않는 새로운 혁신의 변화와 기회를 예측하기 어렵다. 데이터는 절대 예언자가 아니며 시장을 이해하는 도구에 가깝다. 여전히 전체를 살펴보고 해석한 후 의사결정하는 최종 존재는 사람이다. 결정의 순간에

---

[*] 〈How to use data make a hit TV show〉, Sebastian Wernicke

리더가 도구에 흔들리면 팀의 혁신 의지는 약해지고 새로운 결과를 도출하는 일에 머뭇거리게 된다.

때로는 프로세스의 방향성에 대한 리더의 커뮤니케이션이 혼란을 만들기도 한다. 리더가 팀에게 분명한 태도를 취해야 할 부분은 프로세스의 방향성이지 결과의 방향성이 아니다. 즉 리더가 생각하는 방향대로 프로젝트 결과가 나오게끔 유도해서는 안 된다. 어차피 답을 정한 듯한 리더의 태도는 팀원에게 인간 중심의 혁신Human Centered Innovation 프로세스가 정말 유효한 방법론인지 굳이 실행해야 하는지 밑바탕부터 의심하게 만든다.

결과의 방향에 대한 고집스러운 리더의 모습은 팀원들의 변화에 대한 노력 의지를 약화시킨다. 여기에 새로운 방법론과 무관한 리더의 개인적인 과거 업무 경험이 의사결정의 주요 요인으로 느껴지면 팀의 불신은 극도로 커지게 된다. 이런 상황이 반복되고 겹치면 팀원에게는 리더가 원하는 결과만 도출하면 그만이라는 생각과 함께 그냥 익숙한 방법으로 쉽게 운영하고 싶다는 욕구가 늘어나게 된다.

리더 스스로 프로젝트를 가장 잘 알고 전문적이라 생각하면서 자기 생각과 일치하지 않는 정보를 무시하는 확증 편향을 보이는 일은 현장에서 그리 낯설지 않다. 이를 극복하려면 자신이 틀릴 수 있고 반대 의견이 존재할 수 있다는 당연한 사실을 놓쳐서는 안 된다. 그리고 팀을 포함한 다양한 이해관계자의 피드백을 꾸준히 받고 의견을 존중해야 하며, 무엇을 할지보다는 '왜' 하는지 팀에 충분히 공유해야 한다. 포용력을 갖춘 자신감 있는 모습과 자기만의 세계에 갇힌 자만심 가득한 모습은 다르다는 점을 잊지 말자.

리더는 팀원이 가지고 있는 프로젝트 성과에 대한 입장을 충분히 이해해야 한다. 그래야 오해 없이 더 분명한 팀 커뮤니케이션이 가능하다. 리더는 프로젝트가 성공했을 때 팀원 스스로가 무엇을 얻을지 알고 있는지, 결과가 도출되면 어떤 긍정적인 부분이 생긴다고 믿는지 파악해야 한다. 프로젝트가 실패했을 때 걱정되는 부분이 무엇인지도 살펴야 한다. 성공했을 때 얻는 것과 실패했을 때 잃는 것이 팀원 각자의 커리어에 어떤 영향을 줄 것이라 생각하는지 점검해야 한다. 굳이 위험을 감수하면서까지 변화를 만들고 싶은 사람은 흔하지 않다는 점을 잊어서는 안 된다. 이는 비즈니스 측면에서 큰 성공을 목표로 한다면 더욱 중요하게 다루어야 하는 요소다. 프로젝트의 목적과 범위, 서비스에 대한 상세 내용, 문제 해결 아이디어 등 팀이 함께 논의하고 공유할 내용을 문서로 작성해두면 프로젝트가 진행되는 동안 활동 기준이 필요할 때 활용할 수 있다. 이렇게 제작된 문서를 서비스 설명서Service Manual라고 부르기도 하며, 팀 전체가 방향성을 분명히 커뮤니케이션한 후 해당 내용과 참고 자료를 문서화하여 프로젝트를 진행하면 된다.

어느 때보다 빠른 변화 속도로 언제든 다수가 소수가 되고 소수가 다수로 바뀔 수 있다. 리더는 이런 시장 변화를 충분히 이해하고 흐름을 잘 읽어 프로젝트가 필요로 하는 통찰력을 제공해야 한다. 의사결정의 순간이 가까워질수록 더 많은 사람이 만족하는 제품이나 서비스를 만들고 더 좋은 비즈니스 성과를 이루고 싶다는 내부 욕심이 커질 수 있다. 리더는 서비스 디자인 씽킹 프로세스가 원하는 혁신의 방향을 분명히 기억해 팀이 흔들리지 않고 활동하도록 이끌어야 한다. 고객과 시장의 변화 흐름을 읽어 팀에 방향을 제시하고 의사결정이 필요한 순간에 통찰력을 보일 수 있는 리더의 모습을 갖추기 위해 노력하자.

익숙함에 대한 집착을 떨쳐라

우리는 업무를 진행하며 흔히 가급적 빠르게 과업을 수행할 것을 요구받는다. 두세 가지 대안을 함께 준비하는 경우도 있지만 가능하면 하나의 정답을 선택해 분명히 제시해야 할 때가 적지 않다. 이처럼 속도와 간결함을 강조하는 현장 상황에서 새로운 방법론을 도입하는 건 부담스럽다.

하나의 정답을 서둘러 찾아야 한다고 생각하는 사람에게는 디자인 프로세스가 포함하고 있는 확산 과정이 불필요하게 느껴지기 쉽다. 확산적 사고를 바탕으로 새로운 아이디어를 만들고 여러 관점에서 다시 살펴보는 과정 전반이 답답하게 여겨질 수 있을 뿐 아니라, 실패를 염두에 두고 반복하는 활동은 불확실한 접근처럼 생각될 것이다.

프로토타이핑도 짚어볼 부분이 있다. 다양한 방법론에서 프로토타이핑의 중요성을 강조하고 여러 문헌과 세미나에서 우버나 드롭박스 같은 서비스를 성공 사례로 소개한다. 그에 따라 프로토타이핑을 중요하다고 느끼고 쉽게 관심을 가질 수 있지만, 막상 본인이 직접 활동을 수행하면 태도가 달라지는 경우도 적지 않다. 완전히 마무리되지 않는 일종의 시제품을 만드는 일이 과연 유의미한지 되물으며, 바쁜 일정 속에 정말 피할 수는 없는지 거듭 살펴보게 된다.

사실 이런 접근은 프로토타이핑에서만 보이는 건 아니다. 고객 인터뷰를 비롯한 서비스 디자인 씽킹 프로세스의 여러 활동에서 비슷한 과정을 거치며 의심의 눈초리를 느낄 것이다. 팀원 또한 마냥 적극적이고 이해심 많은 모습을 보이지는 않을 것이다. 오히려 낯선 노력을 요구하는 부담스러운 상황이라 생각하고 점점 더 복잡한 마음을 가질지도 모른다.

이런 현실의 어려움을 헤쳐 나가려면 리더의 분명한 의지와 함께 명확한 활동 가이드가 필요하다. 기존에 비해 업무가 복잡해지고 느려진 것 같아 불안해 하는 팀원에게 단순히 좋은 방향이라는 모호한 감정적 안내로는 부족하다. 프로젝트 진행 관점의 변화가 왜 필요한지 그들에게 명확히 설명하고, 그 방향에 따라 적절한 문제 해결 방안을 수행한다는 점을 분명히 안내하고 이해를 도와야 한다.

특히 리더는 새로운 프로세스가 필요한 이유를 정확히 이해하고 혁신의 결과를 선보일 수 있다는 자신감과 믿음을 가지고 있어야 한다. 우리는 그동안 사업상의 문제를 해결하거나 성장 방법을 찾으며 머리로 쉽게 받아들일 수 있는 객관적인 시각과 기존 경험에 기반한 접근법을 제시하도록 흔히 요구받아왔다. 그렇지만 사람을 중심에 둔 방법론은 프로세스 진행 과정에 감정이라는 존재를 받아들이고 고객에 공감하며 주관적 접근을 시도한다. 따라서 지금까지 익숙했던 객관적 시각과 새로운 주관적 접근 사이에서 어색함과 불안함을 느낄 수 있다.

새로운 사람 중심의 방법론을 도입하면서 '프로세스를 수행한 후에 혁신의 결과를 도출하지 못하면 어떻게 하지'와 같은 걱정과 의심을 마주하며 불안해 하는 것도 당연할 수 있다. 이런 상황에서 만약 리더가 팀과 커뮤니케이션하며 새로운 프로세스의 방향성을 의심하는 태도를 무심결에 종종 보인다면 방법론 도입의 단추는 이미 잘못 끼워진 것이다.

리더는 팀과 함께 새로운 시각으로 비즈니스 혁신을 만들고 있음을 놓치지 말고 자신감 있게 프로세스를 실행해야 한다. 예를 들어 문제 해결 방안을 다루며 그동안 주로 효율성이라는 관점으로 '지금 당장 1000원 원가 절감이 가능한' 방법만을 찾으려 했다면, 이제 감정을 반영한 배려라는 측면에서 '지금 손해를 보더라도'처럼 다른 관점의 접근도 제시할 수 있을 것이다. 이처럼 기존과 다른 관점과 가능성의 존재를 리더와 팀은 함께 이해하고 실행해야 한다.

리더는 새로운 활동 방향을 다루며 현장에서 접근 가능한 프로세스나 환경 요소가 무엇인지 충분히 살펴보고 제시해야 한다. 예를 들어 서비스 디자인 씽킹 프로세스에서 정성적 접근으로 활용하는 에스노그라피|Ethnography 요소를 생각해보자.

문화인류학 관점의 에스노그라피는 사람과 사회를 충분히 제대로 이해하는 방법으로 흔히 특정 커뮤니티에서 오랜 기간 함께 시간을 보내며 사람을 연구한다. 그러나 하루하루 빠르게 변하는 비즈니스 상황에서 이런 방법을 활용하기란 현실적으로 쉽지 않으므로, 서비스 디자인 씽킹 프로세스의 활용 목적과 관점을 분명히 이해한 후 팀 활동으로 수용 가능한 에스노그라피 관점과 활동 방향을 파악해야 한다. 관련 내용을 살펴보는 과정을 통해 장기간 학술 연구 관점에서 집단의 완전한 구성원이 되는 전통적 에스노그라피 형태보다는 단기간 비즈니스 측면에서 고객의 맥락 이해를 중심으로 상황에 직접 참여하고 관찰하여 해석하는 응용적 에스노그라피 형태가 현실적 접근임을 확인할 수 있다. 그리고 운영의 측면에서 고객의 자연스러운 환경에 참여하여 습관, 활동, 의미 등을 깊이 이해하려면 대상자의 신뢰 확보가 중요하다는 점 등도 반영해야 한다. 그 결과 5장에서 살펴본 '일상 연구'와 같은 방법론을 검토한 후 팀 활동으로 제안할 수 있다. 이처럼 리더는 점검 내용에 기반하여 각자의 프로젝트 환경과 주어진 시간에 효과적으로 운영할 수 있는 실행 방안을 꾸준히 찾아야 하며, 필요한 여러 기준을 충분히 반영하여 팀이 활동을 수행할 수 있게 제시해야 한다.

그리고 리더는 실무자가 변화에 다가설 수 있도록 조율해야 한다. 예를 들어 행동경제학을 바탕으로 인간 중심의 혁신 방법론을 언급하는 경우가 최근 늘고 있다. 새로운 서비스의 등장, 사용자의 폭발적인 증가, 사용성 변화로 만든 성공 등을 설명하며 경제 활동의 주체인 사람을 이상적인 존재로 다룬 기존 관점과 다르게 제한적으로 합리적이며 감정에 의한 존재로 바라보라고 조언한다. 이런 의견에 공감하더라도 막상 업무 활동에 반영해 선뜻 변화를 만들기란 실무자에게 쉽지 않으며 현업에 오래 종사한 경우 기존과 다른 변화에 적극적이기란 더 어렵다. 리더는 이런 상황까지 충분히 이해하고 이론뿐 아니라 프로세스 실행도 늘 염두에 두고 방향을 제시해야 한다. 그리고 실무 관점에서 팀원이 겪는 어려움을 최소화할 방안이 있다면 꾸준히 반영하여 다양한 변화의 시도가 이루어지도록 노력해야 한다.

마지막으로 결정하기 어려운 문제가 나타났을 때 자신감과 믿음의 부족함으로 팀 합의에 의지해 주요 사안을 처리하려는 리더의 모습을 잠시 생각해보자. 자유로운 의견 제시와 논의 기반으로 팀 합의에 의해 의견을 도출하는 것은 조직을 원활하게 움직이게 만드는 주요 요소이며, 이 접근 과정이 나쁘다는 말도 아니다. 하지만 업무 현장에서 팀 합의 활동이 늘 가장 좋은 선택을 만들고자 등장하는 것은 아님을 알고 있다. 예를 들어 조사 결과 내용을 논의하거나 주요 아이디어를 선정하는 과정을 생각해보면, 흔한 합의 과정을 거치며 서비스 디자인 씽킹 프로세스가 원하는 날카로운 혁신의 아이디어는 무뎌지거나 아예 배척될 수 있다. 따라서 리더는 합의에 의한 활동 진행이 최선의 과정이기보다는 내외부 마찰을 피하거나 책임을 회피하기 위한 접근으로 나온 것은 아닌지 살펴봐야 한다. 그리고 비록 불완전하고 어려운 면이 있더라도 경계를 허무는 새로운 의견이 합의라는 표현을 빌린 인기 투표에 묻히지 않도록 운영 과정을 주의 깊게 지켜봐야 한다.

혼자만의 시간을 가져라

하나의 주제에만 몰입하는 시간이 계속되면 어느 순간 문제를 바라보는 시야가 좁아진다. 특히 프로젝트의 리더 역할을 연속해 수행하면 역량이 계속 소진될 뿐 채워지지 않는다고 생각하는 순간을 마주하기도 한다. 물론 정신과 신체 모두가 지쳤을 때 휴식 시간을 가지는 것도 분명히 해결 방법이 될 수 있지만 이 장에서 다루려는 방향은 아니다. 반대로 자신만의 자원을 채우는 '별도의 시간'을 계획하고 가지는 방법을 다룬다.

단순한 휴식이 아닌 향후 과제를 해결할 수 있는 역량을 마련한다는 점에서 밀도 있는 집중 기간을 계획하고 활용해야 한다. 어쩌면 평소에 짬을 내어 시간을 만들면 되지 않을까 생각할 수도 있다. 하지만 쫓기듯 진행되는 업무 현실은 그리 쉽게 시간을 내어주지 않는다. 특히 하나의 서비스만 보유한 것이 아니라 변화가 필요한 여러 서비스를 운영하고 있거나 아예 새로운 비즈니스를 원하는 기업에 있다면, 프로젝트가 연속으로 주어져 업무 활동에서 빠져나오지 못하는 모습을 더 자주 접하게 된다. 그래서 유명 기업가를 비롯한 많은 리더는 주요 프로젝트 사이 지정된 일정이나 휴가를 활용해 별도의 시간을 가진다. 대표적인 인물로 빌게이츠가 있다. 그는 가족과도 떨어진 공간에서 은둔하며 1주일 간의 집중

기간을 가진다. 이 시간을 '생각 주간Think Week'이라 부른다. 생각 주간에 그는 트렌드 파악과 아이디어 연구 등에 집중한다.

집중 기간에는 각자의 방식대로 전문 서적 읽기, 비즈니스 리포트 확인, 아이디어 발산 등 다양한 활동을 통해 자신만의 자원을 채워나갈 수 있다. 지식을 쌓는 측면도 중요하지만, 문제를 바라보는 시야를 넓히고 균형 잡힌 생각을 할 수 있는 능력을 키우는 측면을 놓치지 말자. 이때 활동을 휴가와 같은 일반적인 일정으로 단순히 부르기보다는 '생각 주간'과 같은 직관적 이름을 붙이면 별도의 시간을 마련하는 이유를 지속적으로 상기하고 활동 방향성을 분명히 하는 데 도움이 된다. 물론 꼭 1주일이어야 하는 건 아니다. 2일이든 3일이든 밀도 있는 집중 시간을 별도로 가진다는 게 중요하다.

하나의 과제 해결이 전부가 아니라면 긴 호흡에서 자신의 역량을 보충하고 관점을 새롭게 만드는 장기 활동이 함께 이루어져야 한다. 그런 노력이 있어야 미처 생각하지 못한 낯선 과제나 새로운 관점이 반영된 해결 방안을 마주했을 때 혼란을 겪지 않고 팀원들과 함께 슬기롭게 프로젝트를 진행해나갈 수 있다.

7.2 우리라는 관점이 필요한 팀 활동

리더십의 변화와 함께 프로젝트를 구성하는 팀의 협업 마음가짐과 자세도 서비스 디자인 씽킹 프로젝트를 성공으로 이끄는 핵심 요소다. 혁신 업무는 정답이 쉽게 잡히지 않는 만큼 의심과 갈등이 반복적으로 발생한다. 따라서 팀원 간의 결속력을 바탕으로 목표를 공유하며 활동을 수행해갈 때 원하는 결과를 얻을 수 있다.

팀 구성을 하며 다양한 배경과 역량을 갖춘 팀원 기반으로 프로젝트 팀을 만드는 것도 물론 중요하다. 그렇지만 필요한 스펙을 가진 사람을 합치는 물리적 구성이 전부는 아니다. 협업이나 도움 등으로 표현되는 사람 간의 화학적 결합이 충분히 뒷받침된 팀 구성이 필요하다. 우리가 기대하는 팀워크는 팀원들의 관점이 '개인'에서 '우리'로 바뀔 때 가능하다.

프로젝트팀원 중 어떤 사람은 프로젝트 참여 전까지 서비스 디자인 씽킹과 관련된 어떤 일도 접해보지 못했을 수도 있다. 팀원 모두가 동의하여 사람 중심의 디자인 프로세스를 도입하는 경우도 있지만, 실무 현장에서는 대부분 조직이나 리더의 결정에 의해 제안되고 수용된다. 익숙하지 않은 방법론을 자기의 의견과 무관하게 수행하는 팀원에게 리더의 안내와 지지가 우선 필요하다. 업무 수행 과정에서도 서비스 디자인 씽킹 주요 단계마다 사람 간의 감정적 교류와 이해가 뒷받침되어야 한다. 서비스 디자인 씽킹 프로세스를 수행하며 진행되는 참여 관찰, 심층 인터뷰, 협업 기반의 아이디에이션 활동 등은 대부분에게 익숙하지 않을 것이다. 그뿐만 아니라 기존 업무와 달리 사람을 직접 대하며 충분히 커뮤니케이션해야 한다.

확신을 가지고 주도적으로 참여하자

조직이 만드는 혁신 크기는 팀원 각자가 주도적으로 참여해 진행한 활동이 모여 결정된다. 리더의 목표 의식과 방향성 제안은 중요하지만 모든 프로세스 활동을 리더 혼자 결정하고 운영하는 것은 아니다. 특히 서비스 디자인 씽킹이라는 방법론은 한 사람의 뛰어남에 기대지 않고 다학제적 팀 구성이 만들어내는 창의적 역량을 반복적으로 강조한다. 따라서 팀 구성원 각자가 방법론에 관심을 가지고 충실히 활동을 수행한다면 만족스러운 결과를 이끌어낼 것이라는 자기 믿음이 필요하다.

프로젝트를 충실히 수행하여 좋은 결과를 얻으면 금전이나 승진 등이 뒤따르기도 하는데 이는 실무 담당자에게 무엇보다 중요한 보상이다. 그러나 활동을 수행하는 동기의 전부는 아니다. 프로젝트를 통해 얻을 수 있는 정성적 성취라는 요소 또한 무척 중요하다. 함께 진행한 팀의 인정, 사람들에게 도움이 되고 싶은 선의, 대외 수상의 기쁨, 전문가로 성장하고 싶은 의지 등이 대표적이다. 특히 사람을 중심에 두고 있는 서비스 디자인 씽킹의 철학을 이해한다면 활동의 정성적 요소를 놓치지 않고 관리하려는 노력을 지속해야 한다.

누구나 경력을 쌓고 전문가로 성장하고 싶어 한다. 따라서 지식 공유가 중심이 된 팀 활동은 실무 역량을 강화하는 기회를 제공하고 개인의 발전과 자연스럽게 연결되어 중요한 보상이 된다. 그런 점에서 서비스 디자인 씽킹 팀은 교육이나 세미나 등 일반적인 교육 형태는 물론 인사이트 트립, 크리에이티브 워크숍 등 다양한 형태로 역량 강화 활동을 적극적으로 수행해야 한다. 이를 통해 개인의 전문성을 높이는 동시에 팀 전체의 프로젝트 수행 역량을 강화하고 팀원 상호 간의 유대감을 높이게 된다. 리더는 이러한 활동의 수행에 관심을 가지고 열린 자세로 지원해야 하며, 팀원은 조직과 개인의 발전 모두를 생각하여 적극적으로 참여해야 한다.

서비스 디자인 씽킹 프로세스 과정에서 참여자 모두가 열정적으로 의견을 주고받는 모습은 중요하다. 그런데 이때 주의할 부분이 있다. 감정이 앞서거나 의견이라는 핑계로 불만을 지적하면 안 된다. 이와 관련하여 사만다 아구스_{Samantha Agoos}가 〈비판적 사고를 향상시키는 다섯 가지 팁〉으로 밝힌 다섯 활동을 업무 현장에서도 염두에 두고 활동할 것을 제안한다.*

1. 질문을 체계적으로 구성한다.
   - 무엇을 이루고 싶고 바라는지 분명히 찾을 것

2. 정보를 수집한다.
   - 구글링, 전문가에게 물어보기, 기존 프로젝트 등에서 정보를 찾고 비교해 목적에 맞는 결정을 내릴 것

3. 수집한 정보를 적용한다.
   - 결정해야 할 때 스스로에게 비판적으로 질문할 것

4. 영향력을 고려한다.
   - 단기적 혜택 외 장기적 영향이나 여러 방향의 결과 가능성 등을 중요하게 생각할 것

5. 다른 관점에서도 생각한다.
   - 왜 자신과 반대의 생각을 하는지, 나의 생각이 왜 닿지 않는지, 또 다른 대안은 있는지 등 폭 넓은 관점에서 더 나은 결정을 내릴 것

무엇보다 서비스 디자인 씽킹 프로세스가 혁신적인 결과를 가져올 거라는 믿음과 적극적이고 주도적인 활동 태도를 가져야 한다. 방법론을 신뢰하지 못하는 상태로 프로세스를 원활히 진행하기 어렵다. 회피하고

---

* 〈5 tips to improve your critical thinking〉, Samantha Agoos

의욕 없는 모습으로 좋은 결과에 도달하기란 쉽지 않다. 팀원을 모아 같은 회의실에 머무르는 것만으로 팀 활동이 제대로 수행되는 것은 아니다. 팀원 모두가 프로세스 방향을 함께 이해하고 적극적으로 활동을 수행하려는 노력이 필요하다.

참여와 협력으로 공통의 시선을 만들자

혁신과 창조를 위한 활동은 실패와 학습을 중요하게 다룰 뿐 아니라 불안정한 산출물의 가치를 인정한다. 그런데 조직이 크고 체계가 잘 갖춰져 있을수록 시스템과 프로세스는 안정적이고 이를 뒷받침하는 규칙 또한 촘촘하게 짜여진 채로 움직인다. 이러한 조직 분위기에서 불안정해 보이고 완결되지 않은 모습은 흔히 고쳐야 할 대상으로 다뤄진다. 그 결과 새로운 방법론과 기존 조직이 충돌하거나 조직 간 불협화음이 발생하는 모습을 마주하게 된다.

머리로는 아무리 혁신과 창조 활동이 중요하다고 이해하더라도 막상 자신의 업무 영역과 겹치거나 부딪히는 순간 불안을 느끼고 서둘러 방어 대상으로 여기게 된다. 특히 혁신을 추구하는 팀이 기존의 업무 방식에서 바꿔야 할 요소를 발견하여 변화를 제안하면, 불안감에 저항의 목소리를 먼저 내뱉게 된다. 더군다나 변화를 설명하고 표현하는 방법이 '새로운 방법론으로 확인해보니 현재 조직의 접근 방식에 문제가 있다는 것을 확인할 수 있었다'와 같이 표현된다면 기존 담당자로 하여금 그동안 문제를 발견하지 못한 것처럼 느껴지게 만들어 큰 저항을 불러와 상황이 더 어렵게 흐른다.

물론 이런 표현이 무조건 나쁘다고 말할 수는 없다. 다루고자 하는 상황에 대한 이유와 분석이 명쾌하고 가능한 해결 방안의 모습까지 제시할 수 있다면 그렇다. 그런데 만약 리더와 프로세스 참여자의 업무 만족감을 높여주거나 의사결정자의 시선만 의식한 채 기울어져 언급한 것이라면, 조직 간에 편을 나누어 다투자는 신호로 전달된다. 업무 담당자로서 열심히 활동해온 그동안의 활동 성과를 부정하면서까지 새로운 방법론을 지지해주기 어렵다. 새롭고 좋은 방법론이니까 누구나 긍정적인 모습을 보일 거라 낙관적으로만 생각하는 건 사람의 감정이나 기대를 헤아리지 못한 탓이다.

그렇다면 변화에 대한 공감을 얻고 팀 내 그리고 조직 간 협력을 만들어가려면 어떤 부분에 관심을 가져야 할까? 다양한 이해관계자의 목소리를 통해 커뮤니케이션 과정이 만들어지도록 의식적으로 신경 써야 한다. 프로젝트 초기에 이해관계자 지도를 만들지만 그것만으로는 충분하지 않다. 이해관계자 지도는 프로세스 진행 중에 커뮤니케이션이나 연계 활동이 필요한지 그때그때 참고할 기초 가이드다. 그러한 초기 노력 위에 제품 및 서비스를 구매하고 이용하는 고객과 사용자는 물론 프로젝트 진행 팀과 다양하게 얽힌 이해관계자가 단계별 여러 활동에 참여하도록 진행하자.

모든 것이 정해지고 정리된 후 결과를 공유하는 것으로 충분히 커뮤니케이션이 이루어졌다고 언급해서는 안 된다. 프로세스 단계마다 이해관계자와 꾸준히 의사소통하여 피드백받고, 활동 과정에서 찾은 발견점을 함께 공유하며 이해관계자 스스로 변화의 가능성이 있다는 것을 느끼게 해야 한다. 예를 들어 고객 인터뷰 중 함께 고객을 만날 기회를 제공하여 시장의 목소리를 직접 들을 수 있게 하거나, 프로세스 진행 도중 참여 디자인 워크숍을 준비하여 시장에서 얻은 다양한 의견을 미리 공유하고 함께 아이디어를 발산하는 과정을 진행할 수 있다.

절대적으로 옳은 방법론도 없고 무조건 틀린 생각도 없다. 세상에 존재하는 다양한 생각과 노력을 받아들이는 과정을 통해 프로젝트의 과정과 결과는 지속적으로 개선되고 더 좋아질 수 있다. 사람을 중심에 둔다는 것은 다양한 관점에 공감하려는 노력이 필요하다는 의미다. 참여와 협력 기반의 활동을 반영해야 한다. 팀 내는 물론 조직 간을 비롯하여 다양한 이해관계자 사이에서도 공감의 관점과 접근은 늘 중요하게 다루어야 한다.

문제 해결 역량을 축적하자

모든 팀은 팀원이 서로 도움을 주고받으며 시너지를 만드는 이상적인 모습을 원한다. 그렇게 되려면 팀 구성원 각자가 자신만의 관점과 역량을 보유하고 이를 토대로 공유하고 협력해야 한다. 하지만 일정과 자원이 부족한 프로젝트 상황에 자주 쫓기다 보면 효율적인 업무 운영이나 실무 스킬 확보와 같은 현장 대응 활동 위주로 관심이 커지기 쉽다. 물론 프로젝트 운영 대응 측면도 중요하지만 새로운 문제 해결 방법을 찾는데 필요한 통찰력과 역량을 키우는 활동을 후순위로 미뤄서는 안 된다. 특히 팀원 각자의 통찰력과 역량이 뒷받침될 때 서비스 디자인 씽킹이 지향하는 다학제 팀 구성이 가능하다는 점을 기억한다면 별도의 노력이 필요하다.

인사이트 트립은 통찰력을 쌓는 활동이다. 자유롭게 계획을 세워 글로벌 안목을 넓히는 단기 지역 전문가 활동과 유사한 프로그램을 지칭하거나, 커뮤니티나 공동체의 일원으로 다양한 사람과 만나고 교류하며 세상을 살펴보는 활동을 의미하는 등 목적과 상황에 따라 다양하게 소개된다. 서비스 디자인 씽킹이 다루는 인사이트 트립은 최근 주목받는 트렌드나 이슈 등을 중심으로 관찰하고 체험하여 인사이트를 축적하는 활동이다. 프로젝트 진행 중 문제 해결의 시야를 넓히고 아이디어 발상에 도움을 얻고자 진행되기도 하지만, 당장의 필요보다는 향후 과제를 해결하는 데 적절히 활용될 기반을 다지는 활동으로 운영될 때, 즉 문제 해결 역량의 축적 측면에서 더 큰 의미를 갖는다.

인사이트 트립이 팀 활동으로 운영된다면 팀이 함께 활동 방향을 의논하고 과정 수행의 기준으로 삼을 행동 지침부터 마련하는 것이 좋다. 예를 들면 더 많은 것을 보고 듣고 경험할 것, 고정 관념을 버리고 사람들을 그대로 들여다 볼 것, 발견하고 관찰한 내용은 기록할 것 등이 논의될 수 있다. 이처럼 활동에 대한 팀의 논의 역시 무겁기보다는 자유롭고 자발적인 활동을 편견 없이 진행해 반복된 현장 업무로 고정되기 쉬운 관점을 자연스럽게 넓히는 데 목적이 있다. 그리고 일정을 정해 인사이트 트립의 내용을 서로 공유하자. 이 부분 역시 인사이트 트립의 활동 취지를 생각하여 빠듯한 일정이나 지정된 포맷 등 자유로운 활동과 시도를 제한할 수 있는 부분은 피하는 것이 좋다.

새로운 기기나 서비스 등에 관심을 가지고 경험하는 것도 활동 역량을 키우는 데 도움이 된다. 대중이 주목하는 신규 상품에 대한 관심도 필요하지만, 독특한 기술이나 기능을 제공하는 제품과 서비스를 체험하는 부분도 중요하다. 오프라인 체험 매장을 방문하거나 온라인 전문 리뷰 채널을 통해 제품과 서비스에 대한 이해를 더 높이고, 온라인 커뮤니티에 가입해 이를 대하는 익스트림 유저의 반응은 어떠한지도 확인해보자.

만약 트렌드를 탐색하는 활동에 익숙하지 않다면 큐레이션 서비스를 충분히 활용하자. 트위터나 페이스북의 관련 계정을 팔로우하는 것도 방법이고, 유튜브나 블로그의 전문 채널을 살펴볼 수도 있다. 특히 마케팅, 세대 분석, IT 기기 소개 등 특정 주제에 맞추어 제공되는 뉴스레터 서비스도 활용해보기 바란다.

이렇게 확보된 팀원의 활동 내용을 상호 공유하는 정기 세션을 운영하자. 다른 팀원이 살펴본 정보가 추가되고 같은 주제에 다양한 관점이 반영되는 과정을 거치며 팀 차원의 정보로 향후 실무 활용 가능성을 넓힐 수 있다. 특히 이런 공유 활동은 정보와 지식의 공유뿐 아니라 각자의 관심사를 확인하고 업무에서 벗어나 생각을 환기할 수 있는 시간이 되므로 프로젝트 진행 중 적절히 배치해 운영하는 것이 팀 활동 측면에서도 중요하다.

그리고 이러한 활동 과정에서 궁금하거나 더 알고 싶은 부분이 생기면 깊이와 범위를 넓히는 개인적 노력을 들여보자. 용어에 대한 정의, 해당 산업 영역 리포트, 전문가의 인터뷰, 주요 서비스 체험, 커뮤니티 활동 등을 통해 단순히 새로운 아이템의 발견에 그치지 않고 자신만의 정보이자 프로젝트 활동에 연결 가능한 자원으로 만들 수 있다. 새로운 비즈니스 기회는 어디에서 나타날지 모르는 만큼 평소 중장기 관점으로 자신만의 지식 및 경험 체계를 구축하는 것이 개인 역량 확보 차원에서 중요하다.

서비스 디자인 씽킹에 필요한 역량은 다양하다. 특히 통찰력이나 전문성은 하루 아침에 급조할 수 있는 부분이 아니다. 결국 전문 역량을 탄탄하게 쌓는 방법은 꾸준한 관심과 실행뿐이다.

◆◆◆

서비스 디자인 씽킹이라는 방법론이 만드는 비즈니스 성취는 한 사람의 역량만으로 이루어지지 않는다. 리더는 비즈니스가 직면한 변화 흐름을 파악하고 혁신의 방향을 기억해 팀이 확신을 가지고 활동하도록 이끌어야 한다. 팀을 구성하는 모두는 문제 해결 방법론을 주도적으로 수행할 수 있는 업무 역량을 갖춰야 한다. 또 창의적 관점을 갖기 위해 꾸준히 노력해야 한다. 리더와 팀 구성원 모두가 방법론에 대한 신뢰를 바탕으로 주도적으로 활동할 때 비즈니스 문제를 해결하고 혁신의 성과를 만들 수 있다. 그리고 리더와 팀원으로서 문제 해결 과정에 필요한 통찰력을 강화하는 노력을 지속해야 한다.

지금까지 서비스 디자인 씽킹 프로세스를 실무에 적용하며 이해하고 생각해야 할 내용을 알아보았다. 만약 업무에 대한 확실한 지지를 받고 있고 어느 정도 의사결정에 대한 자율권을 받았다면 큰 어려움 없이 실무 활동에 변화를 만들어볼 수 있을 것이다. 그러나 아쉽게도 대개는 해결해야 할 여러 어려움이 있다. 프로세스 실행에 대한 자기 확신이 더 필요한 경우일 수 있다. 또는 학생이나 배움의 관점에서 서비스 디자인 씽킹 프로세스를 학습해 실무 경험이 없을 수 있다. 이와 같은 이유로 서비스 디자인 씽킹에 대한 관심은 크지만 아직도 프로세스 활동을 경험하지 못했다면 어떤 시도를 해보면 좋을까?

서비스 디자인 씽킹을 실천할 대상이 마땅치 않다면 각자의 삶에 적용하고 실천해보자. '나의 삶을 더 가치 있게 만들기'와 같은 구체적인 주제를 두고 활동 방향과 필요 조건을 유연하게 맞추어 프로세스 활동을 계획하고 적용하면 된다. 예를 들어 5장에서 살펴본 비즈니스 모델 캔버스는 조직이 아닌 개인의 관점에서 자신의 가치를 재설계하고 경쟁력을 키우는 개인 비즈니스 모델 캔버스Personal Business Model Canvas도 있다. 이를 활용해 개인의 목표나 관심사를 중심으로 인사이트 트립을 수행하고 관찰 활동을 진행해보자. 이렇게 자신이 직접 선정한 주제로 진행하면 활동 경험을 쉽게 떠올릴 수 있어 추후 업무 현장에 적용해야 할 때 도움이 될 것이다.

어렵더라도 실제로 행동해보는 것이 중요하다. 그러니 지금부터 업무 현장이나 나의 삶을 두고 사람을 중심에 둔 프로세스를 직접 실천해보기 바란다.

지금 당장 실천하는 서비스 디자인 씽킹

아이디어부터 프로젝트팀 운영까지 서비스 디자인 씽킹 실무 방법론

초판 1쇄 발행 2022년 6월 15일

지은이 배성환

펴낸이 최현우 · **기획·편집** 최현우 **마케팅** 조수현
디자인 Nu:n. · **조판** SEMO · **일러스트** 김경환

펴낸곳 골든래빗(주)
등록 2020년 7월 7일 제 2020-000183호
주소 서울 마포구 신촌로2길 19, 302호
전화 0505-398-0505 · **팩스** 0505-537-0505
이메일 ask@goldenrabbit.co.kr
SNS facebook.com/goldenrabbit2020
홈페이지 goldenrabbit.co.kr

ISBN 979-11-91905-15-1　93000